伦 敦

ENCOUNTER

SARAH JOHNSTONE

伦敦

中文第一版
Original title: London Encounter (1st edition; May 2007)
© Lonely Planet 2008
本简体中文版由Lonely Planet授权，由生活·读书·新知三联书店出版。

版权所有，未经出版人书面许可，不得以任何方式复制节选或传播本作品部分或全部的内容。

Lonely Planet（公司总部）
ABN 36 005 607 983; Locked Bag 1, Footscray,
Victoria 3011, Australia
☎ (03) 8379 8000 传真 (03) 8379 8111
网址: www.lonelyplanet.com
Email: talk2us@lonelyplanet.com.au
（同时在英国、美国设有办事处）

Lonely Planet以及Lonely Planet图形标志均为Lonely Planet公司注册商标。Lonely Planet不允许其知名称以及商标用于其他商业用途，如：商店、餐馆或旅馆。如发现此类情况，请联系以下地址投诉：www.lonelyplanet.com/ip

致谢 伦敦地铁图提供者 © Transport for London 2006

图书在版编目（CIP）数据

伦敦/（澳）Lonely Planet公司编；
范英杰、王莉、黄景睿译.
北京: 生活·读书·新知三联书店，2008.6
(Lonely Planet Encounter系列)
ISBN 978-7-108-02923-2

Ⅰ.伦… Ⅱ.①澳…②范…③旅行指南 Ⅳ.K956.19
中国版本图书馆CIP数据核字(2008)第031912号

责任编辑 刘 石 李 昭
装帧设计 藤 宇
责任印制 常宁强
出版发行 生活·读书·新知三联书店
         北京市东城区美术馆东街22号 邮编100010
图 字 01-2008-1515
经 销 新华书店
印 刷 北京盛通印刷股份有限公司
版 次 2008年6月北京第1版
       2008年6月北京第1次印刷
开 本 635毫米×965毫米 1/32 印张 7.625
印 数 00,001-10,000册
定 价 35.00元

如何使用本书

彩色符号和地图

地图上的图示和正文中都使用了彩色符号（如地图和正文中的所有就餐地点都用一个蓝色的刀叉符号表示）。每个城区也有自己的颜色，并且遍及整个城区的介绍部分和每页的边缘。地图上的黄色阴影部分表示"值得关注的地区"——因为那里或是历史名胜，或有吸引人的建筑，或有很棒的酒吧和餐馆。我们建议从这些地区开始你的探索之旅！

价格

本书中所列价格可能包括老人、学生、团体或凭礼券等获取的折扣。封二的"快速参考"中列出了就餐的消费等级。

虽然本书作者、信息提供者以及出版者在写作和出版过程中全力保证本书质量，但是作者、信息提供者以及出版者不能对本书内容之准确性、可靠性以及完整性做任何明示或暗示之声明或保证，并只在法律规定范围内承担责任。

期待你的反馈 Lonely Planet非常希望获得旅行者们的反馈，你们的意见会让我们时刻保持清醒，并帮助我们改进本书。我们旅行经验丰富的团队会仔细阅读你的每一句话，了解你对本书的喜爱和不喜爱之处，尽管无法一一回复，但我们保证会让相关作者直接看到你的反馈，以便及时进行新版修订。最佳建议的提出者还会得到一本赠书，欲提供最新信息，了解Lonely Planet举办的活动、得到时事通讯和旅行新闻，请访问我们的网站lonelyplanet.com/contact，以及中文网站lonelyplanet.com.cn。

注意: 我们可能对你反馈的意见进行编辑、改写或合并，用于Lonely Planet的产品中（例如导游书、网站和数码产品），如果你不希望你的意见被修改或者不愿姓名被提及，请告知。你可以访问lonelyplanet.com/privacy了解我们的隐私政策。

作 者

SARAH JOHNSTONE

在一次短期度假时，Sarah Johnstone来到伦敦。15年后她发现自己已经在这里扎了根。她自认为几乎成了一名"伦敦人"，但还没有十足的把握。她在昆士兰念本科时，选修过新闻课程，为很多杂志（包括《商业旅行者》和维珍大西洋航空公司机上的杂志《热空气》）工作过，在此期间她接触到英国首都的方方面面。她取得了伦敦经济学院理学硕士学位，在路透社工作过，为《星期日独立报》、《卫报》、《观察家报》和《泰晤士报》撰过稿。过去五年一直在为Lonely Planet撰写旅游指南。

摄影师

Doug Mckinlay做摄影师，迄今已有20年了。他是战地特约记者出身，是在从柬埔寨到萨尔瓦多等奇妙的战场上起家的。他的旅行和新闻摄影作品散见于《泰晤士报》、《独立报》、《卫报》、《邮报》、*Conde Nast Traveller*、*Maxim*、《观察家报》、《豪华生活》、美国有线电视新闻网旅游栏目和Lonely Planet 旅行指南。

我们的读者 感谢那些写信给我们的旅行者们。他们提供了有用的线索，有价值的建议和趣闻。他们是 Bianca Barbaro, Kathy Belpaeme, Jason Brown, Pablo Contestabile, Bryan Cronk, Brent Kendall, Tracey Seslen, Melanie Simunovic, Mark Westerfield.

本书照片作者为Lonely Planet Images和Doug Mckinlay，除以下照片：101页 Richard Bryant/Arcaid/Corbis/APL；31页，164页，199页 Amanda Canning；152页 Matt Carr Photography/Photolibrary；174页 BBC；53页，103页，132页 Sarah Johnstone。封面照片：伦敦地铁站的候车者 Up The Resolution(uptheres)/Alamy。除非特别说明，照片版权均归其摄影者所有。本书中很多照片都可通过Lonely Planet Images：www.lonelyplanetimages.com获得授权。

Ludgate Hill 的公共汽车，背景为圣保罗大教堂（见18页）

目录

作者	03
这就是伦敦	07
亮点	08
伦敦一年	31
游览线路	37
伦敦各区	42
> 索霍和科文特加登	46
> 布卢姆斯伯里和 FITZROVIA	62
> MARYLEBONE 和摄政公园	70
> 梅费尔、圣詹姆斯、威斯敏斯特和皮姆利科	78
> KNIGHTSBRIDGE、南肯辛顿和切尔西	94
> HOLBORN、克拉肯韦尔和金融城	108
> HOXTON、SHOREDITCH 和斯皮特菲兹	120
> 南岸	136
> 格林尼治	150
> 国王十字、尤斯顿和伊斯灵顿	158
> 卡姆登、汉普斯特德和 PRIMROSE HILL	166
> 诺丁山	176
速览	184
背景知识	203
伦敦指南	214
索引	230

这就是伦敦

正如作家亨利·詹姆士(Henry James)所说，伦敦也许并非一个令人感到舒适或者轻松的城市，但肯定是个宏伟的城市。这座全球性的大都市不舍昼夜地向前迈进，有时甚至令人畏惧。但你无法不被它的活力所带动。作为自然的力量（它的确是），伦敦是无法抗拒的。

作为世界上文化最多样的城市（说300种语言），伦敦也是充满矛盾的旋涡。这里既有庄严的大本钟，也有属于工人阶级的圣玛丽·勒博教堂的钟(Bow Bells)。在这里，未来主义的"小黄瓜"(Gherkin)前面就是中世纪的高塔，圣保罗大教堂正对着令人肃然起敬的泰特现代艺术馆。这里有第一世界，也有第三世界，这里既前卫，又传统。

在走向2012年奥运会的道路上，这座英国首都所呈现的已不仅限于老一套的皇室形象，里兹饭店(Ritz)里的下午茶、黑色出租车或者红色公共汽车，美好而多样的购物体验、梦幻般的免费博物馆和切尔西(Chelski)及其他足球队，使它成了人们旅行目的地的首选。无论在一年中的什么时候，喜欢日夜狂欢的人都可以让自己沉浸于伦敦的众多酒吧和夜总会中。

当然，只有从"伦敦眼"的高处才不会察觉到这城市不尽如人意的地方。除了关于旅游热门话题之外，这座城市住房紧张，公共交通呈现病态。但对很多新移民来说这些都不重要。最近东欧人成群结队地前来定居，为这座城市增添了年轻的活力。

伦敦迅猛发展的经济、热情和文化宽容度意味着它是唯一还在成长中的欧洲大都市，这就是这座有强烈吸引力的城市最根本的特点。对于众多爱上它的人来说，它没有必要给你舒适或轻松的感觉。

左图 议会大厦（见82页）前的汉堡包摊

> 亮点

>1	从伦敦眼高处和南岸审视这座城市	10
>2	在泰特现代艺术馆沉浸于当代艺术和惊人的建筑中	12
>3	在激动人心的威斯敏斯特留影	14
>4	沉醉在皇家公园的绿意中	15
>5	在国家美术馆和国家肖像馆看看名家名作和熟悉的面孔	16
>6	在大英博物馆潜心研究文物古董	17
>7	肉体和灵魂一起登顶圣保罗大教堂	18
>8	回顾伦敦塔的血腥历史	19
>9	肯辛顿的博物馆中，艺术、历史和科学任你选	20
>10	在泰晤士河的游船上，惬意地看伦敦从身边滑过	22
>11	在有趣的格林尼治"村"度过愉快时光	23
>12	去风景宜人的汉普斯特德希斯来一次野炊	24
>13	在伦敦最热闹的市场感受零售业的脉搏	25
>14	与名厨一起进餐	26
>15	尝尝咖喱吧，经久不衰的伦敦体验	27
>16	在世界最好的剧院里坐一坐	28
>17	去 Hoxton 和 Shoreditch 逛夜总会	30

皇家骑兵卫队阅兵场 (Horse Guards Parade，见 79 页) 和伦敦眼 (London Eye，见 140 页)

亮点 < 伦敦眼和南岸

> 1 伦敦眼和南岸 (LONDON EYE & SOUTH BANK)
从伦敦眼高处和南岸审视这座城市

  鉴于英国天气多变,在 2000 年把世界上最大的观光摩天轮建在这里实在是大胆之举。但其建造者相信伦敦眼所获得的回报是超出想象的。
  这座优雅的"临时性"建筑按原计划早已被拆除,但现在却成了全市最显眼的象征和英国文化的一部分。它的租期已经延长到 2028 年,还在 *Dr Who* 等电视剧中出现过。作家威尔·塞尔夫 (Will Self) 称它为"上帝的自行车轮"。
  当然,135 米高的伦敦眼的成功要归功于俯瞰这座伟大城市的良好

视野。天气晴好时,能见距离可达40公里,向西可以看到温莎,向东几乎可以看到泰晤士河的入海口。

关于伦敦眼的详情,请参见140页。

参观伦敦眼是游伦敦的一条最佳路线——游览泰晤士河南岸——的开始。即使是本地人也常会惊叹这里的景色。快去附近的南岸中心(South Bank Centre)和Oxo大厦吧,还有泰特现代艺术馆(Tate Modern)及周围其他地方。

如果时间还是紧张,就去滑铁卢桥上看看最佳市景吧,尤其是夜景。

>2 泰特现代艺术馆 (TATE MODERN)
在泰特现代艺术馆沉浸于当代艺术和惊人的建筑中

在落成后的短短 6 年中，泰特现代艺术馆就像空降开辟出来的阵地，它惊心动魄的外形给它带来了巨大成功。瑞士建筑师赫尔左格·德默容 (Herzog & de Meuron) 对岸边发电厂进行了改造，入口处是非常引人注目的涡轮大厅 (Turbine Hall)，他因此获得了享有盛誉的 Pritzker 建筑奖。数百万的参观者被泰晤士河的景色所吸引，而不会注意到报界对该博物馆的批评，指责这家"艺术超市"展出方式杂乱。

现在，这家世界上最受欢迎的当代艺术馆对其收藏越来越认真了。

永久性的藏品重按年代和更便于发挥教育功能的方式摆放，名作被重新整理，还增加了 20 世纪艺术运动时间表。

尽管展品增加了，必看内容(包括 Mark Rothko 厅，Alberto Giacometti 的棍子雕塑、Roy Lichtenstein 的 *Whaam!* 和 Jackson Pollock 的 *Summer time*)还相当有限，超现实主义部分展品很多，但很难懂。

具有讽刺意味的是，所有这些并不重要。泰特现代艺术馆里有很好的临时展览，还有本地的精品，如雕刻家 Anish Kapoor 的 *Ishi's Light* 和摄影师 Martin Parr 的 *Common Sense*。几乎可以说，泰特即使把卫生纸挂在墙上，也会令人着迷。

参见 142 页。

>3 威斯敏斯特 (WESTMINSTER)
在激动人心的威斯敏斯特留影

这个历史悠久的英国权力中心所在地,既是世界所有议会之母,也是英国国教教堂之父,理所当然地会令人肃然起敬。威斯敏斯特宫,即议会大厦,是早前的建筑被烧毁后由查尔斯·巴里 (Charles Barry) 和奥古斯特·皮金 (Augustus Pugin) 于 1840 年重建的,为维多利亚时代的新哥特式建筑精品。西敏寺 (Westminster Abbey) 的某些部分则可追溯到 13 世纪。

游客肯定要在议会大厦的钟楼前留影,因为内有一口巨钟,故又名"大本钟" (Big Ben)。

然而,宏伟的西敏寺散发着王室和历史的底蕴,让人忍不住想入内一窥究竟。值得一看的地方包括:伊丽莎白一世墓 (Elizabeth I's tomb) 和雕像,亨利七世礼拜堂 (the Chapel of Henry VII,这里有扇形拱顶和木制骑士椅) 及橡木加冕宝座 (Coronation Chair)。自 1301 年以来的每一位帝王 (包括伊丽莎白二世) 都是在这个宝座上加冕的。

祭坛和唱诗区装饰华美,College Garden 很宁静,《达·芬奇密码》迷还可以在教堂中殿找到艾萨克·牛顿墓。

若想免费进入可以参加晚祷,但必须全程正襟危坐。

参见 82 页和 86 页。

>4 皇家公园 (THE ROYAL PARKS)
沉醉在皇家公园的绿意中

虽然皇室迷们急于在短暂的夏季开放时间冲进金碧辉煌的白金汉宫，但即使是共和派人士也会喜欢上皇家公园 (www.royalparks.gov.uk)。这八块郁郁葱葱的公共绿地常被称为"伦敦之肺"，它们（令人吃惊地）使伦敦成为欧洲绿地最多的城市。这些公园包括 Bushy 公园、格林公园 (Green Park)、格林尼治公园 (Greenwich Park)、摄政公园 (Regent's Park)、里士满公园 (Richmond Park)、圣詹姆斯公园 (St James's Park) 和相邻的海德公园 (Hyde Park)、肯辛顿公园 (Kensington Gardens)。

圣詹姆斯公园（见84页）与白厅相邻，内有玫瑰园、鹈鹕、鸭子、天鹅，还可以隔湖远望白金汉宫。此地新开的饭店 Inn the Park 也引人注目（见91页）。

但海德公园（见98页）还要精彩。这块占地 140 公顷的都市绿洲以音乐会、政治示威、轻便折叠椅出租和演讲角而著称，但是它最引人的两处风景都建成不久，令人着迷的威尔士王妃戴安娜纪念喷泉 (Princess of Wales Memorial Fountain，见95页) 和穿行于蛇形湖 (Serpentine Lake，见101页) 上的日光渡船 (solar ferry)。

在肯辛顿公园（见98页），你会看到漂亮的蛇形湖画廊 (Serpentine Gallery，见100页) 和不远处金光闪闪但很俗气的艾伯特纪念碑 (Albert Memorial，见95页)。再向北，意大利花园是另一赏心悦目之处。

>5 国家美术馆和国家肖像馆
(NATIONAL GALLERY AND NATIONAL PORTRAIT GALLERIES)

在国家美术馆和国家肖像馆看看名家名作和熟悉的面孔

没人会质疑国家美术馆(见47页)的艺术价值。这里收藏了很多18世纪前欧洲名家的作品,包括卡拉瓦乔(Caravaggio)、康斯太布尔(Constable)、达·芬奇(Da Vinci)、莫奈(Monet)、伦勃朗(Rembrandt)、提香(Titian)、梵·高(Van Gogh)、贝拉斯克斯(Velázquez)和弗米尔(Vermeer)。不过这有些例行公事的味道,拿张平面图吧,确定你要看的几幅作品。

参观国家肖像馆(见47页)会更多地感到愧疚的快乐。在这里,题材重于艺术,有从威廉·莎士比亚到妇女参政论者埃米琳·潘克赫斯特(Emmeline Pankhurst)到足球明星大卫·贝克汉姆的肖像。二层显眼处有莎士比亚、亨利七世、伊丽莎白一世和其他皇室成员的肖像,还有一些很好的缩微画。一楼靠近出口的地方集中展示当代明星的肖像和新添藏。即使在展品不断轮换的情况下,夹楼层中的IT档案也可以保证你不会错过任何东西。

>6 大英博物馆 (BRITISH MUSEUM)

在大英博物馆潜心研究文物古董

马克思、木乃伊和大理石雕塑是英国最大(也许还是最拥挤的!)博物馆的最热门展品。这里一些最好的文物常被组合在一起举办专题展。但是,几个明星展品永远是免费陈列。

参观者可以拿到免费地图,但如果你只想看一样东西,就去看看圆柱门廊里面的大厅 (Great Court) 吧。2000 年由诺曼·福斯特 (Norman Foster) 设计,这个洒满阳光的室内庭院被覆以从老大英图书馆圆形阅览室伸出的令人叹为观止的玻璃网屋顶。在这个空间开阔、四周摆满了书籍的大厅里,马克思写下了《资本论》,圣雄甘地也从事过研究。

博物馆里还有除埃及本土之外最丰富的埃及收藏,包括木乃伊(62 号展厅)和罗塞塔石碑 (Rosetta, 4 号展厅)。它帮助人们解开了古埃及之谜。附近的古希腊展厅拥有馆内最具争议性的藏品。自从 1806 年英国大使艾尔金男爵 (Lord Elgin) 把帕提侬神庙雕塑(18 号展厅)运到英国以来,希腊政府一直想把它们索回。

如果你喜欢缺胳膊少腿的石像、非洲雕刻、史前的瓶瓶罐罐、动物造型的玉雕和闪亮的马赛克,你会爱上这个博物馆。

参见 64 页。

亮点 < 圣保罗大教堂

>7 圣保罗大教堂 (ST PAUL'S CATHEDRAL)
肉体和灵魂一起登顶圣保罗大教堂

　　站在圣保罗大教堂顶端会欣喜若狂。在爬了 530 级楼梯（有时还有些危险）后到达金回廊（Golden Gallery），你会觉得没有白费劲——面前是 360 度的美妙全景。这一路开始时只需很平缓地走上耳语廊（Whispering Gallery），耳语廊环绕着建筑师克里斯托弗·雷恩（Christopher Wren）设计的大圆顶的底部，接下来的路就越来越艰难了。如果你有恐高症，在石回廊（Stone Gallery，在 378 级阶梯）那里也可以看到不错的风景。

　　圣保罗大教堂建于 1666 年伦敦大火灾之后，1697 年正式启用，"二战"时历经狂轰滥炸却幸免于难，成为英国顽强不屈的象征。这里还举办过温斯顿·丘吉尔的葬礼、查尔斯和戴安娜的婚礼和"9·11 事件"纪念大会。

　　由于 2005 年刚进行过内部装修，教堂内部——从黑白两色的石板地面到天花板马赛克——都泛着微光。教堂内还有约翰·多恩（John Donne）的雕像，他写过不朽名句"没有人是一座孤岛"，还一度当过圣保罗教堂的主持牧师。

　　雷恩和海军上将纳尔逊一起葬于地下室，大圆顶下方的地板上有一行墓志铭传达了建筑师的真情实感：*Lector, si monumentum requires, circumspice*（环顾四周，见其丰碑）。参见 114 页。

>8 伦敦塔 (TOWER OF LONDON)
回顾伦敦塔的血腥历史

"头戴王冠忧戚难眠"(Uneasy lies the head that wears the crown)——在伦敦塔很容易想起莎士比亚的这句话。这座保存完好的中世纪城堡有着血腥的历史，亨利八世的妻子安妮·博林(Anne Boleyn)等人就是在这里被砍头的。这里还珍藏着闪闪发光的英国王冠。

这片建筑群是1078年征服者威廉统治期间开始兴建的，最先建的是中央的白塔(找一下旗子)，周围的墙、塔、宫殿和河岸边的叛徒门(Traitors' Gate)都是后来建的，这里本来是王室宅邸，16世纪后越来越多地被用作监狱。托马斯·莫尔(Thomas More)、伊丽莎白公主(Elizabeth, 后来成为女王)和后来的纳粹头目鲁道夫·赫斯(Rudolf Hess)都曾被关押在这里。

从上午9点30分(周日是10点)至下午3点30分之间，每半小时会有伦敦塔守卫(也称Beefeater，吃牛肉者)带领游客参观，最好的办法是在不同场次的参观人群中穿插。注意听最重要的内容：关于乌鸦的传说(见115页框内文字)、处决地点的绞刑架、还有血腥塔(Bloody Tower)。中午以后游人更少，那时跟队听听这些故事更容易些。如果你的票是从伦敦地铁买来的，则不需排队。参见114页。

亮点 < 肯辛顿的博物馆

>9 肯辛顿的博物馆 (KENSINGTON MUSEUM)
肯辛顿的博物馆中，艺术、历史和科学任你选

感谢维多利亚时代的人兴建了这些相隔不远的博物馆。他们建了自然历史博物馆、维多利亚和艾伯特博物馆，科学博物馆是在20世纪20年代建的。现在游客可以在相邻的三种完全不同的收藏之间做出选择了。

维多利亚和艾伯特博物馆 (The Victoria & Albert Museum，见101页) 侧重艺术、工艺美术和设计，几年前它的400万件展品还杂乱无章地堆在一起。但近来高效率地进行了重新布置，尤其是在下面几层。最有名的是美术馆Jameel Gallery of Islamic，核心展品是阿拉伯地毯，距离整修后的花园不远的雕塑展品也经过了重新布置，历史上有名的莫里斯和甘布室 (Morris and Gamble Rooms) 有光线良好的诱人商店和新开的咖啡厅。

2007年底将新开教育中心，2008年经过整修的珍宝馆将重新开放，2009年经过整修的中世纪和文艺复兴馆将重新开放。同时，这里的时装馆和重量级的临时展也很令人着迷。

街对面的自然历史博物馆 (Natural History Museum，见99页) 是孩子们的最爱。由建筑师艾尔弗雷德·沃特豪斯 (Alfred Waterhouse) 设计的华丽的新哥特式主建筑内的确有一些最先进的电动恐龙模型。但这部分藏品还是让人想起了破旧得散发着霉味的19世纪——那个年代的绅士科学家，还有恐龙骨架、经过剥制的鸟类标本、化石、令人毛骨悚然的爬行动物标本、全尺寸的蓝鲸模型和动物标本。在更现代化但也更平

博物馆夜场

早在清理其杂乱无章的收藏之前，维多利亚和艾伯特博物馆就因其教育和社区主题而享有盛誉。现在它举办的社会公益性晚会也名声鹊起。每月最后一周的星期五晚上，在那里既可欣赏工艺(编织、陶瓷、伊斯兰设计等)，又可休闲泡吧。

现在自然历史博物馆也开始效仿，科学博物馆也举办类似的热门活动，但只面向家庭。欲了解"科学之夜"(Science Night Sleepovers)的详情，可访问该馆网站或打电话。

肯辛顿的博物馆 > 亮点

亮点

常的地球馆 (Earth Galleries) 可以看到宝石和矿石。

最后，出色的科学博物馆 (Science Museum, 见 100 页) 吸引着大孩子和小孩子。父母们尤其喜欢真正的历史遗物，比如阿波罗 10 号指挥舱、斯蒂芬森火箭 (Stephenson's Rocket) 蒸汽机车头和飞机，包括艾米·约翰逊 (Amy Johnson) 的卷叶蛾 (Gypsy Moth) 飞机。此外这里还有 IMAX 电影院和很多练习器模拟飞行足以让孩子们兴奋不已。

建筑物背后的高科技欢迎大厅 (Welcome Wing) 和位于正厅二楼的不俗的能源厅和环廊 (Energy Gallery & Ring) 都有着引人入胜的展品，主题十分丰富。

亮点 < 乘船游泰晤士河

> 10 乘船游泰晤士河

在泰晤士河的游船上，惬意地看伦敦从身边滑过

在过去 10 年中，很多新建筑拔地而起，极大地改变了伦敦的市容市貌，从水上游船看到的伦敦从来没有像今天这么美。今天你的旅程不仅包括最经典的议会大厦、圣保罗大教堂、伦敦塔和塔桥，还会经过 21 世纪的河畔象征性建筑，如伦敦眼、泰特现代艺术馆、千年桥 (Millennium Bridge)、市政厅和"小黄瓜"(Gherkin)。

主要的景点分布在威斯敏斯特码头和伦敦塔码头之间，但是顺流而下去格林尼治（见右侧）或泰晤士河拦洪坝 (Thames Flood Barrier, 见 85 页框内文字) 也会很有趣。逆流而上则可抵达 Kew 植物园 (Kew Garden, 见 84 页) 或汉普顿宫 (Hampton Court Palace, 见 84 页)，一路令人心情放松，但这个方向可看的内容要少一些。

除了包晚餐的游船外，一般不需预订。游船公司的名单见 223 页，但更简单的办法是直接去最近的码头。如果想尝试更新鲜刺激的，可以试试速度更快的 RIB 伦敦游公司 (RIB London Voyage, 见 141 页框内文字)。

格林尼治 > 亮点

> 11 格林尼治 (GREENWICH)
在有趣的格林尼治"村"度过愉快时光

郁郁葱葱的格林尼治是本初子午线经过之处,它的时区和经度都是零,因此这一点决定了所有钟表的时间设置。不过漫步在景色优美的格林尼治很容易乐而忘"时",这倒有点儿意思了。

来这里游览最常见的动机是去皇家天文台 (Royal Observatory),一只脚踩在西半球,另一只脚踩在东半球,但这里也有博物馆、半山坡公园、商店和酒吧可去。格林尼治的魅力在于它保持了一些乡村特色。

由文艺复兴时的建筑师克里斯托弗·雷恩 (Christopher Wren) 设计建造的皇家海军学院和山顶的天文台一样是必游之地。它更靠近河岸,分为两翼,周到地将河景视野让给后面由更早的建筑师伊尼哥·琼斯 (Inigo Jones) 设计的女王宫。雷恩的建筑现在由格林尼治大学和三一音乐学院占用。公共场所只有两处,华丽的小教堂 (Chapel) 和令人瞠目的彩绘房 (Painted Room)。

附近的国家海事博物馆 (National Maritime Museum) 有着漂亮的展品,从镀金驳船到纳尔逊将军在特拉法加海战中穿的被子弹打破的外套。参观结束后可以通过格林尼治步行隧道 (Greenwich Foot Tunnel) 穿过泰晤士河,或者在特拉法加酒馆 (Trafalgar Tavern) 边品酒边欣赏千年穹顶 (Millennium Dome)。

参见 150 页。

>12 汉普斯特德希斯 (HAMPSTEAD HEATH)

去风景宜人的汉普斯特德希斯来一次野炊

汉普斯特德希斯 (Hampstead Heath) 是大都市中的一小片英国乡村，与伦敦的公园相比，少了分雕琢，多了分自然，并且它的面积大于伦敦任何一块公共草坪，它由320公顷的草地、树木、湖泊、雕塑、咖啡馆、网球场和步行道组成，是远离都市喧嚣的好去处。

这里的最高点是议会山 (Parliament Hill)，伦敦人喜欢在这里放风筝、看日出，尤其是在一夜狂欢之后。这里视野广阔，从圣保罗教堂周围的富人区到远处的伦敦眼都尽收眼底。

附近还有著名的游泳池，东边的池子男女分用，西边有男女合用的。新古典主义建筑 Kenwood 故居 (Kenwood House) 内收藏了一些油画，还曾是一些电影的拍摄地。它的草地和希斯的其他地方一样是理想的野餐场所。在夏天的晚上，还可以支把椅子听场露天古典音乐会。

希斯西部已经成为公认的同性恋场所，以至于会有警察来保护在这里过夜的男人。

事实上这里的西班牙人酒馆 (Spaniard's Inn) 吸引了很多好酒者前来，无论是同性恋者还是异性恋者。参见168页。

>13 斯皮特菲兹和伯罗 (SPITALFIELDS & BOROUGH)
在伦敦最热闹的市场感受零售业的脉搏

虽然这里越来越大公司化了，但随着零售业和餐馆业在过去几年中的繁荣，每逢周日，斯皮特菲兹市场 (Spitalfields Market) 仍然生意兴隆。当地时尚人士、富于创造性的人士和外国电视摄制人员都在这里摩肩接踵。附近众多的商店和酒吧也使它成为伦敦购物的必去之地。

市场中心人头攒动，有很多出自年轻的独立设计师之手的服装和饰品，风格独特。你还会找到新旧日用品、旧书、老唱片、CD盘和乐器等。

关于斯皮特菲兹的更多情况请参见 120 页。

在伦敦的另一端，伦敦人也拥向伯罗市场 (Borough Market，见 142 页)，尤其是在周六。对于短期游客，这家本城最好的食品市场也许不像斯皮特菲兹那样可以提供很多旅游纪念品，但到这里看看也不失为感觉现代都市的有趣方式。

如果你是喜欢在市场里淘些特色货，就不必去卡姆登 (Camden，见 169 页) 和 Portobello 街市场 (见 178 页)，直接去百老汇市场 (Broadway Market，见 131 页框内文字) 或哥伦比亚路花市 (Columbia Road Flower Market，见 127 页) 好了。

> 14 美食餐馆
与名厨一起进餐

2005年,美国《美食家》(Gourmet) 杂志宣布伦敦为世界最佳美食城,一时间从旧金山到悉尼——至少从这样的距离,这些怀疑者可以避开言辞粗鲁的伦敦大厨戈登·拉姆齐 (Gordon Ramsay) 的怒火——嘲笑之声四起。英国食品历来都以糟糕著称,由于价格高昂和有时过于热烈的评论,过去十年中的所谓"美食复兴"也大受质疑。

但伦敦的餐馆无疑已经进步了很多。随着越来越多识广的大众辨别力提升,要求提高,伦敦的厨房也用真本事和创造力证明了自己。目前伦敦有一批最著名、最受称赞和雄心勃勃的厨师,使这里的餐馆也表现不俗。

这里不只有戈登·拉姆齐或杰米·奥利弗 (Jamie Oliver),他们都需要提前几个月预订。还有许多厨师获得了米其林评级及挑剔的评论家的好评。Tom Aikens(见106页)、Fergus Henderson(见117页)、Giorgio Locatelli(见77页)、Marcus Wareing(见106页)和艾伦·姚 (Alan Yau,见57和66页)也都有不错的口碑。

一些地方的魅力与众不同,因为有名人时常光顾(见90页框内文字),而即使是在一些便宜些的餐馆也会强调用料新鲜和大胆创新的烹饪方法。

> 15 ……还有咖喱屋

尝尝咖喱吧，经久不衰的伦敦体验

即使是在连味同嚼蜡的英国菜也被舔得干干净净（虽然在当时鲜有消费者模仿这种行为）的黑暗年代，有一种东西一直是全世界公认的美食，由于与印度次大陆的传统关系，长年以来伦敦有着很棒的咖喱屋。虽然所谓"印度菜"通常是殖民地时代之后的变异品种，但仍不乏忠诚的顾客。

在 20 世纪 80 年代的伦敦，"去咖喱屋"成为主流时尚。当刚刚自由化的经济迅猛增长时，股票经纪人开始在餐馆林立的红砖巷 (Brick Lane) 寻找最有滋味的咖喱肉。

今天红砖巷尤在，但各家餐馆门前招徕顾客的侍者时时为抢生意而争吵，这条街被认为已经过气了。但爱吃肉的人还是会喜欢 Whitechapel 的咖喱屋（比如 New Tayyab，见 130 页），素食者会喜欢 Drummond 街上的南印度小馆（比如 Chutney's，见 162 页），而无论是吃肉的还是吃素的美食家如果有足够的胆量，都可以考虑去看看 Tooting（见 128 页框内文字）。

这就是伦敦，不起眼儿的咖喱屋与很多高档餐厅相伴。Amaya（见 104 页）、Café Spice Namaste（见 115 页）、肉桂俱乐部 (Cinnamon Club，见 90 页) 和 Painted Heron（见 106 页）又赋予印度餐以现代演绎。

> 16 戏剧

在世界最好的剧院里坐一坐

无论是深度、广度、舞台灯光下大腕的名字还是观众席里的市井游民，这些都是现代伦敦戏剧界繁荣的标志。不论你想看难忘的戏剧、实验性喜剧或主流音乐剧，在这里看戏都是人生一大乐事。

伦敦在戏剧方面一直声名显赫，但在 20 世纪 90 年代后期进入了平静期。在戏剧舞台上客串的电影明星吸引了人们的注意。但出色的表演（无论是电影明星还是经验丰富的戏剧演员）只是戏剧的一部分，伟大的剧作家和导演也非常关键。

尼古拉斯·海特纳(Nicholas Hytners)一直是这方面的泰山北斗,为旗舰性的国家剧院注入新的活力。在他的艺术指导下,国家剧院不断从新老剧作家得到富于创新性的剧本,改编经典作品,有时这里的剧会意外走红。这家剧院已经催生了新一代剧迷,作为夏季演出季活动的一部分,它会卖出数千张廉价票。

其他重要剧院有重建的莎士比亚环球剧院(Globe Theatre,见上图)、皇家莎士比亚剧团(Royal Shakespeare Company)和宫廷剧院(Royal Court)。同时,Almeida、BAC Donmar Warehouse和Young VicBAC、Donmar Warehouse和Young Vic等小剧场和演出公司也发挥着出色的作用。

参见 201 页。

> 17 SHOREDITCH 的夜生活

去 Hoxton 和 Shoreditch 逛夜总会

纽约有肉库区 (Meat-Packing District)，柏林有普伦劳茨堡 (Prenzlauer Berg)，伦敦则有 Shoreditch。这里曾经是被遗忘的角落，现在则再生为创意中心和夜生活的好去处。自从十年前崭露头角后，Hoxton、Shoreditch 和斯皮特菲兹表现出了不寻常的活力和持久力。

在工业衰落之后，Shoreditch 曾沦落为一片没有生气的城市荒原，20 世纪 90 年代初期至中期，Shoreditch 凭其租金低廉的仓库开始吸引贫穷的艺术家。今天它成为世界上最热闹的社区之一，并正向其他区域扩张。

今天的 Shoreditch 既有前卫的夜总会，也有非常时尚或者杂乱得有艺术气息的酒吧，并夹杂着时尚的餐馆、酒店、精品店、熟食店、照片冲洗店和新媒体小企业。尽管新店层出不穷，但这里也有着本市一些最好的夜生活场所，如 Cargo、Loungelover、the Vibe Bar、93 Feet East 和 333。选择真是太多了。

参见 120 页。

> 伦敦一年

伦敦不是里约热内卢,没有宜人的气候,天生不是节日欢庆之所。尽管如此,几个世纪积淀下来的皇家风尚及其他礼仪传统已经教会伦敦如何很好地展示自己。同时,伦敦也开始变得更加放松休闲,举办越来越多的夏季音乐节。欲了解详情,可访问以下网站:www.visitlondon.com、www.bbc.co.uk/london 或 www.whatsonwhen.com。

维多利亚和艾伯特博物馆一年一度的节日(见 101 页)

1月/2月

伦敦游行和新年

在新年之夜的爆竹声后,威斯敏斯特市长会带领10 000名音乐家和街道表演者从议会广场(Parliament Sq)游行到伯克利广场(Berkeley Sq)。

中国春节

www.chinatown-online.co.uk

在1月底或2月,唐人街会布置得五彩缤纷,热闹非常,街上会有舞龙表演。

3月/4月

牛津大学和剑桥大学的划船比赛

www.theboatrace.org

人们会站在泰晤士河Putney到Mortlake段的岸边观看英国最著名大学之间的对决,并希望不会(又)出现沉船事件。

伦敦马拉松赛

www.london-marathon.co.uk

大约35 000名喜欢受虐的人会参加世界上规模最大的公路马拉松赛(见下图),从格林尼治公园(Greenwich Park)跑到林荫大道(the Mall),全长26英里(42公里)。

5 月

切尔西花展 (Chelsea Flower Show)
www.rhs.org.uk

不仅是只有老奶奶才应该去看,世界最著名的园艺展把名花匠和昂贵的展品带到皇家切尔西医院 (Royal Hospital Chelsea)。

足总杯决赛
www.thefa.com/The FAC up

英格兰足球赛季在这场比赛中达到高潮——希望 2007 年以后还能在伦敦的新温布利体育场 (Wembley Stadium) 举行 (2006 年移到了加的夫)。

6 月

皇家军队阅兵式 (Trooping the Colour)

女王官方生日(她实际上生于4月)的庆祝仪式在皇家骑兵卫队阅兵场和白厅(Whitehall)举行,会有很多人热情地挥舞旗帜,还有游行、庆典和喧闹的飞机编队飞行。

温布尔登网球公开赛
www.wimbledon.com

网球界辉煌的两星期(见上图),有草莓和奶油、像前网球明星休·巴克 (Sue Barker) 和约翰·麦肯罗 (John McEnroe) 这样的解说员、女性的尖叫声(在球场上不时可以听到)、阵雨,但最好别出现像克利夫·理查德 (Cliff Richard) 这样的摇滚歌星。

夏季露天音乐会

伦敦有很多令节日失色的活动，例如Glastonbury：

> Wireless (www.o2wirelessfestival.co.uk) – indie Rock à la The Strokes；海德公园，6月。

> Kenwood野餐音乐会 (www.picnicconcerts.com) – 为期两个月的古典音乐和轻音乐会，适合青年人；汉普斯特德希斯，6月。

> Rise (www.london.gov.uk/rise/festival) – 反种族主义节日，有都市音乐、非洲音乐、亚洲音乐和中东音乐，还有喜剧及其他表演；芬斯伯里公园(Finsbury Park)，6月。

> 萨默塞特中心(Somerset House)夏季系列活动 (www.somersethouseummer.org.uk) – 在美妙的院子里举行的成人流行乐和灵歌音乐会；萨默塞特中心，7月。

> Lovebox Weekender (www.volvicloveboxweekender.com) – Groove Armada的周末表演；Hackney维多利亚公园，7月。

> Fruitstock (www.fruitstock.com) – 适合家庭、内容广泛的娱乐活动，包括类似Norman Jay的表演到钢鼓乐队；摄政公园，8月。

> Loaded in the Park (www.getloadedinthepark.com) – Manchester baggy与indie摇滚的结合(例如Lily Allen和Pete Doherty)；Clapham Common，8月。

7月

Pride
www.pridelondon.org

同性恋者在这场一年一度的大型活动中无拘无束地狂欢，高潮部分包括在特拉法加广场举行游行，下午举行联欢会，还有一场收费晚会。

BBC Proms 音乐会 (BBC Proms)
www.bbc.co.uk/proms

连续两个月的古典音乐会，最后一晚在肯辛顿的皇家艾伯特会堂(Royal Albert Hall)高唱爱国歌曲(见左图，现在在海德公园的大屏幕上也可以看到)。

8月

诺丁山狂欢节 (Notting Hill Carnival)
www.thecarnival.tv

欧洲最大的狂欢节之一(见下图)，为伦敦非洲—加勒比族裔的节日。节日中有音乐、舞蹈、民族服装、花车巡游，不过在8月的这个公共假日周末还会出现轻微的街头犯罪。

加勒比海风情展 (Caribbean Showcase)
www.london.gov.uk

起初，利文斯通市长(Ken Livingstone)希望把诺丁山狂欢节搬到海德公园。现在他在公园里举行这个小型但有争议的另类活动，时间是诺丁山狂欢节最主要的一天——星期一。

9 月

泰晤士河节 (Thames Festival)
www.thamesfestival.org

伦敦越来越流行的庆祝泰晤士河的周末节日，内容包括交易会、街头演出、音乐、烟花表演、河舟大赛和星期日晚的提灯笼游行。

伦敦开放参观日 (London Open House)
www.londonopenhouse.org

9月最后一周伦敦的一次大请客，邀请公众到500栋平时不开放的建筑里看个究竟。

10 月

舞蹈节 (Dance Umbrella)
www.danceumbrella.co.uk

持续五周，在全城各地由国内外团体举行当代舞蹈表演。

伦敦电影节 (London Film Festival)
www.lff.org.uk

为期两周，影星和导游们会出没于国家电影院和其他电影院，公众有机会看到新片预映。

11 月

盖伊·福克斯之夜 (Guy Fawkes Night，也称 Bonfire Night)，篝火之夜

11月5日，纪念1605年阻止了盖伊·福克斯(Guy Fawkes)欲炸毁议会的阴谋，活动包括烧福克斯人像、放烟花，还有其他一般性的欢庆活动。

市长游行 (Lord Mayor's Show)
www.lordmayorsshow.org

金融城新任市长在华美的游行队伍簇拥下从市长官邸 (Mansion House) 到皇家法院 (Royal Courts of Justice) 寻求法律认可。

12 月

特拉法加广场圣诞欢歌礼拜 (Carols in Trafalgar Sq)
www.london.gov.uk

从11月开始，牛津街、摄政街和邦德街两边的节日彩灯由一些肥皂剧明星或男孩乐队点亮(因为增加二氧化碳排量而引发争议)。后来，一棵大云杉被竖在特拉法加广场，随着圣诞节的日益临近，人们开始在树下唱圣诞歌曲。

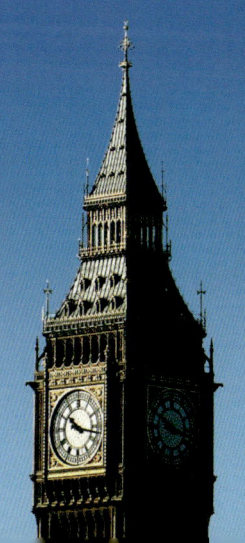

> 游览线路

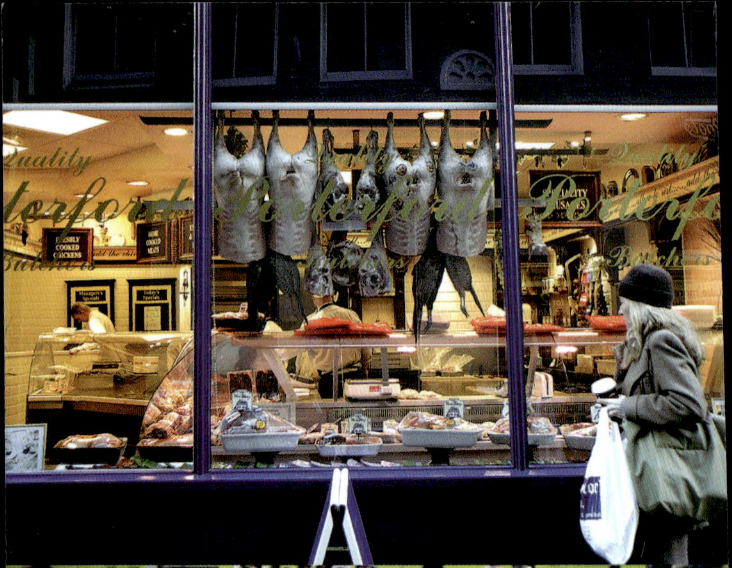
FRESHLY COOKED CHICKENS
HOME COOKED MEATS
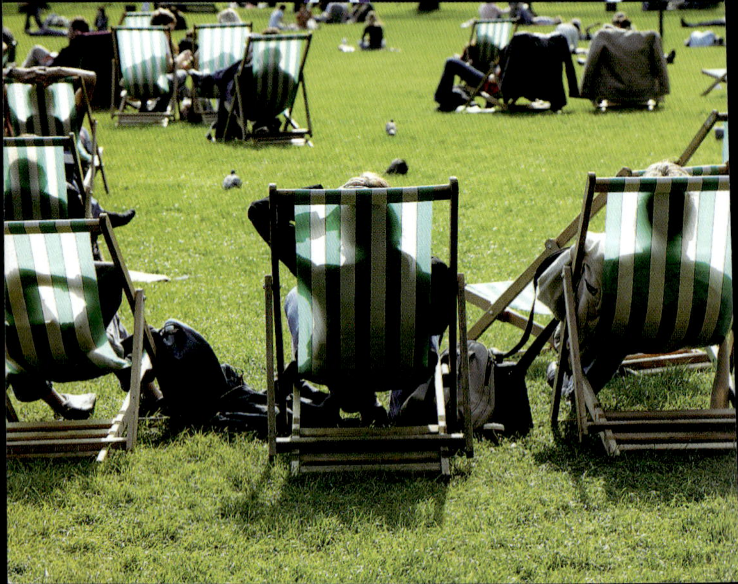

游览线路

即使在伦敦住了多年的人,也未必能见其全貌。幸好多数主要景点相距不远,分布于威斯敏斯特、南岸、西区、布卢姆斯伯里(Bloomsbury)或金融城。如果时间紧迫,可以把以下内容作为粗线条的参考。可另见223页"独特旅程"部分。

一日游

看一眼特拉法加广场(Trafalgar Sq;见51页),然后顺白厅(Whitehall)去威斯敏斯特(Westminster)。参观西敏寺(Abbey;见86页),看一下大本钟(Big Ben)和议会大厦(the House of Parliament;见82页),然后穿过威斯敏斯特桥去伦敦眼(London Eye;见140页)。登伦敦眼(见10页)观景。此后,沿南岸步行至泰特现代艺术馆(Tate Modern;见142页)。如果正好是星期四、星期五或星期六,可以掉头向南去伯罗市场(Borough Market;见142页)。如果是其他时间,则穿过千年桥(Millennium Bridge)去圣保罗大教堂(St Paul's Cathedral;见114页)。晚间可去Hoxton或Shoreditch,逛逛Cargo(见135页)、Foundry(见133页)、Hawksmoor(见134页)、Loungelover(见134页)或Princess(见130页)之类的地方。

两日游

第一天仍按一日游日程进行,第二天回到特拉法加广场参观国家美术馆(the National Gallery;见47页)和国家肖像馆(National Portrait Gallery;见47页)。再去科文特加登(Covent Garden;见51页)购物,然后访问摄影师画廊(Photographers' Gallery,见47页),有时间甚至可考虑大英博物馆(British Museum;见64页)。你可以继续去斯皮特菲兹(Spitalfields;见120页)和红砖巷(Brick Lane)购物,如果是星期天就更好了,还可以试试TopShop(见66页)和Selfridges(见75页)。最后在最好的餐馆Sheekey(见56页)或Petrus(见106页)结束这一天。

左上 金融城的肉铺 **左下** 海德公园(见98页) **前页** 从伦敦眼(见10页)看大本钟(见82页)

三日游

在紧张的两日游后,可以放松一下了,乘船顺流而下去格林尼治(Greenwich;见150页),看看那里的主要景点和商店。下午返回时在伦敦塔(London Tower)停留。也可以向北去汉普斯特德希斯(Hampstead Heath;见24页),体会类似的"村庄"感觉。晚上去国家剧院(National Theatre;见149页)看场剧,或者去Sadler's Wells(见119页)看舞蹈。不过如果喜欢现场音乐会或歌舞表演,可以去卡姆顿(Camden)的Koko(见175页)之类的地方。

四日游

第四天去Knightbridge或者肯辛顿(Kensington)。先逛逛哈罗德百货商场(Harrods;见102页),也许可以在Ladurée(见105页框内文字)稍作停留品尝蛋糕。然后去维多利亚和艾伯特博物馆(Victoria & Albert;见101页)、自然历史博物馆(Natural History Museum;见99页)或者科学博物馆(Science Museum;见100页)。参观完毕后沿Exhibition路去海德公园(Hyde Park;见98页),在这里可以看蛇形湖画廊(Serpentine Gallery;见100页)、威尔士王妃戴安娜纪念

行前计划

游伦敦的秘诀是要么很早就提前预订,要么在最后一刻才去,指望撞个好运。

行前三到六个月: 要想在Ivy (见56页)和戈登·拉姆齐(Gordon Ramsay;见105页)等著名餐馆订位,你需要提前6个月预订(见57页框内文字)。周六晚的西区表演(如Billy Elliot, Spamalot)门票在3到6个月前就卖完了。

行前两到三个月: 浏览有关网站,如www.ticketmaster.co.uk和www.seetickets.com,并考虑更大的摇滚表演(如Babyshambles, Kasabian和Snow Patrol)。订周六晚戏票(如Old Vic的表演Kevin Spacey,见149页)之前最好看看www.guardian.co.uk/reviews、www.whatsonstage.com 或者www.timeout.com。

行前四周: 看看有没有向大众出售的切尔西足球俱乐部(Chelsea Football Club,见107页)的票;这些票会在赛前5天开始出售。

行前两周: 订一些电子邮件通讯,如www.urbanjunkies.com的Urban Junkies,仔细研究所评论的对象。还有两周时间,足可以在一些时髦有趣的餐馆订位,如Les Trois Garçons(见130页)。

行前几天: 皇家艺术学院(Royal Academy of Arts,见83页)、泰特英国美术馆(Tate Britain;见84页)或维多利亚和艾伯特博物馆(见101页)的最新热门展览通常可以提前几天预订。实际上,我们需要等几小时才能看到最好的东西。

雨天行程 > 游览线路

红砖巷(见121页)的音乐家

喷泉(Princess of Wales Memorial Fountain；见95页)，或在大草坪上闲坐。从海德公园之角(Hyde Park Corner)出来，沿Constitution Hill路走下去看白金汉宫(Buckingham Palace；见79页)。最后一晚继续去体会你还没有体会过的伦敦夜生活吧。

雨天行程

由于下雨是这里的常态，伦敦对雨天准备得再充分不过。下雨是参观众多美术馆和博物馆的最佳时机。也可以去西区（见61页框内文字）看下午场表演，或者去诺丁山的电子电影院(Electric Cinema；见182页)体会从未有过的看电影经历，或者来一顿美食大餐。

免费逛伦敦

虽然伦敦是世界上物价最昂贵的城市之一，却也有很多东西是免费的。大多数博物馆和美术馆的永久性展品都不要门票，此外，如果你在晚祷时去西敏寺（见86页）也不需付费。在南岸（见136页）漫步欣赏新老建筑，在美丽的公园小憩，或者去看看商店，都是不错的免费逛法。还要记得看看报刊上关于教堂或者夏季公园免费音乐会的消息。

> 伦敦各区

>1 索霍和科文特加登	46
>2 布卢姆斯伯里和Fitzrovia	62
>3 Marylebone 和摄政公园	70
>4 梅费尔、圣詹姆斯、威斯敏斯特和皮姆利科	78
>5 Knightsbridge、南肯辛顿和切尔西	94
>6 Holborn、克拉肯韦尔和金融城	108
>7 Hoxton、Shoreditch 和斯皮特菲兹	120
>8 南岸	136
>9 格林尼治	150
>10 国王十字、尤斯顿和伊斯灵顿	158
>11 卡姆登、汉普斯特德和 Primrose Hill	166
>12 诺丁山	176

哥伦比亚花卉市场(见127页)的卖花人

伦敦各区

伦敦似乎是水泼不进的最密集的城市——它是一片由众多社区组成的广大城区,没有真正的市中心。

这是有原因的。伦敦的历史是不同区域融合的历史:由罗马人创建的以商业为主的金融城通过舰队街(Fleet St)、Holborn和白厅与后来的政治中心威斯敏斯特融合,皇室居住的圣詹姆斯地区(St James's)则延伸到贵族区Knightsbridge。曾分散于郊外的村庄,包括汉普斯特德(Hampstead)和格林尼治(Greenwich),慢慢被"吸向"首都的中心。

因此游览伦敦的唯一明智方法是将全市分为几块。一旦你这样做了,伦敦表面上的分散性就由弱点变为优点。每个区都有自己的风格和特色,体现伦敦的多面性和多样性。这使伦敦成为不可多得的城市——任何人都可以在这里找到他想要的任何东西。

即使是在这里短期逗留,也应该知道伦敦不只是市中心的几个区。索霍(Soho)、科文特加登和"西区"其他地方尽管热闹而有活力,但其肮脏、拥挤的街道经常表现了这里最坏的一面。所以要想办法让自己在这个并不总是舒适的城市里更轻松舒适些。找时间去南岸宽阔的大街去逛逛,或者去非市中心的居住区看看。

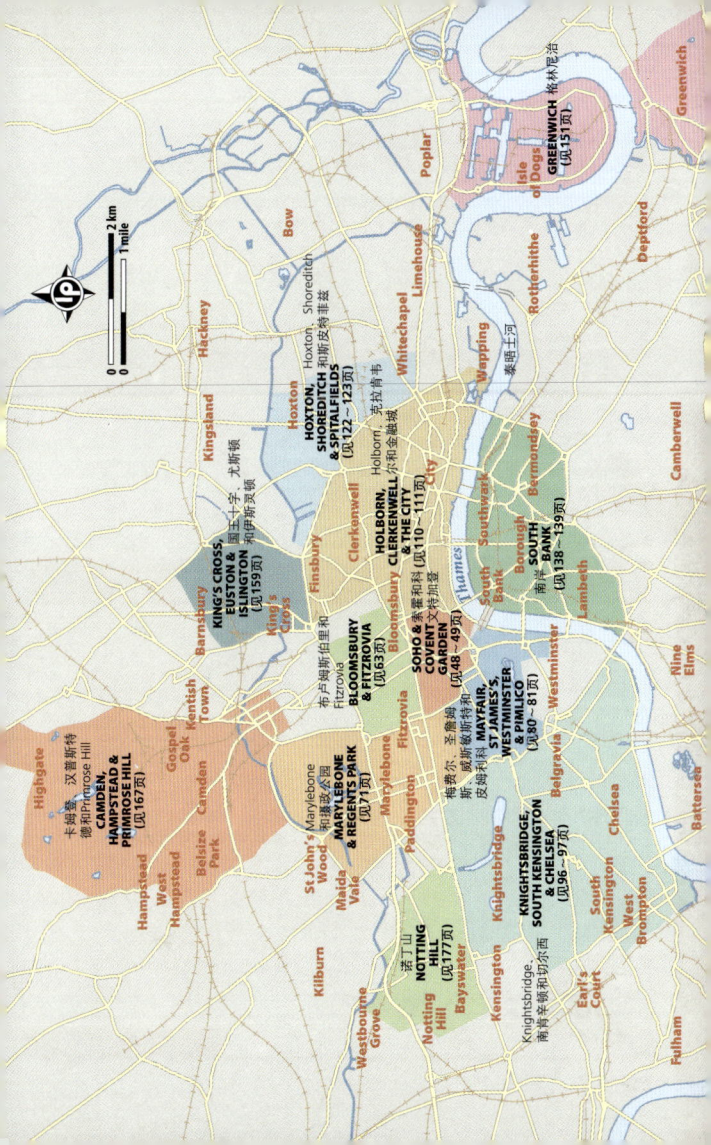

London Neighborhoods Map

- **GREENWICH** 格林尼治 (见151页)
- **HOXTON, SHOREDITCH & SPITALFIELDS** 霍克斯顿和斯皮特菲兹 (见122~123页)
- **HOLBORN, CLERKENWELL & THE CITY** 霍尔本、克拉肯韦尔和金融城 (见110~111页)
- **KING'S CROSS, EUSTON & ISLINGTON** 国王十字、尤斯顿和伊斯灵顿 (见159页)
- **BLOOMSBURY & FITZROVIA** 布卢姆斯伯里和菲茨罗维亚 (见63页)
- **SOHO & COVENT GARDEN** 苏豪&科文特加登 (见48~49页)
- **SOUTH BANK** 南岸 (见138~139页)
- **CAMDEN, HAMPSTEAD & PRIMROSE HILL** 卡姆登、汉普斯特德和普里姆罗斯山 (见165页)
- **MARYLEBONE & REGENTS PARK** 马里波恩和摄政公园 (见71页)
- **MAYFAIR, ST JAMES'S, WESTMINSTER & PIMLICO** 梅费尔、圣詹姆斯、威斯敏斯特和皮姆利科 (见80~81页)
- **NOTTING HILL** 诺丁山 (见177页)
- **KNIGHTSBRIDGE, SOUTH KENSINGTON & CHELSEA** 南肯辛顿和切尔西 (见96~97页)

Other labels: Poplar, Isle of Dogs, Deptford, Rotherhithe, Bermondsey, Wapping, Limehouse, Whitechapel, Bow, Hackney, Kingsland, Barnsbury, Finsbury, Clerkenwell, Southwark, Lambeth, Nine Elms, Battersea, Chelsea, Belgravia, Westminster, Knightsbridge, South Kensington, West Brompton, Earl's Court, Fulham, Kensington, Bayswater, Westbourne Grove, Kilburn, Maida Vale, St John's Wood, Paddington, Marylebone, Fitzrovia, Camden Town, Kentish Town, Gospel Oak, Belsize Park, West Hampstead, Hampstead, Highgate, Camberwell

Thames 泰晤士河

2 km / 1 mile

索霍和科文特加登 (SOHO & COVENT GARDEN)

无论从文化、社会还是地理位置角度来看，这里都是伦敦的心脏。的确如此，这个"西伦敦"中心的脏乱、拥挤和喧闹经常被当作这个城市的反面典型。但它同时又体现了伦敦的活力和不屈不挠的精神。

SOHO，这个名字可以溯源至中世纪打猎时用的呼喊，现在这里成了一个地道的艺术区。若想切实感受索霍区的氛围，你应前往同志气氛浓厚的老考姆敦街(Old Compton St)。周围的街道上满是饭馆、商店、酒吧和夜总会。

老考姆敦街的北头是巴掌大小的索霍区广场，夏天这里挤满了晒日光浴的人。南头便是霓虹灯林立、飘着异国香的唐人街和拥挤不堪的莱斯特广场(Leicester Sq)。径直穿过去，修葺一新的特拉法加广场就展现在你面前。

科文特加登露天市场最早是文艺复兴时期巨匠伊尼戈·琼斯(Inigo Jones)的作品，现在却成为一个旅游者的陷阱。尽管如此，科文特加登其他部分仍然保持着在零售方面的魅力。别忘了好好发掘一下这里一些有特色的小胡同，比如Floral St。

SOHO & COVENT GARDEN

👁 景点
名称	编号	位置
国家美术馆	1	E6
国家肖像馆	2	E5
摄影师画廊	3	E4
萨默塞特中心	4	G4
特拉法加广场	5	E6

🛍 购物
名称	编号	位置
Blackout II	6	E3
Coco de Mer	7	E3
Crazy Pig	8	E3
Cyber Candy	9	E3
Fopp	10	D3
Forbidden Planet	11	E2
Habitat	12	A4
Hamleys	13	A4
Liberty	14	A3
Paul Smith	15	F4
Poste Mistress	16	E3
Reckless Records	17	C3
Reckless Records	18	B3
Saco	19	E4
Space NK	20	E3
Tatty Devine	21	C4

🍴 就餐
名称	编号	位置
Andrew Edmunds	22	B3
Arbutus	23	C3
Busaba Eathai	24	C3
Café Mode	(见 6)	
Food for Thought	25	E3
Fresh & Wild	26	B4
Ivy	27	E4
J Sheekey	28	E4
Lindsay House	29	D4
L'Atelier de Joël Robuchon	30	D3
Maison Bertaux	31	D3
Mildred's	32	B4
Patisserie Valerie	33	D3
Yauatcha	34	C3

🍸 酒吧
名称	编号	位置
Bar Italia	35	D3
Coffee, Cake & Kink	36	E3
Floridita	37	C3
LAB	38	D3
Lamb & Flag	39	E4
Monmouth Coffee Company	40	E3
Salisbury	41	E4

⭐ 娱乐
名称	编号	位置
Astoria	42	D2
Comedy Store	43	C5
Curzon Soho	44	D4
Donmar Warehouse	45	E3
End	46	E2
英国国家歌剧院	47	E5
Ghetto(犹太人区)	48	D2
Heaven	49	F6
Madame Jo Jo's	50	C4
Ronnie Scott's	51	D3
Royal Opera House	52	F3
售票亭	53	D5

查看地图请翻页

景点 > 索霍和科文特加登

景点

国家美术馆 (NATIONAL GALLERY)
☎ 7747 2885；www.nationalgallery.org.uk；Trafalgar Sq WC2；免费，不同展览门票价格不同；⏱ 周四至周二10am～6pm，周三10am～9pm，有导游的游览 周日至周五11:30am和2:30pm，加周三6:30pm，周六12:30pm和3:30pm；⊖ Charing Cross

这是世界上最大的美术馆之一，总能给人留下深刻印象。馆藏大量名家作品，包括康斯太布尔 (Constable) 的《干草车》(Hay Wain)、霍尔班 (Holbein) 的《使者》(Ambassadors)、修拉 (Seurat) 的《安涅尔的浴者》(Bathers at Asnières)、梵·高的《向日葵》(Sunflowers) 以及凡·爱克 (Van Eyck) 的《阿尔诺菲尼肖像》(Arnolfini Portrait)。在这些重量级作品中，Hoogstraten 的《窥视展》(Peepshow) 所创造的三维幻象非常有趣。拿本免费的画廊指南或者加入一个免费的导游团都是不错的选择。更多信息见16页。

国家肖像馆
(NATIONAL PORTRAIT GALLERY)
NPG，☎ 7306 0055；www.npg.org.uk；St Martin's Pl WC2；免费，不同展览门票价格不同；⏱ 10am～6pm，周四和周五至9pm；⊖ Charing Cross 或 Leicester Sq

国家肖像馆是个很棒的地方，一直致力于收集近五个世纪来英国名人的肖像。尽管这里更多的是历史而非艺术，这里还是个非常现代的地方，通过一些令人兴奋的手法将本来很呆板的东西表现得生动有趣。见16页。

摄影师画廊
(PHOTOGRAPHERS' GALLERY)
☎ 7831 1772；www.photonet.org.uk；5 & 8 Great Newport St WC2；免费；⏱ 周一至周六11am～6pm，周日中午～6pm；⊖ Leicester Sq

非常小以至于需要借用隔壁咖啡馆的墙壁作额外的展台，但这个一流画廊的影响力却远远超出它的空间大小。这里举办的Deutsche Börse(前花旗集团)摄影奖享有盛誉(每年1月到3月举行评选)，获奖者中包括像理查德·彼林厄姆 (Richard Billingham)、安德烈亚斯·古尔斯基

文化餐厅
尽管很多博物馆餐厅质量很差，国家美术馆和国家肖像馆却不在其列。
> 肖像餐厅(NPG)——人们为这里看到的特拉法加广场景色而倾倒，但实际上这只是纳尔逊背后的风景！新鲜的作料突出了现代英国烹饪的特点，这里的下午茶也很好。
> 国家餐厅(国家美术馆)——奥利弗·佩顿 (Oliver Peyton) 用现代的手法将传统英国主食带到今天，在画廊Sainsbury侧翼。

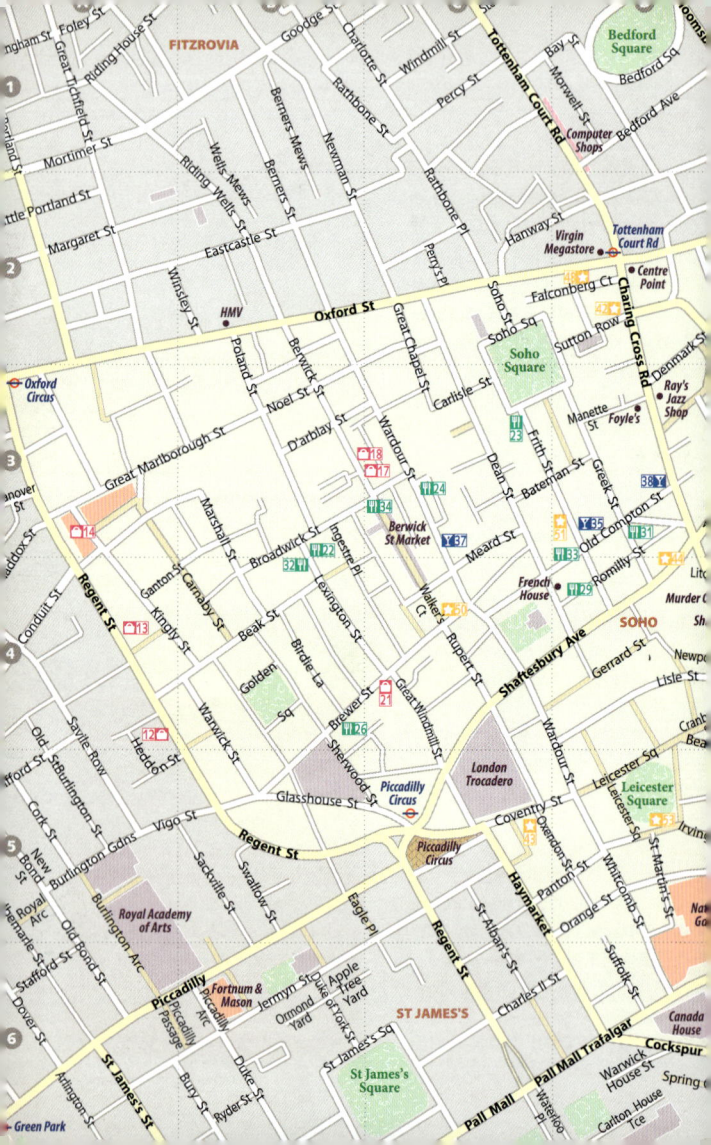

Map: Fitzrovia / Soho / Piccadilly / St James's

Areas labeled: FITZROVIA, SOHO, ST JAMES'S, Bedford Square, Soho Square, Piccadilly Circus, Leicester Square, St James's Square, Green Park

Streets and places (selected):
- Foley St, Riding House St, Great Titchfield St, Mortimer St, Margaret St, Little Portland St, Goodge St, Charlotte St, Windmill St, Percy St, Rathbone Pl, Berners Mews, Wells Mews, Berners St, Riding House, Newman St, Rathbone St, Tottenham Court Rd, Bayley St, Morwell St, Bedford Ave, Bedford Sq
- Hanway St, Falconberg Ct, Sutton Row, Manette St, Denmark St, Charing Cross Rd
- Oxford St, Winsley St, Poland St, Berwick St, Noel St, D'Arblay St, Wardour St, Great Chapel St, Carlisle St, Dean St, Frith St, Bateman St, Greek St
- Oxford Circus, Regent St, Great Marlborough St, Marshall St, Broadwick St, Ingestre Pl, Lexington St, Meard St, Old Compton St, Romilly St, French House, Murder Row
- Hanover St, Conduit St, Ganton St, Kingly St, Carnaby St, Beak St, Golden Sq, Brewer St, Walker's Ct, Rupert St, Great Windmill St, Shaftesbury Ave, Gerrard St, Newport, Lisle St, Cranbourn
- Savile Row, Heddon St, Warwick St, Sherwood St, Glasshouse St, Vigo St, Regent St, Piccadilly Circus, London Trocadero, Coventry St, Leicester Square, Leicester St, Irving St, Martin's
- Old Burlington St, New Burlington Gdns, Sackville St, Swallow St, Eagle Pl, Haymarket, Panton St, Orange St, Whitcomb St, Suffolk St
- New Bond St, Clifford St, Burlington Arc, Old Bond St, Stafford St, Dover St, Piccadilly, Fortnum & Mason, Piccadilly Arc, Jermyn St, Princes Arc, Ormond Yard, Duke of York St, Apple Tree Yard, Charles II St, Pall Mall, Pall Mall, Trafalgar, Cockspur St, Canada House, National Gallery, Warwick House St, Spring Gdns, Waterloo Pl, Carlton House Terrace
- St James's St, Arlington St, Bury St, Duke St, Ryder St, King St, St James's Square, Royal Academy of Arts

Labels/landmarks:
- Computer Shops
- Virgin Megastore
- Tottenham Court Rd
- Centre Point
- HMV
- Ray's Jazz Shop
- Foyle's
- Berwick St Market
- French House
- London Trocadero
- Royal Academy of Arts
- Fortnum & Mason
- Green Park
- Canada House

Numbered markers visible: 12, 13, 14, 17, 18, 22, 23, 24, 25, 26, 29, 31, 32, 34, 35, 37, 38, 44

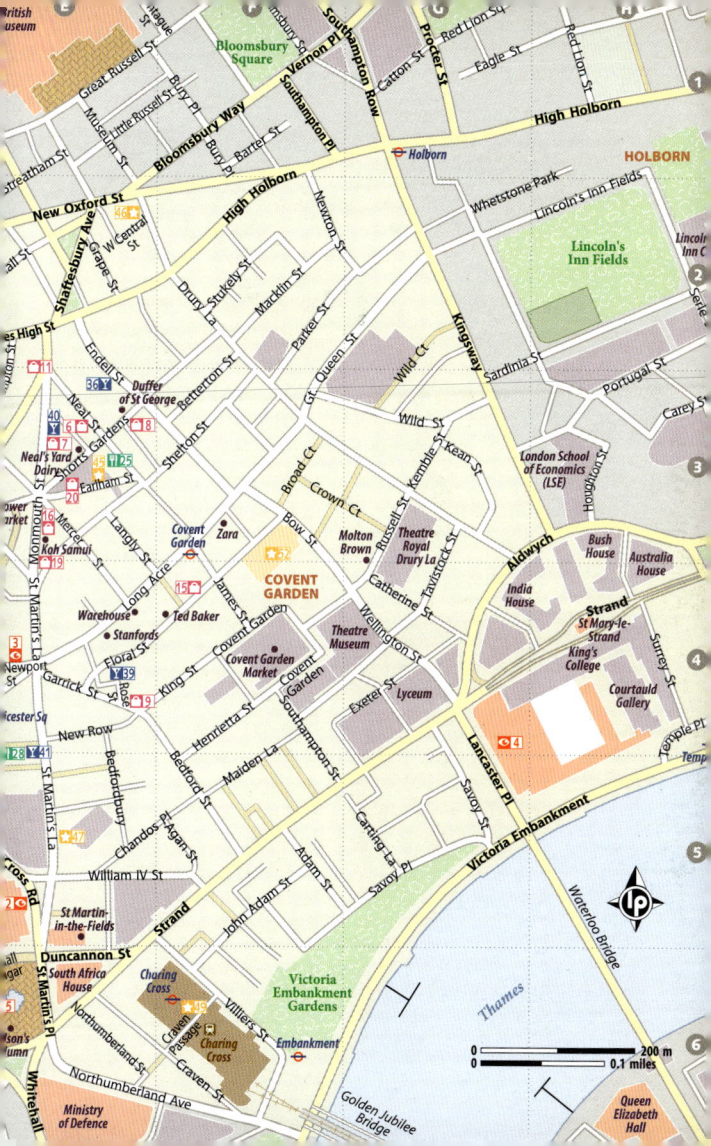

Covent Garden & Holborn Map

Areas & Landmarks
- British Museum
- Bloomsbury Square
- HOLBORN
- Lincoln's Inn Fields
- London School of Economics (LSE)
- Holborn (station)
- Whetstone Park
- Duffer of St George
- Neal's Yard Dairy
- Covent Garden
- Zara
- Molton Brown
- Theatre Royal Drury Lane
- Bush House
- Australia House
- India House
- St Mary-le-Strand
- King's College
- Courtauld Gallery
- Warehouse
- Ted Baker
- Stanfords
- Koh Samui
- Covent Garden Market
- Theatre Museum
- Lyceum
- St Martin-in-the-Fields
- South Africa House
- Charing Cross
- Victoria Embankment Gardens
- Ministry of Defence
- Queen Elizabeth Hall
- Golden Jubilee Bridge
- Waterloo Bridge
- Thames

Streets
- Great Russell St
- Little Russell St
- Bury Pl
- Museum St
- Streatham St
- New Oxford St
- Shaftesbury Ave
- Bloomsbury Way
- Southampton Row
- Vernon Pl
- Catton St
- Procter St
- Red Lion St
- Eagle St
- Red Lion St
- High Holborn
- Southampton Pl
- Barter St
- Newton St
- Kingsway
- Lincoln's Inn Fields
- Serle St
- Portugal St
- Carey St
- Sardinia St
- Houghton St
- Grape St
- W Central St
- Drury La
- Stukely St
- Macklin St
- Parker St
- Gt Queen St
- Wild Ct
- Wild St
- Kemble St
- Kean St
- Endell St
- Betterton St
- Neal St
- Neal's Yard
- Shelton St
- Earlham St
- Broad Ct
- Crown Ct
- Mercer St
- Langly St
- Long Acre
- James St
- Bow St
- Catherine St
- Tavistock St
- Aldwych
- Strand
- Surrey St
- Temple Pl
- Floral St
- Garrick St
- King St
- Covent Garden
- Wellington St
- Exeter St
- Southampton St
- Lancaster Pl
- New Row
- Henrietta St
- Maiden La
- Savoy St
- Bedfordbury
- Bedford St
- Chandos Pl
- Agar St
- St Martin's La
- William IV St
- Adam St
- Savoy Pl
- Victoria Embankment
- Duncannon St
- Cross Rd
- Newport
- St Martin's Pl
- Northumberland St
- Craven St
- Villiers St
- Craven Passage
- Northumberland Ave
- John Adam St
- Carting La
- Embankment

0 ——— 200 m
0 ——— 0.1 miles

(Andreas Gursky)、鲍里斯·米克海洛夫(Boris Mikhailov)以及于根·特勒(Juergen Teller)这样大腕级的人物。总可以在这里看到发人深省的作品。

萨默塞特中心
(SOMERSET HOUSE)

☎ 7845 4600；www.somerset-house.org.uk；The Strand；⌚ 迎宾大厅7:30~11pm，⊖ Temple或Covent Garden

与它的博物馆一道，这座壮丽的帕拉第奥(Palladian)风格的建筑以其庭院和充满阳光的漂亮露台而令人称道。阳台上的小咖啡馆俯瞰着泰晤士河的堤岸。庭院里有55个音乐喷泉，

第四个基座

一角是乔治四世国王的雕像；另两个角纪念的是军政要人。然而特拉法加广场第四个角的基座却空了150年。

2005年这一点发生了变化，获肯·利文斯通市长批准，马克·奎因(Marc Quinn)建起了雕塑"怀孕的Alison Lapper"——他的一个天生短腿并缺失胳膊的朋友。

自2007年4月起的18个月间，基座上将展示托马斯·舒特(Thomas Schütte)的作品"鸟旅舍"。考虑到利文斯通耗资£225 000多(包括雇用一只鹰)来赶走广场上的鸽子，这个五颜六色的有机玻璃雕塑还是很有意思的。

一旦将他们关掉，这里就成了音乐会舞台。冬天这里是溜冰场，尽管现在溜冰场到处都是，这里可是伦敦最早的一家(见www.somersethouseicerink.org和168页框内文字)。

萨默塞特中心博物馆
(SOMERSET HOUSE MUSEUMS)

☎ 7845 4600；www.somerset-house.org.uk；The Strand；英国学生免费，1个馆成人/折扣 £5/4，2个馆£8/7，3个馆£12/11；⌚ 10am~6pm；⊖ Temple或Covent Garden

萨默塞特中心中有三个博物馆，其中**科特尔德艺术协会**(Courtauld Institute of Art；☎ 7848 2526；www.courtauld.ac.uk) 是最好的。尽管拥有一些年代久远的大师作品，但她的专长是印象派和后印象派作品，像塞尚(Cézanne)、德加(Degas)、高更(Gauguin)、莫奈(Monet)、马蒂斯(Matisse)、雷诺阿(Renoir)及梵·高的作品。**赫米蒂奇生活区** (Hermitage Rooms；☎ 7845 4630；www.hermitagerooms.com) 里展出的是圣彼得堡国家赫米蒂奇博物馆的海外展品，和它们目前的展品差不多。**吉尔伯特装饰艺术收藏区** (Gilbert Collection of Decorative Arts；☎ 7420 9400；www.gilbert-collection.org.uk) 通常不是很吸引人，除非你比较喜欢镶有欧洲银的橱柜、金鼻烟壶、意大利镶嵌工艺品和微型人像绘画。

购物 > 索霍和科文特加登

萨默塞特中心院里的滑冰人

🎯 特拉法加广场
(TRAFALGAR SQARE)
🚇 Charing Cross

新来的人可能不会马上觉察到，但这个著名的公共场所看起来要比以往多年来好很多，鸽子少了（东北角除外），有了一个新的步行广场，而曾经空了很久的第四个基座上也有了当代雕塑。坐落于广场一角的**作战中的圣马丁教堂**(St Martin-in-the-Fields)（可以跳过她的拓印品，是吧？）与那有着150年历史的纳尔逊将军纪念柱一样，都正在被整修翻新。矗立在52米高的基座上，这位不列颠最伟大的水手的脸现在可干净多了，而游客们仍一如既往地攀爬着他脚下的大狮子。

🛍️ 购物

🏠 FOPP
☎ 7379 0883；www.fopp.co.uk；1 Earlham St；🕐 周一至周六10am～10pm，周日中午～6pm；🚇 Leicester Sq

位于Tottenham Court街的姐妹店比它稍大，但这两家流行音乐店分店的价格都很有竞争力（见65页）。

索霍和科文特加登 < 购物

🏠 HABITAT

☎ 7237 6525；www.habitat.net；
121-123 Regent St W1；🕙 周一至周三10am~6pm，周四至8pm，周五至6:30pm，周六9:30am~6:30pm，周日中午~6pm；⊖ Oxford Circus

特伦斯·康兰(Terence Conran)的新潮家居用品店价格公道，而且在开始起用更多年轻设计师后变得更好了。这家分店是连锁店中最漂亮的一个，保留了原有的装饰派艺术(Art Deco)建筑的模制天花板。在Tottenham Court路也有一家分店(见65页)。

购物小贴士

最棒的商店：
> 包装 – Mulberry(见89页)
> 蛋糕 – Laduree(见105页框内文字)，Konditor & Cook(见142页)，Patisserie Valerie(见57页)
> 街头时尚 – Topshop
> 鞋 – 男鞋Poste(见90页)女鞋Poste Mistress(下方)
> 青年设计师作品 – Laden Showrooms(见127页)，斯皮特菲兹市场(见128页)

🏠 HAMLEYS

☎ 0870 333 2455，7494 2000；www.hamleys.com；188-196 Regent St W1；🕙 周一至周六10am~8pm，周日中午~6pm；⊖ Oxford Circus

世界上最大的玩具店。店内一层又一层地摆满了各种玩具，从计算机游戏到垒高拼装玩具一应俱全，到处充斥着儿童们天真烂漫的激情。

🏠 LIBERTY

☎ 7734 1234；www.liberty.co.uk；210-220 Regent St W1；🕙 周一至周六10am~7pm，周四至8pm，周日中午~6pm；⊖ Oxford Circus

传统上，这家老式的仿都铎时期的商场因其印花纺织品而知名，但最近在二楼新增了女士内衣分部。一楼有号称伦敦最精美的化妆品专卖。

🏠 PAUL SMITH

☎ 7379 7133；www.paulsmith.co.uk；40-44 Floral St WC2；🕙 周一至周六10am~6:30pm，周四至7pm，周日中午~5pm；⊖ Covent Garden

Paul Smith 代表了英国经典服饰的精华，以男女装上很有创意的褶皱闻名。如果想买打折品，可以去折扣店(见90页)。

🏠 POSTE MISTRESS

☎ 7379 4040；61-63 Monmouth St；🕙 周一至周六10am~7pm，周日中午~6pm；⊖ Covent Garden或Leicester Sq

仅仅为这里优雅的粉白碎花购物袋，就值得在这个香闻似的鞋店买点东西。不过等袋子里装满Emma Hope、Vivienne Westwood、Miu Miu

阿尼·豪格利 (Ane Haugli)
Saco 的发型设计师

在科文特加登工作最好的一点：这里永远都是熙熙攘攘的，让你真正感觉到这是市中心。这里人头混杂，有很多小巷和隐藏的历史故事。在 Saco（☎ 7240 7897，71 Monmouth St），我们甚至以为遇到了一个友好的鬼魂！最受欢迎的当地商店：**Blackout II**（51 Endell St）是家可爱的闺房式商店，里面堆满保存很好的老式衣服。Poste Mistress(左)的鞋子很好。**Pout**（32 Shelton St）卖味道闻起来、尝起来都很好的化妆品，能让你的双唇更丰满。**最怪异的店铺：Crazy Pig**（疯狂的猪，38 Shorts Gardens）卖珠宝给像 Ozzy Osbourne 这样的摇滚明星，**Forbidden Planet**（179 Shaftesbury Ave）的科幻电影、玩具和书店无与伦比。我最喜欢的还是 **Cyber Candy**（3 Garrick St），卖世界各地的限量甜品。**午餐秘密小贴士：Café Mode**（☎ 0871 3327159，57 Endell St）的意大利菜很棒。一定要尝尝这里的乌贼和火腿摇滚比萨饼（ham-and-rock pizza）。**其他午餐地点**：坐在 Neal's Yard 院子里的感觉很好，或者到索霍区的 **Fresh & Wild**（69-75 Brewer St）吃份沙拉也不错。素食餐馆 **Food for Thought**（31 Neal St）已有多年历史，但还是很健康、很让人满意的。

索霍和科文特加登 < 购物

或Eley Kishimoto的彩色雨靴、Crocs(一种塑料质地、船形的凉鞋)或鞋子后,这个袋子会更让你有圣诞的感觉。

RECKLESS RECORDS
☎ 7437 4271;www.reckless.co.uk;26 & 30 Berwick St W1;⊖ Oxford Circus

这两个大店经营新的或二手的唱片CD,从punk(朋克)到soul(一种黑人音乐,世俗化的福音音乐)各种音乐门类非常齐全,还有独立和主流的舞曲。

SPACE NK
☎ 7379 7030;www.spacenk.co.uk;Thomas Neal Centre, 37 Earlham St WC2;◐ 周一至周三、周五和周六10am~7pm,周四至7:30pm,周日中午~5pm;⊖ Covent Garden

这里是整容手术的替代品。作为风靡一时的英国最大的化妆品连锁店,这里不仅有来自Dr Hauschka、

中心购物点

购物是白天访问科文特加登和索霍区的主要原因,这里店铺多得任何书列不完。下面是附近的广场和街道,可以帮助你规划"购物疗法"之旅。

> Berwick St (B3) –挤满了唱片商店,还有一个水果蔬菜市场。

> Carnaby St (B4) –20世纪60年代鼎盛时期的一个缩影,现在这里主要是非常商业化的街头服装店铺。

> Charing Cross Rd (D2) –这条路上有很多书店,包括Borders、Foyle's (著名的Ray的爵士乐书店铺)、Murder One (主营恐怖小说) 和Shipley (主营艺术书籍)。

> 科文特加登露天市场(Covent Garden Piazza)(F4) –挤满了小工艺品店、行人、杂耍艺人、模仿艺术家和其他的表演者。

> Floral St (E4) –这条隐藏的街上有一些顶级的时尚商店,像Paul Smith(见52页)和Ted Baker。

> Long Acre (E4) –满是价格合理的街头连锁店,包括Warehouse、Reiss和Zara。也有最高水准的旅行书店。

> Monmouth St (E4) –在有趣、一流的精品店里有很多女士时尚服饰,包括Orla Kiely和Koh Samui。

> Neal St (E3) –更多街头时尚店,包括Urban Outfitters和Diesels。这里还有Birkenstock、the Natural Shoe Store,甚至还有家Rough Trade唱片店(在16号地下室)。Thomas Neal中心堆满都市/滑冰/冲浪的时尚用品。

> Oxford St (B2) –尽量避免这条拥挤不堪的伦敦购物大街,尽管这里有HMV和Virgin的超大店铺(后者在与Tottenham Court Rd交界的转角处)。

> Shorts Gardens (E3) – 和拐角处的Neal St大体一样,但多了男士服装,像Duffer of St. George和Neal's Yard Dairy等品牌。

就餐 > 索霍和科文特加登

科文特加登购物中心的拱廊

Eve Lom、Kiehl's 和 Phyto 的护发、护肤品和彩妆等,还有大量延缓衰老的产品像 24/7 和 Dr Sebagh。伦敦市区有多家分店。

TATTY DEVINE
☎ 7434 2257;www.tattydevine.com;57b Brewer St W1;🕐 周一至周六 中午~7pm;⊖ Oxford Circus

这里的空间比红砖巷的分店(见128页)要大一些,橱窗里各式各样的珠宝首饰摆放得非常漂亮。转过小拱廊,店在后面。

就餐
ANDREW EDMUNDS
现代欧洲风味　　　　　　££-£££
☎ 7437 5708;46 Lexington St W1;🕐 周一至周五 午餐和晚餐,周六和周日午餐;⊖ Oxford Circus

这是一个内部用木板装饰的局促的两层波希米亚建筑。菜单上是法国和其他欧洲乡间菜。这个小饭馆属于应该很容易在索霍区找到,但你却很少找得到的地方。最好提前预订。

ARBUTUS 现代欧洲风味 ££-£££

☎ 7734 4545；www.arbutusrestaurant.co.uk；63-64 Frith St W1；⊖ Tottenham Court Rd

看起来很简约的Arbutus在2006年大出风头，短期内连赢三个大奖，希望他们不要被胜利冲昏了头脑。常换常新的菜单让人垂涎，有巴威特鞑靼牛肉末(beef bavette tartare)、兔脊(saddle of rabbit)、浓味鱼肉汤(bouillabaisse)甚至焖猪头(braised pig's head)。这里的葡萄酒装在专用的玻璃罐里，倒起来很方便。

BUSABA EATHAI

泰国风味 ££

☎ 7255 8686；106-110 Wardour St；周一至周四 中午~11pm，周五和周六至 11:30pm，周日至10:30pm；⊖ Piccadilly Circus

这是个非常受欢迎的泰餐连锁店。本店是最早的分店，比在Store街(见66页)的分店更难订到座位。一如既往的忙忙碌碌，生机勃勃。

常春藤 (IVY)

现代英式风味 £££

☎ 7836 4751；www.caprice-holdings.co.uk；1 West St WC2；周一至周五午餐和晚餐，周日 午餐；⊖ Leicester Sq

常春藤因为知名人士的推崇而闻名，所以门口除了有穿制服的门童，还是狗仔队的常驻地。在里面时别光顾看来来往往的名人顾客，一定要尝一下改良的英国菜，包括牧羊人馅饼(shepherd's pie)和鞑靼牛肉(steak tartare)。

J SHEEKEY 海鲜 £££-££££

☎ 7240 2565；www.caprice-holdings.co.uk；28-32 St Martin's Ct WC2；午餐和晚餐；⊖ Leicester Sq

与姐妹店常春藤比起来，很多伦敦人更喜欢这个历史悠久的精致餐馆。在这里你可能会发现名人，但这里最引人注目的不是名人圈。特色菜是极其鲜美的鱼肉馅饼(fish pie)，而巧的是，这也是菜单上最便宜的。

LINDSAY HOUSE

爱尔兰风味 £££-££££

☎ 7439 0450；www.lindsayhouse.co.uk；21 Romilly St W1；周一至周五午餐和晚餐，周六 晚餐；⊖ Leicester Sq

理查德·科里根(Richard Corrigan)是这家超棒的餐馆的大厨。在这里，你会爱上"新爱尔兰烹饪"。简单而丰盛的菜肴被精心烹制，而且这里有种家庭气氛，进来之前必须按门铃。

L'ATELIER DE JOËL ROBUCHON

法国风味 ££-££££

☎ 7010 8600；13-15 West St W1；⊖ Leicester Sq

这位曾获多颗米其林星的法国

等一张桌子需要多长时间？

> 常春藤（见56页）-周末订餐要提前近六个月时间，工作日午餐需要4至5周时间

> Locanda Locatelli（见77页）-最多接受提前一个月的预订，订餐时不需要信用卡信息。

> Gordon Ramsay（见105页）-需要正好提前两个月订桌。上午9点开始接受电话预订，但通常等你打进电话时都已经订满了，所以需要有毅力！

大厨培养出了戈登·拉姆齐（Gordon Ramsay，英国有名的厨师，因主持过一系列受欢迎的厨师选秀节目而知名）和其他伦敦顶级大厨，如今他们将这些菜式发扬光大。作为巴黎餐馆的姐妹店，它离常春藤饭店很近，这个位置许久以来运气就不太好。Robuchon 的食物赢得大家的交口称赞，但楼下休闲开放式餐厅不接受预订的规定很快就被取消了，现在可能晚餐也接受预订了。

🍴 MAISON BERTAUX

咖啡馆 £

☎ 7437 6007；28 Greek St W1；🕐 8:30am~8pm；⊖ Leicester Sq 或 Tottenham Court Rd

这里拥有精致的甜品、从容不迫的服务、法国小资的情调和在此地 130 年的历史。

🍴 MILDRED'S 素食

££

☎ 7494 1634；www.mildreds.co.uk；45 Lexington St W1；🕐 周一至周六 12 am~11pm；⊖ Piccadilly Circus

伦敦中心最著名的素食餐馆，位于一座明亮、通风的现代建筑里，但食物仍保持旧式的"健康"风格，有沙拉、炒素菜（stir-fries）、大豆汉堡（bean burgs）、玉米煎饼（burritos）和值得怀念的麦酒馅饼（ale pie）。尽管服务傲慢生硬，生意还是很兴隆。

🍴 PATISSERIE VALERIE

咖啡馆 £

☎ 7437 3466；www.patisserie-valerie.co.uk；44 Old Compton St W1；🕐 周一至周五7:30am~9pm，周六 自8:30am，周日 9:30am~7pm；⊖ Tottenham Court Rd 或 Leicester Sq

尽管在伦敦已有越来越多的分店，建于 1926 年的索霍区店还是历史最悠久的一家。这里有精美可口的糕饼、漂亮的三明治、带俏的黄油面包，还有禁用手机（太棒了！）的规定。

🍴 YAUATCHA

中餐 ££-££££

☎ 7494 8888；15 Broadwick St W1；🕐 周一至周六 9am~11pm，周日 9am~10:30pm；⊖ Oxford Circus

这个迷人的点心店和茶室提供了味觉和视觉的双重盛宴。在楼上茶室的幽蓝灯光下，你可以先欣赏、

再享用那些漂亮的令人晕眩的蛋糕。而楼下的餐厅里，天花板上灿若群星的灯光和精致的菜肴更增添了赏心悦目的气氛。

酒吧

BAR ITALIA
☎ 7437 4520；www.baritaliasoho.co.uk；22 Frith St W1；🕐 24小时；⊖ Leicester Sq

索霍区最早的廉价威士忌专卖仍在追忆20世纪50年代的意大利，黑白照片、彩条旗、意大利糕点、咖啡机，甚至是在隔壁墙上放映的足球照片。无论白天晚上，无论情绪如何，这都是个理想的去处。

FLORIDITA
☎ 7314 4000；www.floridalondon.com；100 Wardour St W1；🕐 周一至周六 4pm～午夜，周日4 pm～12:30am；⊖ Tottenham Court Rd或Leicester Sq

这家迷人的地下室餐吧的四周镶满镜子，菜肴也应该是哈瓦那的原始风味。但比起古巴，这里更多的是特伦斯·康兰(Terence Conran，饭店主人的赞助者，设计师，HABITAT的创始人)的个人风格，不知道海明威会不会赞同他们的做法。不管怎样，蜂拥而至的顾客是为了这里的拉丁乐队(总是很棒)，食物(还不错，但并不是很物有所值)和鸡尾酒(良莠不齐)。通常有£6的服务费。

LAB
☎ 7437 7820；www.lab-townhouse.com；12 Old Compton St W1；🕐 周一至周六 4pm～午夜，周日4pm～12:30am；⊖ Tottenham Court Rd或Leicester Sq

现在的报纸头条都被像Floridita这样的鸡尾酒吧占据，伦敦酒吧侍者学院(London Academy of Bartending)也不像以前那么流行了。不过，管他呢，如果你想喝杯正儿八经调制的酒的话，这里依然是个好去处。

LAMB & FLAG
☎ 7497 9504；33 Rose St WC2；⊖ Leicester Sq或Covent Garden

这里是每个来科文特加登的人的"小发现"。这个看似阁楼的17世纪建筑里面总是拥挤不堪。你得穿过一个小巷才能到达这个有很多历史的地方。

MONMOUTH COFFEE COMPANY
☎ 7836 5272；www.monmouthcoffee.co.uk；27 Monmouth St WC2；⊖ Tottenham Court Rd 或 Leicester Sq

在这里购买和品尝研磨的咖啡比在它的竞争对手 Borough(见147页)那里更有感觉。更好的是，这里有一点空间可以让你慢慢品啜。

SALISBURY
☎ 7836 5863；90 St Martin's Lane

WC2；⊖ Leicester Sq

飞快地进来看一眼这个经过精美重修的酒馆，这里有历经风霜、精心雕刻的维多利亚式窗户和华丽的新艺术风格（Art Nouveau）灯具。不要做太长的停留，其他人也只是过来看看而已。

⭐ 娱乐

⭐ ASTORIA
☎ 7434 9592，7434 6963；157 Charing Cross Rd WC2；⊖ Tottenham Court Rd

尽管有很多问题，人们还是喜爱这个又黑又闷的大剧院。一旦有重建计划透露出来，观众们都会勃然大怒加以反对。这个地方定期举办同性恋之夜，尤其是星期六时。

⭐ COMEDY STORE 喜剧商店
☎ Ticketmaster 0870 060 2340；www.thecomedystore.biz；Haymarket House, 1a Oxendon St SW1；周二至周日；⊖ Piccadilly Circus

伦敦最早的（仍然是最好的）喜剧夜总会之一，有一些大腕出现。星期三是著名的即兴表演——喜剧商店的表演者们——经常会有来自《我告诉你点新闻》（Have I got News For You）的超级搞笑明星保罗·默顿（Paul Merton）。

⭐ CURZON SOHO
☎ 咨询 7439 4805，预订 7734 2255；

念念不忘的性
最近，伦敦人显然为情色着了迷，甚至有在Trocadero (www.troc.co.uk)建性博物馆的计划！同时，下列场所恰好迎合了当今的卡巴莱（Cabaret，有歌舞或滑稽短剧助兴的餐馆和夜总会）热：Coffee, Cake & Kink (☎ 7419 2996；www.coffeecakeandkink.co.uk；61 Endell St W1；⊖ Covent Garden)。坐在有趣的性趣玩具展览中央享受咖啡和蛋糕。
Coco de Mer (☎ 7836 8882；www.coco-de-mer.co.uk；23 Monmouth St WC2；⊖ Covent Garden—个有品位、散发着法国风情的小精品店，你可以找到丝绸女式内衣、逗痒的小掸子和小板子。

www.curzoncinemas.com；93-107 Shaftesbury Ave W1；⊖ Leicester Sq

一个很好的中心电影院，而这并不仅仅因为其高雅的品位和规划部门对艺术电影的偏爱。楼上是Konditor 和 Cook 咖啡园，楼下有个可以尽情欢乐的酒吧。

⭐ DONMAR WAREHOUSE
☎ 7369 1732；www.donmar-warehouse.com；41 Earlham St WC2；⊖ Covent Garden

这个小剧院可是赫赫有名。20世纪90年代，就是在这里，妮可·基德曼（Nicole Kidman）在萨姆·门德斯（Sam Mendes）的《蓝屋子》（Blue Room）

里大跳脱衣舞而成就了它"剧院伟哥"的名气。不过,现在的艺术总监麦克尔·格兰达(Michael Grandage)正在这里谱写新的篇章,有戴维·马梅特(David Mamet)和帕特里克·马伯(Patrick Marber)的优秀作品,再加上重量级的《弗罗斯特/尼克松》(Frost/Nixon)。是个非常私密的小空间。

⭐ END

☎ 7419 9199;18 West Central St WC1;🕐 周一和周三10pm~3am,周四10pm~4am,周五 10pm~5am,周六10:30pm~7am;⊖ Holborn

这里可能是你正苦心寻觅的伦敦西区主流夜总会,音乐经常很有创意。星期一的"垃圾之夜"(迪斯科/glam/朋克/80's electronica的混合)是伦敦最酷的演出之一。它的姐妹吧 AKA 就在隔壁。

⭐ 英国国家歌剧院(ENGLISH NATIONAL OPERA, 简称ENO)

☎ 7632 8300;www.eno.org;Coliseum, St Martin's Lane WC1;⊖ Leicester Sq 或 Charing Cross

英国国家歌剧院几年前成功翻新了它的大本营——大剧院,如今又继续进行歌剧改革的工作,使之现代化,更贴近生活。最近的作品甚至有根据莎士比亚的卡扎菲上校编写的歌剧。工作日会有一些 £10 的廉价票。

Rennie Scott's 夜总会

⭐ GHETTO

☎ 7287 3726;www.ghetto-london.co.uk;5-6 Falconberg Ct W1;🕐 周一至周三 10pm~3am,周四和周五 10pm~4am,周六10pm~5am;⊖ Tottenham Court Rd

娱乐 > 索霍和科文特加登

这个同性恋夜总会在一个闷热的地下室里，使用了20世纪50年代美国奶吧风格的白色座椅和大红墙壁。最主要的节目是每周三的Nag, Nag, Nag。

⭐ HEAVEN

☎ 7930 2020；www.heaven-london.com；拱门下，Villiers St WC2；🕐 周一和周三 10:30pm～3am，周五 10:30pm～6am，周六 10pm～6am；⊖ Charing Cross 或 Embankment

这是伦敦最有名的同性恋夜总会。周六有商业化的house音乐演出。周一面向学生，是便宜、轻快的"爆米花之夜"，周三则有"水果机"节目。

⭐ MADAME JO JO'S

☎ 7734 2473；www.madamejojos.com；8 Brewer St W1；🕐 周二 8pm～3am，周三至周五 自10:30pm，周四 自9pm，歌舞表演周六 7pm～10pm，夜总会周六 10pm～3am；⊖ Piccadilly Circus

星期五晚上 Keb Darge 的 Deep Funk 之夜是个传奇。不过 Madame Jo Jo's 首先是个歌舞表演酒吧，随着这一风尚在伦敦的兴起，它也回归到了庸俗低级的根源。

⭐ RONNIE SCOTT'S

☎ 7439 0747；www.ronniescotts.co.uk；47 Frith St W1；⊖ Leicester Sq

Ronnie Scott 逝于1996年，但他拥有50年历史的夜总会仍是不列颠爵士乐演出的中心。在新主人手里它经历了一次大规模的翻修。分台阶的座位和暗淡的桌灯并没有变，但这个地方看起来更加优雅，食物更棒了，而且禁烟。最重要的是，这里依然吸引着顶级表演者并拥有一流的音响效果。

⭐ 皇家歌剧院
(ROYAL OPERA HOUSE)

☎ 7304 4000；www.royaloperahouse.org；Royal Opera House，Bow St WC2；⊖ Covent Garden

经过世纪交替时耗资£2.1亿的重建，曾经古板的皇家歌剧院已经吸引了更年轻富有的观众。这里上演更有风险的节目像 Shostakovich 的 *Lady Macbeth of Mtsensk*。皇家芭蕾舞团（www.royalballet.co.uk）也在这里演出。

西区剧院

伦敦西区有大约50家剧院，所以要了解最新作品，需要有像www.timeout.com或www.whatsonstage.com这样的剧院指南。买音乐演出、喜剧等的票可以试试Ticketmaster（☎ 0870 060 2340，www.ticketmaster.co.uk），需要订票费。最后一分钟订座可以去莱斯特广场的售票摊（🕐周一至周六10am～7pm，周日中午～3pm，⊖ Leicester Sq），这里卖当天的半价票，收取合理的代理费。

布卢姆斯伯里和 FITZROVIA
(BLOOMSBURY & FITZROVIA)

布卢姆斯伯里和 FITZROVIA 地方很小,有独立的特色和历史。绿树成荫的布卢姆斯伯里传统上是伦敦知识分子的聚集地。弗吉尼亚·伍尔夫 (Virginia Woolf)、E.M. 福斯特 (EM Forster) 这些"布卢姆斯伯里团体"的艺术家和知识分子们,20 世纪初追随查尔斯·狄更斯、查尔斯·达尔文、安东尼·特罗洛普 (Anthony Trollope) 和威廉·巴特勒·叶芝 (William Butler Yeats) 这些前人的脚步来到这里,今天,这里仍然充满学术气息,来来往往的主要是大学教师。最近,这里成了伦敦最怪异的风尚活动——保龄球活动的中心。

FITZROVIA 尽管在风格上更富于艺术气息,仍非常受作家们的欢迎,其中最有名的要算是乔治·奥威尔 (George Orwell),他经常去这边的很多酒馆,包括 Fitzroy Tavern。

今天,这个地区点缀有媒体公司,以及为这些公司提供午餐和下班后饮料的餐馆和酒吧。因为在很多方面这里都像索霍区的延伸,一些人把这里叫 Noho,尽管其他伦敦人对此很恼火。

BLOOMSBURY & FITZROVIA

景点
大英博物馆................1	C5
Pollock's Toy Museum........2	B5

购物
Fopp..............3	B5
Habitat..............4	B5
Heal's..............5	B5
Topshop和Topman......6	A6

就餐
Busaba Eathai............7	B5
Fino..............8	B5
Hakkasan............9	B6
Salt Yard..........10	B5

酒吧
Annexe 3..........11	A6

Bradley's Spanish Bar...12	B6
Lamb..............13	D4
Princess Louise.........14	D6

娱乐
All Star Lanes...........15	D5
布卢姆斯伯里保龄球馆........16	C4

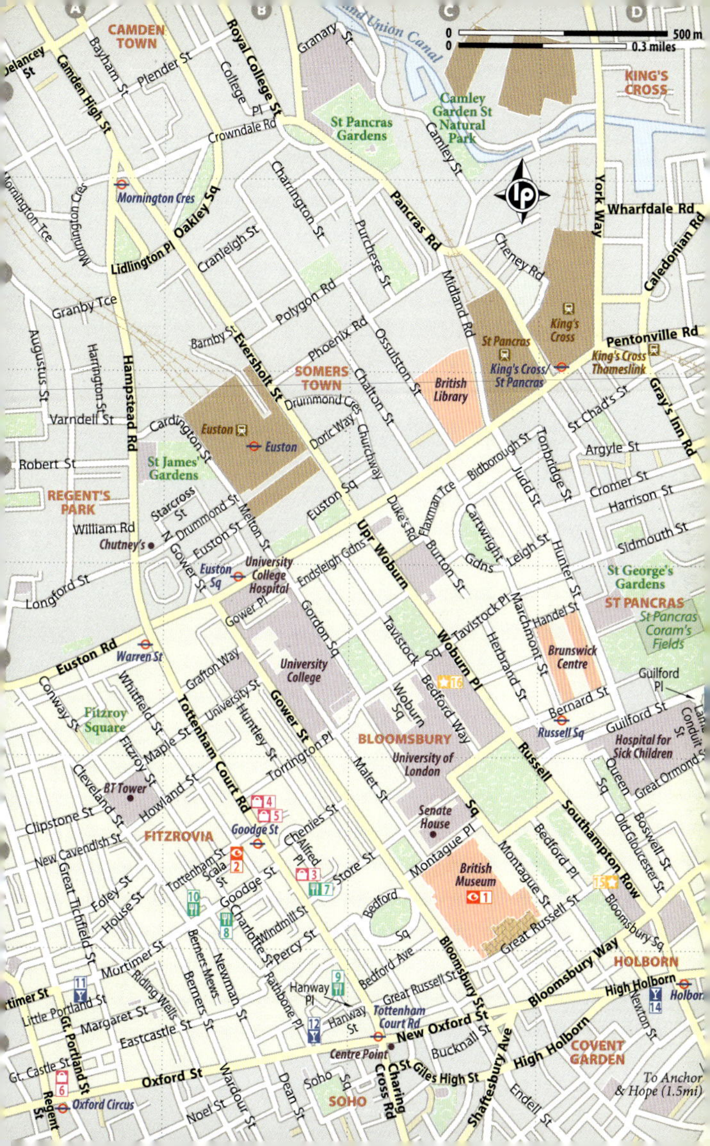

A
B
C
D
500 m
0.3 miles
CAMDEN TOWN
KING'S CROSS
Regent's Canal
St Pancras Gardens
Camley Street Natural Park
Mornington Cres
Euston
King's Cross
St Pancras
King's Cross/St Pancras
King's Cross Thameslink
SOMERS TOWN
British Library
St James' Gardens
REGENT'S PARK
Chutney's
Euston Sq
University College Hospital
St George's Gardens
ST PANCRAS
St Pancras Coram's Fields
Brunswick Centre
Warren St
University College
Fitzroy Square
BLOOMSBURY
University of London
Russell Sq
Hospital for Sick Children
BT Tower
Senate House
FITZROVIA
Goodge St
British Museum
HOLBORN
Holborn
Tottenham Court Rd
Centre Point
COVENT GARDEN
SOHO
Oxford Circus
To Anchor & Hope (1.5mi)
Camden High St
Bayham St
Plender St
Royal College St
College Pl
Crowndale Rd
Granary St
Camley St
Pancras Rd
York Way
Wharfdale Rd
Caledonian Rd
Pentonville Rd
Oakley Sq
Lidlington Pl
Cranleigh St
Charrington St
Purchese St
Polygon Rd
Phoenix Rd
Ossulston St
Midland Rd
Cheney Rd
Granby Tce
Augustus St
Harrington St
Hampstead Rd
Barnby St
Eversholt St
Drummond Cres
Doric Way
Chalton St
Churchway
Varndell St
Cardington St
Robert St
William Rd
Starcross St
Drummond St
Euston St
Melton St
Euston Sq
N Gower St
Longford St
Euston Rd
Endsleigh Gdns
Duke's Rd
Flaxman Tce
Burton St
Cartwright Gdns
Leigh St
Bidborough St
Judd St
Tonbridge St
Hunter St
St Chad's St
Gray's Inn Rd
Argyle St
Cromer St
Harrison St
Sidmouth St
Upr Woburn Pl
Tavistock Pl
Marchmont St
Herbrand St
Handel St
Bernard St
Guilford St
Guilford Pl
Lamb's Conduit St
Great Ormond St
Gower Pl
Gordon Sq
Tavistock Sq
Woburn Sq
Bedford Way
Grafton Way
University St
Huntley St
Gower St
Torrington Pl
Malet St
Russell Sq
Queen Sq
Southampton Row
Conway St
Whitfield St
Fitzroy St
Maple St
Tottenham Court Rd
Cleveland St
Howland St
Clipstone St
New Cavendish St
Great Titchfield St
Foley St
Chenies St
Alfred Pl
Store St
Montague Pl
Montague St
Bedford Pl
Boswell St
Old Gloucester St
Bloomsbury Sq
Tottenham St
Scala St
Goodge St
Charlotte St
Windmill St
Bedford Sq
Bedford Ave
Great Russell St
Bloomsbury St
Bloomsbury Way
High Holborn
Newton St
House St
Mortimer St
Riding House St
Berners Mews
Berners St
Newman St
Rathbone Pl
Percy St
Hanway Pl
Hanway St
Mortimer St
Little Portland St
Margaret St
Eastcastle St
New Oxford St
Bucknall St
Shaftesbury Ave
Gt Castle St
Gt Portland St
Oxford St
Regent St
Noel St
Wardour St
Dean St
Soho Sq
Charing Cross Rd
St Giles High St
Endell St
1
2
3
4
5
6
7
8
9
10
11
12
14
15
16

布卢姆斯伯里和FITZROVIA < 景点

景点

大英博物馆 (BRITISH MUSEUM)
☎ 7323 8000,导游 7323 8181;www.thebritishmuseum.ac.uk;Great Russell St WC1;免费,建议捐助£3;🕐 画廊周六至周三 10am~5:30pm,周四和周五 10am~8:30pm,迎宾大厅周日至周三 9am~6pm,周四至周六9am~11pm;

⊖ Tottenham Court Rd或Russell Sq

1753年,汉斯·斯隆(Hans Sloane)爵士把他小小的"珍宝馆"捐给了国家,这成为大英博物馆最早的藏品。随后的几百年间,博物馆通过巧取、嗯,还有充满争议的帝国豪夺,形成了今天700万件藏品的规模。这是个巨大的工程,所以考虑做一个有

大英博物馆迎宾大厅

购物 > 布卢姆斯伯里和FITZROVIA

非爱即恨的伦敦建筑

> 碉堡(Barbican；见119页)—这个曾遭人憎恶的迷宫式住宅和娱乐区建于20世纪70年代，现在这里是非常舒适的住宅区，公共区域正在被改造。
> BT塔楼(BT Tower；见A5)—这座以前的邮局塔楼的34层有一家旋转餐厅，1971年IRA爆炸后关闭了。塔楼曾在Goodies的Kitten Kong片断中出现。
> 中心点(Centre Point；见C6)—20世纪60年代的水泥塔楼的街区，1995年被列入世界遗产名单，莫名其妙地受《墙纸》(Wallpaper)的欢迎。最好晚上从Falconberg Ct观赏。
> Senate House(见C5)—伦敦大学高63米装饰派艺术(Art Deco)风格的总部被左翼人士叫成"法西斯"，被右翼人士称作"斯大林"，但其他人还是喜欢它。曾在荧屏中出现，像约翰·赫特(John Hurt)出演的1984中。

导游的游览(£8)，或者拿个录音导游机吧(£3.50)。见17页。

🛍 POLLOCK'S TOY MUSEUM
☎ 7639 3452；www.pollocksweb.co.uk；1 Scala St W1；成人/儿童￡3/1.50；⏰周一至周六10am~5pm；⊖Goodge St

别在乎网上怎么说，这个绝对好玩的玩具博物馆和商店还在营业。如果在附近的话非常值得拐弯去看一下，像往日光怪陆离的狂欢盛会。

🛍 购物

🛍 FOPP
☎ 7580 6935；www.fopp.co.uk；220-224 Tottenham Court Rd W1；⏰周一至周三 10am~6pm，周四至8pm，周五至6:30pm，周六9:30am~7pm，周日中午~6pm；⊖Goodge St

Fopp 因为价格合理所以总能打败像 Virgin 和 HMV 这样的唱片连锁店，但这个新的旗舰店甚至开始笼络大男孩顾客。在 Earlham 街(见51页)有一个小点的分店。

🛍 HABITAT
☎ 763 3880；www.habitat.net；196-199 Tottenham Court Rd W1；⏰周一至周三 10am~6pm，周四至8pm，周五6:30pm，周六9:30am~6:30pm，周日中午~6pm；⊖Goodge St

这家价格合理、生意兴旺的家庭用品店没有摄政街分店那么炫目的天花板(见52页)，但店里的摆设却有着同样的艺术品位，而且它和Heal's毗邻，可以很方便地进行家具大采购。

🛍 HEAL'S
☎ 7636 1666；www.heals.co.uk；196 Tottenham Court Rd W1；⏰周一至周三10am~6pm，周四至8pm，周五至

6:30pm，周六9:30am~6:30pm，周日中午~6pm；⊖ Goodge St

由于"施工人员刚来过"，这家历史悠久的店铺历久弥新，里面以最新的"极多主义"风格摆放着诱人的高质家居用品。

🛍 TOPSHOP 和 TOPMAN

☎ 7636 7700；www.topshop.co.uk；36-38 Great Castle St W1；⏰ 周一至周六 9am~8pm，周四至9pm，周日中午~6pm；⊖ Oxford Circus

这两家全国连锁的联合旗舰店掌握了伦敦的绝妙技术，能够把T台时尚以合理的价格迅速带入年轻人市场。Topshop 的设计天才们甚至创出了 Kate Moss 系列，但最近由于主要品牌总监简·谢泼德森(Jane Shepherdson)离开，人们对它的未来产生了一些质疑。

🍴 就餐
🍽 BUSABA EATHAI
泰国风味　　　　　　　　　　££

☎ 7299 7900；22 Store St WC1；⏰ 周一至周四 中午~11pm，周五和周六 至11:30pm，周日至10:30pm；⊖ Goodge St

从创立了 Wagamama 的艾伦·姚团队发展而来，这家高价位(某种程度上)的餐馆有着轻松的氛围，可以方便、便宜地品尝到伦敦最好餐馆的美味。店里用黑木装饰，有正方形的小桌拼成的长条桌，吊扇和镀金的佛像。这里的奶油和泰国辣咖喱粉保证了菜品的质量。在 Wardour 街有另一家分店(见56页)。

🍽 FINO
西班牙风味　　　　　　　　£££

☎ 7813 8010；www.finorestaurant.com；33 Charlotte St；⏰ 周一至周六 午餐和晚餐；⊖ Tottenham Court Rd

这是家很诱人，质量很高的地下餐前小吃吧，有些新颖的艺术品装饰。Fino 很受那些在 Charlotte 街或附近工作，对食物极为挑剔的媒体人的欢迎。到这儿来品尝一下极富创意和乐趣的西班牙菜肴吧。入口在 Rathbone 街。

🍽 HAKKASAN
中餐　　　　　　　　　　££££

☎ 7907 1888；8 Hanway Pl W1；⏰ 周一至周六 午餐和晚餐，周日午餐；⊖ Tottenham Court Rd

自从成为第一家获得米其林星的中国餐馆几年来，艾伦·姚的旗舰店一直保持着独特的风格。就像所有时髦的东西都难寻踪影一样，这家地下室餐馆也藏在小巷里，里面有很多黑色漆器，紫外线灯和一个长长的闪烁的鸡尾酒吧。那些经常看着鲜艳欲滴的菜肴吃起来同样美味可口。

酒吧 > 布卢姆斯伯里和 FITZROVIA

SALT YARD 西班牙风味 ££
☎ 7637 0657；www.saltyard.co.uk；
54 Goodge St W1；🕐 周一至周五 中午~11pm，周六 5~11pm；⊖ Goodge St

尽管 Salt Yard 不如 Fino(见左栏)那么时髦，但很多人喜欢它的餐前小吃，很有意大利特色也很便宜。餐馆本身简朴而典雅，楼上是酒吧/咖啡厅，地下室是主餐厅。

🍸 酒吧

ANNEXE 3
☎ 7631 0700；6 Little Portland St W1；🕐 周一至周六 中午~3pm 和 6.30~11pm，周日 中午~3pm；⊖ Oxford Circus

这家酒吧和装饰过度的 Loungelover(见134页)有点类似。看上去奢华高调，有金色的软长椅，诡异的油画，混杂的墙纸和老式的小型游乐场。但因为没有姐妹场所的脏乱环境，这里确实没什么特别的，整个氛围更融洽一点。还是很方便的。

BRADLEY'S SPANISH BAR
☎ 7636 0359；42-44 Hanway St W1；⊖ Tottenham Court Rd

低矮的天花板、狭窄的空间、暧昧的西班牙装饰、古老的唱片机和欢快的气氛是这家小酒馆的特色。这是西伦敦最普通也是最棒的酒店之一。

可以尝尝它的 Cruzcampo 啤酒。

LAMB
☎ 7405 0713；94 Lamb's Conduit St WC1；🕐 周日关门；⊖ Russell Sq

Lamb 店公共区域

布卢姆斯伯里和 FITZROVIA < 酒吧

Lamb 古老而大气，中心的桃木酒吧有着漂亮的维多利亚式隔间和美食。很受欢迎，想找到座位的话就早点过来吧。

PRINCESS LOUISE
☎ 7405 8816；208 High Holborn WC1；
⊗周日关闭；⊖ Holborn

西伦敦最漂亮的两家酒馆之一（另一家是 Salisbury，见 58 页），属于华丽的装饰派艺术风格。这家被列入遗产名单的酒馆有精雕细琢的镜子和天花板。气氛并不是很令人振奋，但还是值得一看。

Princess Louise 公共区域

娱乐 > 布卢姆斯伯里和 FITZROVIA

娱乐

ALL STAR LANES

☎ 7025 2676；www.allstarlanes.co.uk；Victoria House，Bloomsbury Pl；
🕐 周一至周四 5pm~午夜，周五至周日自中午；Ө Holborn 或 Russell Sq

这里让九柱游戏（这可以追溯到 20 世纪 90 年代的流行电影 The big Lebowshi）重新流行起来，这家"精品"保龄球店重视它的鸡尾酒吧和餐位，就像重视它的四个保龄球道一样。通常人多得一塌糊涂，如果感兴趣的话一定要早订。

布卢姆斯伯里保龄球 (BLOOMSBURY BOWLING)

☎ 7691 2610；www.bloomsburybowling.com；Tavistock Hotel，Bedford Way；🕐 周日至周四 中午~1am，周五和周六 至3am；Ө Russell Sq

Tavistock 宾馆以前的停车场现在变成一个粗糙的老式保龄球场，设有卡拉 OK 厅和电影院、球道和一个来自美国的马蹄形酒吧。这里并不像 All Star Lanes 那么奢华，但更容易订到球道。

怪异的伦敦风尚

是的，我们知道一旦指南书里出现某样东西，它肯定马上就不时髦了。但这里列出的是至少过去几年在伦敦风靡一时的娱乐方式：

> 卡巴莱歌舞和滑稽表演-见194页
> 溜冰(见上面的照片)-见168页框内文字
> 保龄球-见上面
> Raves-见CD店的宣传材料

MARYLEBONE 和摄政公园
(MARYLEBONE & REGENT'S PARK)

今天的 Marylebone 就像它的名字读起来一样有趣(不了解的话,应读为 marlee-bone)。18 世纪以前这里大部分是些乡村村落,因 Tyburn 河边的教区教堂而知名。但"Bourne 边上的圣玛丽"逐渐演变成为伦敦最具吸引力的住宅区,这里有伦敦西区 (West End) 的热闹与繁华,却没有后者的脏乱和拥挤。

因为拥有杜莎夫人蜡像馆 (Madame Tussauds)、福尔摩斯纪念馆 (Sherlock Holmes)、摄政公园 (Regent's Park) 和位于罗斯 (Lords) 的 Marylebone 板球夜总会,这个区域一直备受游客们的推崇。在为期 10 年的 Marylebone 大街改造项目完工后,这里几年前开始逐渐成为伦敦最令人兴奋的就餐和购物场所。

附近还有公园温室和被人忽略的华莱士收藏馆的一流馆藏。这是 21 世纪伦敦的一个角落,你一定不要错过。

MARYLEBONE & REGENT'S PARK

景点
伦敦动物园(入口)	1	C1
罗斯板球场	2	A2
杜莎夫人蜡像馆	3	C2
摄政公园	4	C2
华莱士收藏馆	5	C5

购物
Alfie 古董市场	6	A4
Daunt 书店	7	C4
Rococo	8	C4
Selfridges	9	C5
Tracey Neuls	10	C5

就餐
Eat & Two Veg	11	C4
Golden Hind	12	C4
Le Pain Quotidien	13	C4
Locanda Locatelli	14	C5
Ozer	15	D5
Providores & Tapa Room	16	C5

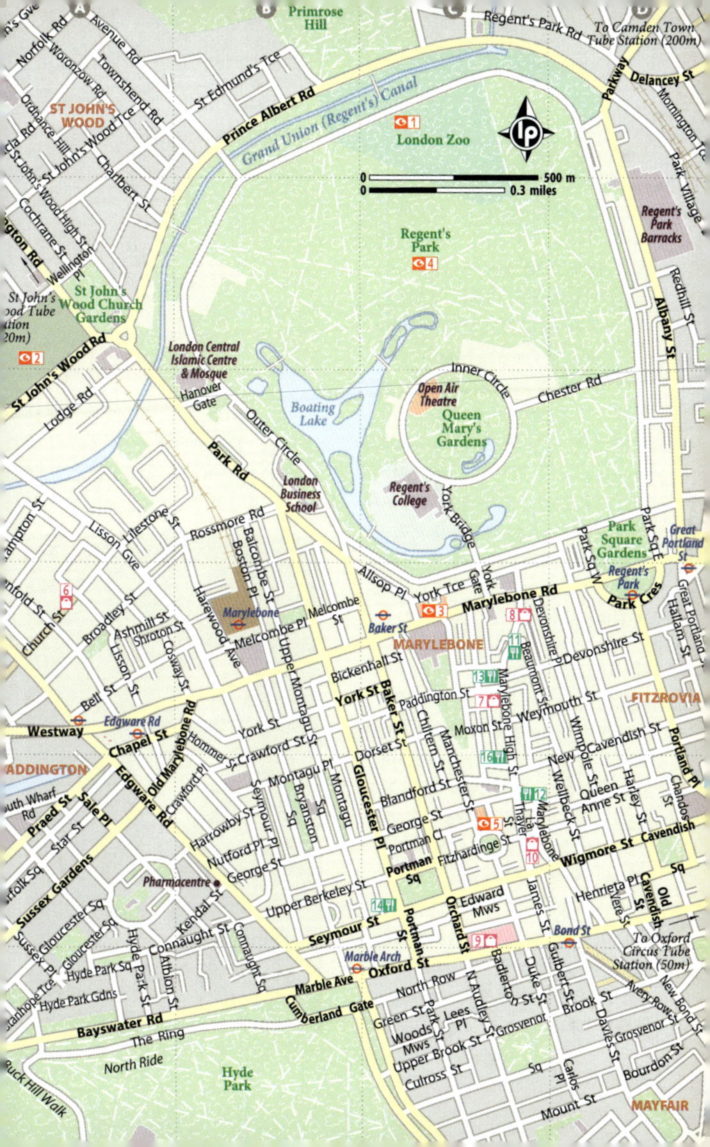

A
B
C
D
Primrose Hill
Regent's Park Rd
To Camden Town Tube Station (200m)
Norfolk Rd
Avenue Rd
Woronzow Rd
Townshend Rd
St Edmund's Tce
Prince Albert Rd
Grand Union (Regent's) Canal
1
London Zoo
Parkway
Delancey St
Mornington Cres
Park Village
ST JOHN'S WOOD
Ordnance Hill
St John's Wood Tce
Charlbert St
St John's Wood High St
Cochrane St
Wellington Pl
0
500 m
0.3 miles
Regent's Park
4
Regent's Park Barracks
Redhill St
Albany St
St John's Wood Tube Station (200m)
St John's Wood Church Gardens
2
St John's Wood Rd
London Central Islamic Centre & Mosque
Hanover Gate
Lodge Rd
Boating Lake
Inner Circle
Open Air Theatre
Queen Mary's Gardens
Chester Rd
Outer Circle
Park Rd
London Business School
Regent's College
York Bridge
Lisson Gve
Lilestone St
Rossmore Rd
Balcombe St
Boston Pl
Park Sq W
Park Square Gardens
Park Sq E
Great Portland St
Regent's Park
Park Cres
Great Portland St
Hallam St
Allsop Pl
York Tce
York Gate
Marylebone Rd
3
8
Devonshire Pl
6
Church St
Broadley St
Ashmill St
Shroton St
Harewood Ave
Marylebone
Melcombe Pl
Melcombe St
Baker St
MARYLEBONE
11
Beaumont St
Devonshire St
Lisson St
Cosway St
Upper Montagu St
Bickenhall St
13
Bell St
York St
Baker St
Paddington St
7
Weymouth St
FITZROVIA
Westway
Edgware Rd
Chapel St
Old Marylebone Rd
Hommer St
York St
Crawford St
Dorset St
Chiltern St
Moxon St
Manchester St
Marylebone High St
New Cavendish St
Wimpole St
Portland Pl
PADDINGTON
Crawford Pl
Seymour Pl
Montagu Pl
Bryanston Sq
Montagu Sq
Gloucester Pl
16
Blandford St
12
Welbeck St
Queen Anne St
Harley St
Chandos St
South Wharf Rd
Praed St
Sale Pl
Edgware Rd
Star St
Harrowby St
George St
Portman Cl
5
Thayer St
Marylebone La
Cavendish Sq
Nutford Pl
Fitzhardinge St
10
Wigmore St
Norfolk Sq
Sussex Gardens
Pharmacentre
George St
Portman Sq
James St
Henrietta Pl
Vere St
Old Cavendish St
Gloucester Sq
Upper Berkeley St
14
Edward Mws
Orchard St
Sussex Pl
Gloucester Sq
Hyde Park St
Kendal St
Connaught St
Connaught Sq
Seymour St
Portman St
9
Bond St
To Oxford Circus Tube Station (50m)
Hyde Park Sq
Albion St
Marble Arch
Oxford St
Balderton St
Duke St
Gilbert St
Stanhope Tce
Hyde Park Gdns
Marble Ave
Cumberland Gate
North Row
N Audley St
Brook St
Avery Row
New Bond St
Bayswater Rd
Green St
Park St
Lees Pl
Grosvenor Sq
Davies St
Grosvenor St
The Ring
Woods Mws
Upper Brook St
North Ride
Culross St
Carlos Pl
Bourdon St
Hyde Park
Buck Hill Walk
Mount St
MAYFAIR

MARYLEBONE 和摄政公园 < 景点

景点

伦敦动物园 (LONDON ZOO)
☎ 7722 3333；www.zsl.org/london-zoo；Regent's Park NW1；成人/儿童/折扣 £14/10.75/12；🕐 3月至10月10am～5:30pm，11月至1月10am～4pm，2月10am～4:30pm；⊖ Baker St 或 Camden Town

　　动物园在摄政公园里面，位置极好，但经营得不太成功。很小但收费很高，过去几年里面一直都有很多破落的空围栏。一个长期的改造规划要建一个能够走入的猴子房，而且从2007年复活节开始将有一个新的猩猩房和小动物围栏。但这个规划需要花大力气来平息那些批评者的声音。

罗斯板球场
(LORD'S CRICKET GROUND)
☎ 游览接待处 7616 8595，总机 7616 8500；www.lords.org；St John's Wood Rd NW8；有导游的游览 成人/儿童/折扣/家庭 £7/4.50/5.50/20；🕐 没有比赛时有导游的游览 10am，4月至9月 中午和2pm，10月至3月 中午和2pm；⊖ St John's Wood

　　2005年令人发狂的Ashes系列赛之后，伦敦板球迷的数量越来越多。他们将成为罗斯Marylebone板球夜总会的第一批观众(Marylebone Cricket Club，又称Lords，简称MCC)。但建筑迷们也会享受这个90分钟的团体游。会员们可以在记录板球重大事件的照片环绕的长屋

交通卡
　　如果在伦敦只呆几天的话买交通卡似乎很麻烦，但这真的是物有所值。使用伦敦的Oyster交通卡会便宜很多，而且也省了很多麻烦。这点在伦敦市中心买公共汽车票的时候尤为明显，因为这里你必须在上车前就把钱投到机器里。更多信息请见218页。

斯皮尔伯格的蜡像，杜莎夫人蜡像馆

72 < 伦 敦

景点 > MARYLEBONE 和摄政公园

摄政公园

里看比赛，穿过长屋在Ashes杯边停留，接着来到引人注目的太空船形状的媒体中心。

杜莎夫人蜡像馆 (MADAME TUSSAUDS)
☎ 0870 400 3000； www.madame-tussauds.com； Marylebone Rd NW1； 成人/16岁以下包括天文馆 £20/16； 周一至周五 9:30am～5:30pm， 周六和周日9am～6pm，天文馆 周一至周五12:30～5:30pm，周六和周日10:30am～6pm； ⊖ Baker St

一想到去看一种历经几个世纪、早该随着摄影技术出现而衰退的艺术，杜莎夫人蜡像馆似乎是个令人沮丧的提议。或许自那个模具制作人开始做法国大革命时期被杀者的面具以来人类就没有太大进步？ 我们无法解释为什么人们还到这里来，这些蜡像甚至都不像真的。但最新明星的蜡像和一些互动（像"进入老大哥日记屋"等等）节目的设置始终让这个地方最受欢迎。

摄政公园 (REGENT'S PARK)
☎ 7486 7905； 5am～黄昏； ⊖ Baker St 或 Regent's Park

MARYLEBONE 和摄政公园 < 购物

摄政公园是伦敦最精致整齐的花园,由建筑师约翰·纳什(John Nash)建于约 1820 年。他建造一座贵族公园的计划从未实现,但从 Cumberland Tce 和 Outer Circle 还可以看出他的初衷。除了伦敦动物园(London Zoo,见 72 页),公园里有一个露天影院,夏天时上演莎士比亚剧,还有池塘、玫瑰园、足球场和垒球场。

华莱士收藏馆
(WALLACE COLLECTION)

☎ 7563 9500;www.wallacecollection.org;Hertford House,Manchester Sq W1;免费;🕙 10am~5pm;🚇 Bond St

时装设计师维维恩·威斯特伍德(Vivienne Westwood)是这栋经奢华重建却又完全得体的意大利公寓的狂热迷。很遗憾,即使伦敦人自己也忽视了它的存在,里面的藏品包括瓷器、盔甲、仿制品、家具和由伦勃朗、霍斯(Hals)、Delacroix、提香、鲁本斯(Rubens)、普桑(Poussin)、凡·爱克、贝拉斯克斯、雷诺兹(Reynolds)和庚斯博罗创作的17、18世纪油画,这些收藏很好地展现了18世纪贵族的生活。

🛍 购物

Marylebone大街现在是伦敦最有趣的零售区域之一,所以来逛下

最好的旅游纪念品

忘掉黑色出租车、红色公共汽车和大头兵泰迪熊模型吧,还有那些带着地铁标志的T恤衫和其他小玩意儿。我们认为伦敦最好的旅游纪念品是捷克漫画家的一本画册。不,我们可没收佣金宣传它,这样说是因为那些4岁小孩和时髦的绘图设计师们几乎对Miroslav Sasek 那本引人入胜、机智诙谐的《这里是伦敦》(This is London)看了迷。以Ronald Searle风格创作于1959年,书里带书号的部分是21世纪的更新,但当下内容之多还是让人惊叹。通常你可以在Daunt Books(书店,见下页)找到这本书。

面的店时应该留下足够时间来看那条街上的其他店铺,像Conran店(55号)、Calmia(52号)、Cath Kidston(51号)和Shoon(94号)。

ALFIE 古董市场
(ALFIE'S ANTIQUES MARKET)

☎ 7723 6066;www.alfiesantiques.com;13-25 Church St NW8;🕙 周二至周六 10am~6pm;🚇 Edgeware Rd或Marylebone

如果觉得价钱太贵的话,这里繁杂如迷宫般的特有古典风尚和仿古家居用品(从照明设备到海报一应俱全)让只浏览橱窗也成为一种愉快的经历。对女性购物者来说,这里的亮点无疑就是"**女孩情不自禁**"(Girl Can't Help

购物 > MARYLEBONE 和摄政公园

it；www.thegirlcanthelpit.com)。

🛍 DAUNT BOOKS
☎ 7224 2295；83-84 Marylebone High St W1；⏰ 周一至周六9am~7:30pm，周日11am~6pm；🚇 Baker St

不要只看一眼就离开，以为这不过是家老书店。到后面看看，右手边你会看到一个长长的、带天窗的木墙板屋。这里感觉更像个图书馆。

🛍 ROCOCO
☎ 7935 7780；www.rococochocolates. com；45 Marylebone High St W1；⏰ 周一至周五 9:30am~6pm，周六 9:30am~5pm；🚇 Baker St

伦敦最诱人的巧克力店在 King's 路（见102页）上，但在这里你不用走远就可以找到味道极富创意的、有机的、无糖的或形状有趣的可可美食。袋子里装的破碎巧克力块是最好的打折品。

🛍 SELFRIDGES
☎ 7629 1234；www.selfridges.com；400 Oxford St W1；⏰ 周一至周五

Marylebone 古董商店的橱窗

10am~8pm,周六9:30am~8pm,周日中午~6pm;⊖ Bond St

在极富创意的橱窗设计和引人注目的装饰派艺术风格的店面后是伦敦最时尚,也是最重要的百货大楼。从休闲到正装,这里的时尚服饰一应俱全。食品大厅非常棒,一层的化妆品大厅也是欧洲最大的。

TRACEY NEULS
☎ 7935 0039;www.tn29.com;29 Marylebone Lane W1;🕒 周一至周五11am~6:30pm,周四至 8:30pm,周六中午~5pm;⊖ Bond St

这家鞋店非常漂亮,卖的鞋子都很独特,店里面是高至天花板的架子,上面摆满小摆设、靴子、便鞋和凉鞋。加拿大设计师 Neuls 并不追赶最新时尚,但她的作品总是很合时宜。

就餐

EAT & TWO VEG
素食　　　　　　　　　　££
☎ 7258 8595;www.eatandtwoveg.com;50 Marylebone High St W1;⊖ Baker St

这家美式正餐馆非常适合食肉族和素食者聚餐,擅长制作素肉,像蔬菜香肠(veggie sausages)、大豆蛋白汉堡(soya protein burgers),甚至假的鸡翅。这里的食品并不美味,但对那些想念星期天烧烤的素食者来说,这里的东西绝对是很好的安慰。

Selfridges

就餐 > MARYLEBONE 和摄政公园

🍴 GOLDEN HIND
鱼和薯条　　　　　　　　££

☎ 7486 3644；73 Marylebone Lane W1；⏰ 周一至周五 中午~3pm 和周六 6~10pm，6~10pm；⊖ Bond St

这家拥有 90 年历史的鱼和薯条店有着经典装饰派艺术风格的内饰和矮墩墩的木桌子，店里衣着随意的建筑工人和西装革履的生意人并排而坐。从古老的油锅里炸出来的可能是伦敦最棒的鳕鱼和薯条。

🍴 LE PAIN QUOTIDIEN
法国风味　　　　　　　　£-££

☎ 7486 6154；www.lepainquotidien.com；72-75 Marylebone High St W1；⏰ 周一至周五 7am~7pm，周六和周日 8am~6pm；⊖ Baker St

餐馆里简单的木头内饰很吸引人，是个吃午餐或晚餐的可爱地方。店内设有"每日面包"区，也卖果酱和其他东西。这里有美味奶油果酱面包片，还有沙拉和汤，但服务很冷淡。

🍴 LOCANDA LOCATELLI
意大利风味　　　　　　　££££

☎ 7935 9088；www.locandalocatelli.com；8 Seymour St W1；⏰ 午餐和晚餐；⊖ Marble Arch

"平民"明星大厨 Giorgio Locatelli 避开电视出镜，集中精力做伦敦最棒的意大利餐。尽管，或者可能正是因为他远近闻名的平民风范，顶级的明星热爱这家低调奢华的餐馆。Giorgio！不愧是越低调就越引发人们一探究竟的好奇心。记得提前订座。

🍴 OZER 土耳其风味
　　　　　　　　　　　　£-££

☎ 7323 0505；5 Langham Pl W1；⏰ 周一至周六 午餐和晚餐；⊖ Oxford Circus

这里非常适合在附近牛津街购物或之后来吃个饭，美味的土耳其菜肴在内容和分量方面都比一般的清淡，不会让你吃得过饱。

🍴 PROVIDORES & TAPA ROOM
融合菜式　　　　　　　££-£££

☎ 7935 6175；www.theprovidores.co.uk；109 Marylebone High St W1；⏰ Tapa屋早餐，午餐和晚餐；⊖ Baker St 或 Bond St

新西兰人特别喜欢这家两层的餐馆，这里是吉威斯·彼得·戈登(Kiwis Peter Gordon)和安娜·汉森(Anna Hansen)合作烹饪西班牙风味的地方。尽管不像戈登那家经营太平洋融合菜式的"蜜糖夜总会"(Sugar Club)那样有创造力，在这里吃饭绝对还是值得回味的经历，红酒很棒。楼下更随便一些，提供早餐和美味的餐前小吃。

梅费尔、圣詹姆斯、威斯敏斯特和皮姆利科 (MAYFAIR, ST JAMES'S, WESTMINSTER & PIMLICO)

这一片广大的区域是王宫和议会所在地,伦敦传统的权力中心。保皇主义者会欣赏白金汉宫(Buckingham Palace),但几乎所有的人都会对新哥特式的"人民宫殿"——威斯敏斯特宫(the Palace of Westminster)或议会大厦(parliament building)——印象深刻。

忏悔者爱德华(Edward the Confessor)首先看中了威斯敏斯特,将11世纪的王宫安置在这里,同时也盯着西敏寺(Westminster Abbey)修建者的工作(虽然它最终完工所费时间比倒霉的温布利体育场还长)。

六个世纪之后,在内战和国王被砍头之后,查理二世(King Charles II)从威斯敏斯特逃到圣詹姆斯地区(St James's),建造了新的王室区域。18世纪乔治式大广场建成,圣詹姆斯开始向梅费尔扩展。其间,威斯敏斯特向皮姆利科扩展。

现在,这一整片区域不仅集中了伦敦景点的精华,也有高档商店、美味餐厅和一流画廊,如皇家艺术学院(Royal Academy)、泰特英国美术馆(Tate Britain)和白立方画廊(White Cube)。

MAYFAIR, ST JAMES'S, WESTMINSTER & PIMLICO

景点
白金汉宫	1	C5
内阁战时办公室	(见2)	
丘吉尔博物馆	2	F5
皇家骑兵卫队阅兵场	3	F4
议会大厦	4	G6
当代艺术学院	5	F3
唐宁街十号	6	G4
詹姆斯公园	7	E5
惠灵顿拱门	8	A5
西敏寺	9	G6
白立方画廊	10	D3

购物
Burberry	11	C1
伯灵顿拱廊	12	D2
Dover St Market Dover街市场	13	C2
Fortnum & Mason	14	D3
Kilgour	15	D2
Matthew Williamson	(见20)	
Mulberry	16	B1
Ozwald Boateng	17	D2
Paul Smith折扣店(Paul Smith Sale Shop)	18	B1
Poste	19	B1
Stella McCartney	20	B2
Waterstone's	21	B1

就餐
肉桂俱乐部(Cinnamon Club)	22	F6
Galvin@Windows	23	A4
Gordon Ramsay at Claridges	24	B1
Inn the Park	25	F4
芒果树(Mango Tree)	26	B6
迷宫(Maze)	27	A1
Nobu	28	A4
Sketch	29	C1
Wolseley	30	C3

酒吧
Nobu Berkeley	31	C3

娱乐
Pigalle	32	E2

查看地图请翻页

景点 > 梅费尔、圣詹姆斯、威斯敏斯特和皮姆利科

🔴 景点

🔵 白金汉宫
(BUCKINGHAM PALACE)

☎ 7766 7300;www.the-royal-collection.com;Buckingham Palace Rd SW1;成人/儿童/优惠 £13.50/7/11.50;🕐 8月初至9月 9:30am～4:30pm;⊖ St James's Park, Victoria或Green Park

它广为人知的绰号叫巴克屋,当你确信你会喜欢它时,它才值得你一游——如果你对王室的敬仰不会被现实所削弱,例如在王座大厅内将一对粉红色的椅子印上图案繁琐的缩写"ER"和"P"。临时性的展览,其中有一条女王的裙子,在近年已在尝试取悦观众。但向公众开放的19个房间里,最好的还是画廊(Picture Gallery)。在格林公园(Green Park)内一个小亭子里可以买到门票;进门是定时管理的,每隔15分钟放进一批游客。

🔵 内阁战时办公室和丘吉尔博物馆
(CABINET WAR ROOMS & CHURCHILL MUSEUM)

☎ 7930 6961;www.iwm.org.uk;Clive Steps, King Charles St SW1;成人/16岁以下/老人/学生/失业者 £10/免费/8/8/5;🕐 9:30am～6pm, 最晚进门时间5pm;⊖ Charing Cross

你也许会惊讶于这座"二战"时丘吉尔会见内阁成员和将军们的掩体带来的感动,尤其是加上一个令人震撼的、献给"伟大不列颠人民"的展览之后。内阁战时办公室,特别是它的卧室,让人回忆起那个匮乏而充满责任感的年代。接下来是"我们将在海滩上作战"等丘吉尔博物馆的展品。重放的温斯顿演讲仍然激动人心,虽然官方的中心展品是巨大的桌上交互式通讯联络线。

🔵 皇家骑兵卫队阅兵场
(HORSE GUARDS PARADE)

☎ 0906 866 3344;🕐 换岗仪式 周一至周六11am, 周日10am;⊖ Westminster

这是另一个富有魅力的传统旅游景点,在这个检阅场上,可怜的卫兵们面无表情,在高耸的熊皮帽

卫兵换岗仪式

这是伦敦的必看项目,虽然想象比实际体验更美好。在白金汉宫的前院,老卫队(王室团的近卫步兵)下防,新卫队替换,游客们必须睁大眼睛观看——有时是从10个人的后面——看那些着鲜红制服、戴熊皮帽子的士兵喊着口号行进,仅有半个小时而已。仪式的官方名称叫做"卫队上马"(Guard Mounting),听上去好像更有意思。从5月至7月,每天11点30分开始,从8月至次年4月,在天气允许的情况下,每两天一次。

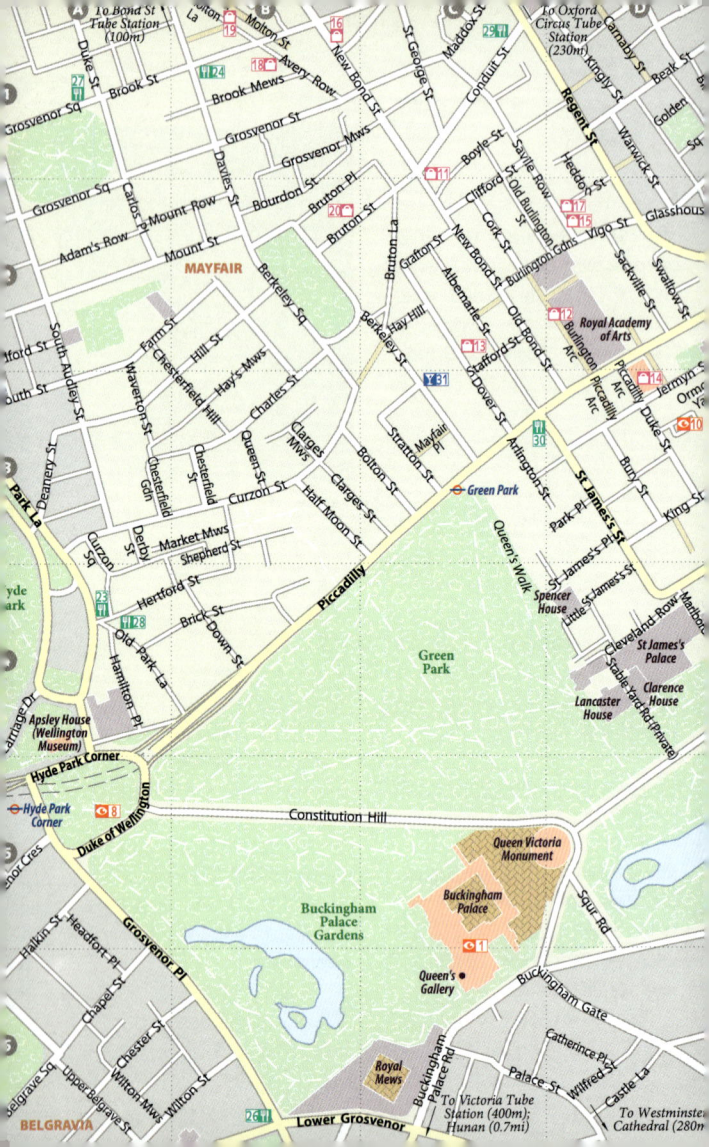

Mayfair / Green Park / Buckingham Palace area

Tube Stations / Landmarks:
- To Bond St Tube Station (100m)
- To Oxford Circus Tube Station (230m)
- Green Park
- Hyde Park Corner
- Apsley House (Wellington Museum)
- Royal Academy of Arts
- Spencer House
- St James's Palace
- Clarence House
- Lancaster House
- Buckingham Palace
- Buckingham Palace Gardens
- Queen Victoria Monument
- Queen's Gallery
- Royal Mews
- To Victoria Tube Station (400m); Hunan (0.7mi)
- To Westminster Cathedral (280m)

Areas:
- MAYFAIR
- BELGRAVIA
- Hyde Park
- Green Park

Streets (selected):
Duke St, Molton St, Avery Row, New Bond St, St George St, Maddox St, Conduit St, Regent St, Carnaby St, Kingly St, Beak St, Golden, Grosvenor Sq, Brook St, Brook Mews, Grosvenor St, Grosvenor Mews, Boyle St, Savile Row, Old Burlington St, Hedon St, Warwick St, Glasshouse, Davies St, Carlos, Bourdon St, Bruton Pl, Clifford St, Cork St, Vigo St, Sackville St, Swallow St, Adam's Row, Mount Row, Mount St, Bruton St, Grafton St, New Bond St, Albemarle St, Burlington Gdns, Burlington Arc, Piccadilly, Piccadilly Arc, Jermyn St, Duke St, Ormo, Berkeley Sq, Farm St, Hill St, Hay's Mws, Charles St, Stafford St, Dover St, Old Bond St, Bury St, King St, South Audley St, Waverton St, Chesterfield Hill, Queen St, Chesterfield St, Clarges Mws, Bolton St, Stratton St, Mayfair Pl, Arlington St, Park Pl, St James's Pl, St James's St, Deanery St, Derby, Market Mws, Shepherd St, Curzon St, Clarges St, Half Moon St, Queen's Walk, Little St James's St, Cleveland Row, Stable Yard Rd (private), Park La, Hertford St, Brick St, Down St, Old Park La, Hamilton Pl, Hyde Park Corner, Duke of Wellington, Constitution Hill, Grosvenor Pl, Halkin St, Headfort, Chapel St, Chester St, Wilton St, Wilton Cres, Upper Belgrave St, Wilton Mws, Belgrave Sq, Lower Grosvenor Pl, Buckingham Palace Rd, Palace St, Catherine Pl, Wilfred St, Castle La, Spur Rd, Buckingham Gate

COVENT GARDEN
Covent Garden Market
Lyceum
Leicester Sq
Piccadilly Circus
London Trocadero
Leicester Square
National Portrait Gallery
National Gallery
Trafalgar Square
Canada House
South Africa House
Charing Cross
Embankment
Victoria Embankment Gardens
Golden Jubilee Bridge
Ministry of Defence
Old Admiralty Offices
Old War Office
Treasury
Banqueting House
ST JAMES'S
St James's Park
St. James's Park Lake
Foreign & Commonwealth Office
Cenotaph
Portcullis House
Westminster Pier
Westminster
Westminster Bridge
Thames
Parliament Square
Big Ben
St Margaret's
St Stephen's Entrance
St James's Park
The Strand
Whitehall
Pall Mall
The Mall
Haymarket
Regent St
Charing Cross Rd
Victoria Embankment
Parliament St
Horse Guards Rd
Downing St
King Charles St
Great George St
Parliament Bridge St
Broad Sanctuary
Victoria St
To Tate Britain (0.5mi)
250 m
0.1 miles

梅费尔、圣詹姆斯、威斯敏斯特和皮姆利科 < 景点

下直冒汗,小男孩们冲他们扮鬼脸,然后悄悄走去合影。在每年6月女王的官方生日,这里会举行阅兵仪式。2012年伦敦奥运会之际,这里将举办沙滩排球赛。

议会大厦
(HOUSES OF PARLIAMENT)

☎ 导游 0870 906 3773,个人参观 7219 4272;www.parliament.uk;圣斯蒂芬入口(St Stephen's Entrance), St Margaret St;入门免票,参团游览 成人/优惠 £7/5;⌚ 在议会会议期间 周一 2:30~10:30pm,周二和周三 11:30am~7pm,周四 11:30am~6:30pm,周五 9:30am~3pm;⊖ Westminster

许多游客只要一看到这座非凡建筑的钟楼——大本钟就已经兴高采烈了。此外,最常见的路线是在夏季(或复活节、圣诞节)议会休会时,参加一个75分钟的游览,在议会大厦里看上一圈。游览路线包括下院和上院,还有最近重新装修的威斯敏斯特大厅(有望在2007年夏季完工)等等。游客带包的限制可在网上查到。在议会会议期间观看政客们辩论往往是枯燥的,除非你在首相答问期间去,但这种活动的票很难得到,比最后一分钟买到麦当娜演唱会的票还难。

大本钟

景点 > 梅费尔、圣詹姆斯、威斯敏斯特和皮姆利科

当代艺术学院
(INSTITUTE OF CONTEMPORARY ARTS)

ICA; ☎ 7930 3647; www.ica.org.uk; The Mall SW1; 展览期间一天成员资格 成人/优惠 周一至周五 £1.50/1，周六和周日 £2.50/1.50; ⊙ 周一 中午~10:30pm, 周二至周六 中午~1am, 周日 中午~11pm; ⊖ Charing Cross 或 Piccadilly Circus

当代艺术学院有点像一本时尚杂志变成了生活中的真实，目前一位有时尚工作背景的前记者担任它的主管，它聚焦于所有实验性的、改革的、激进的、街头的、朦胧的，以及最重要的——酷的东西。一些艺术电影、相当出色的演唱会和俱乐部之夜，还有顶层的书店都很诱人。它有间欢快的咖啡厅酒吧，是从圣詹姆斯公园逛过来的一个好去处，如果你不介意付一天会员费的话。

伦敦的流行词语

下面两个词都不是恭维话或是褒义词，只是帮助你了解以下的术语。

> Chav -任何一名工薪阶层、敢于在名牌或假名牌上大把花钱的人，包括戴耳环、戴金链、穿白运动鞋、戴Burberry帽子的小伙子；电视连续剧《小不列颠》(Little Britain)里的少女维姬·波兰特(Vicky Pollard)、球星韦恩·鲁尼(Wayne Rooney)的女友科琳麦克罗林(Colleen McLoughlin)。

> Nathan Barley - 招人烦的Hoxton/Shoreditch的创意产业者，发型蠢笨，表示同意时总说"好，武器"。倾向于追赶昙花一现的潮流，他们办着无聊的网站，另外，就如以他们为原型的电视角色所描述的，是"自我促进的媒体网点"。

唐宁街十号
(NO 10 DOWNING STREET)

www.number10.gov.uk; 10 Downing St SW1; ⊖ Westminster

除了十号那标志性的门，英国首相的官邸实际上是世界上最简朴的政府首脑官方住宅之一。它还值得一瞥——当你透过封锁街入口处的铁门往里看时，实际上你也只能看到这么多。在1997年，首相托尼·布莱尔(Tony Blair)和他的一大家子同财政大臣戈登·布朗(Gordon Brown)互换住处，搬到十一号，当后来两家卷入关于背叛、欺骗和封锁的争吵时，这事成了电视连续剧的题材。

皇家艺术学院
(ROYAL ACADEMY OF ARTS)

☎ 7300 8000; www.royalacademy.org.uk; Burlington House, Piccadilly W1; 门票价格不等; ⊙ 10am~6pm, 周五到10pm; ⊖ Green Park

梅费尔、圣詹姆斯、威斯敏斯特和皮姆利科 < 景点

在这座受人尊崇的皇家艺术学院，英国第一所艺术学校里，并没有永久性的展览。即使你对它高调的滚动式临时展览里的最新部分（查询列表）不感兴趣，庭院里可免费参观的塑像也值得你进来一看。年度夏季展览展出公众的艺术作品，就像它听上去那样水准不高。

🅞 圣詹姆斯公园 (ST JAMES'S PARK)
☎ 7930 1793；www.royalparks.gov.uk；The Mall SW1；🚇 St James's Park

从圣詹姆斯公园湖中的步行桥上眺望白金汉宫，景色极美。湖面上的天鹅和其他水鸟是园中的焦点，而花圃仿佛燃烧着夏季的颜色。只要有一点阳光，不仅花儿探出头来，一群群日光浴者也会舒展在草地、长椅和出租折叠椅上。

🅞 泰特英国美术馆 (TATE BRITAIN)
☎ 7887 8000 或 7887 8888；www.tate.org.uk；Millbank SW1；入门免费，临时展览门票价格不等，录音导游 成人/优惠 £3/2.50；🕐 10am~5:50pm；🚇 Pimlico

---

沿泰晤士河旅行

伦敦市中心之外的三个景点坐落在泰晤士河沿岸：汉普顿宫、Kew植物园、泰晤士河拦洪坝。作为另一种体验，可以乘船前往这些景点。

汉普顿宫（Hampton Court Palace；☎ 0870 751 5175；www.fhrp.org.uk；East Molesy；成人/5~15岁/老人/学生/家庭套票 £12.30/8/10/10/36.40，迷宫门票 成人/儿童 3.50/2.50英镑；🕐 4月至10月10am~6pm，11月至3月10am~4pm；🚇 从Waterloo站或Wimbledon站乘车前往Hampton Ct）这座宏伟的都铎式宫殿可上溯到1514年，与它的主人，亨利八世（King Henry VIII）不可避免地联系在一起。从伦敦市中心到这里有一段不短的距离，但你不会发现有任何地方会同它一样，拥有体面的公寓、英国最好的悬臂托梁天花板、被砍头妻子的幽灵、都铎式厨房、网球场和著名的800米长的迷宫。

占地12公顷的Kew植物园（Kew Gardens；☎ 8332 5000，8940 1171；www.rbgkew.org.uk；Kew Rd；成人/16岁以下/老人或学生或16岁以上 £10/免费/7；🕐 花园：3月底至8月 周一至周五9:30am~6:30pm，周六、周日至下午7:30，9月至10月 9:30am~6pm，11月至2月 9:30am~4:15pm，温室3月底至10月9:30am~5:30pm，11月至2月9:30am~3:45pm；🚇 Kew Gardens）无愧于世界遗产的称号，它拥有著名的维多利亚温室、来自澳大利亚的2亿年前的瓦勒迈松（old Wollemi pine），还有最近重新开放的Kew王宫，游客也有机会登塔游览。Kew旅游微型火车（Kew Explorer minitrain成人/儿童 £3.50/1.50）40分钟走完这些景点，但任何浏览都需要至少半天，特别是加上路途时间。

景点 > 梅费尔、圣詹姆斯、威斯敏斯特和皮姆利科

2005年泰特英国美术馆举办了轰动一时的透纳(Turner)、惠斯勒(Whistler)和莫奈(Monet)的泰晤士河绘画展,打破了票房纪录。所有其他的伦敦画廊,都眼红这个财源滚滚、占据报纸头条的奇迹。可上网了解最新的展览。永久展出部分系16世纪至20世纪后期的英国艺术品,囊括了从康斯太布尔(Constable)、庚斯博罗(Gainsborough)、透纳、霍克尼(Hockney)、培根(Bacon)直到特雷西·埃民(Tracey Emin)和安东尼·葛姆雷(Anthony Gormley)的作品。

惠灵顿拱门 (WELLINGTON ARCH)
☎ 7930 2726;www.english-heritage.org.uk;Hyde Park Corner W2;成人/学生或儿童/老年 £3/1.50/2.30; 周三至周五 10am~5pm; ⊖ Hyde Park Corner

这是英格兰对法国凯旋门的回答,纪念法国的一次战败(特别是拿破仑败在惠灵顿手下)。建于1826年,上方耸立着英国最大的青铜塑像——和平女神走下四马战车(Peace

---

去泰晤士河拦洪坝 (Thames Flood Barrier; ☎ 8305 4188; www.environmentagency.gov.uk;1 Unity Way SE18;防洪坝免费,下面的信息中心 成人/儿童/老人 £1.50/0.75/1; 10月至3月11am~3:30pm,4月至9月10:30am~4:30pm; charlton自Charing Cross, 177或180路自Greenwich)看上去像科幻片里的景象,25年以来,它防止伦敦的河水冲垮河岸。如果你要去参观,应该知道两件事;到目前为止最佳观赏方式是乘游船环绕;当它那悉尼歌剧院般的银色坝体升起来时,它才真正值得一看。查询水坝在何时升起,可打电话给泰晤士拦洪坝游客中心或上网。另外,游客中心还有小型展览,陆路可通。

这三个景点,在4月至10月间都可乘船前往。因为逆流至汉普顿宫单程需三个小时,**泰晤士河轮船公司**(Thames River Boats;前身为威斯敏斯特乘客服务中心; ☎ 7930 2062;www.wpsa.co.uk;成人/儿童 单程 £13.50/6.75,往返 £19.50/9.75)每天只从威斯敏斯特码头发一班船,通常在11点。4月至8月间,这个公司还提供每日四班船前往Kew植物园(成人/儿童 单程 £10.50/5.25,往返 £16.50/8.25,10am~2pm,1½ 小时)的服务,9月间航班就少一些。

泰晤士河服务公司(Thames River Services; ☎ 7930 4097;www.westminsterpier.co.uk;成人/儿童 单程 £11/5.50)提供从威斯敏斯特码头(Westminster Pier)出发,前往泰晤士河防洪坝、往返三小时的游船服务(从11am到3pm,准点出发,一个小时后离开格林尼治,在7月至8月还有4pm的增加航班)。

梅费尔、圣詹姆斯、威斯敏斯特和皮姆利科 < 景点

Descending on the Quadriga of War)。从外面观赏就够了,不用进博物馆看。其后延伸开来的淡青色花岗岩是澳大利亚战争纪念碑 (the Australian War Memorial)。

西敏寺 (WESTMINSTER ABBEY)

☎ 7222 5152;www.westminster-abbey.org;Dean's Yard SW1;成人/儿童/优惠 £10/免费/£6; 周一至周五 9:30am~3:45pm,周三到 6pm 或 7pm,周六 9:30am~1:45pm,最晚进门时间 关门前1小时; Westminster

虽然这里提供导游及录音导游设备,免费的小册子(有几种语言)实际上已足够指导你领略这座英国圣公会最显赫教堂的精华。这座教堂符合人们的期望,当游人离开时,它相对较贵的门票费早就被抛诸脑后。对内部更详细的描写见 14 页。

威斯敏斯特大教堂 (WESTMINSTER CATHEDRAL)

☎ 7798 9055;www.westminstercathedral.org.uk;Victoria St SW1;参观教堂免费,塔 成人/优惠 £3/1.50,语音导游 £2.50; 教堂 7am~7pm,塔 4月至11月9am~5pm,12月至4月 周二至周日 9am~5pm; Victoria

天主教在不列颠的总部这种未完成的状态——经费耗完了——凸显了罗马天主教在这里的从属地位。但在这个条纹图案装饰的教堂内部,华美的马赛克同裸露的砖头形成了有趣的对比,还有电梯通向钟楼顶部。它是巴塞罗那的神圣家族教堂 (La Sagrada Familia) 更苍白一点的伦敦版本。

白立方画廊 (WHITE CUBE GALLERY)

☎ 7930 5373;www.whitecube.com;25-26 Mason's Yard SW1;门票价格不等; 周二至周六 10am~6pm; Green Park 或 Piccadilly Circus

潇洒的社交界名人,艺术家萨姆·泰勒伍德 (Sam Taylor-Wood) 的丈夫,白立方画廊的主人杰伊·卓平 (Jay Jopling) 在推动 20 世纪 90 年代

定做服装

伦敦的塞维诺 (Savile Row) 一直以量身定做的西装闻名。这不是一个省钱的选择,但以下的裁缝是最引人注目的:

Kilgour (☎ 7734 6905;8 Savile Row W1; Green Park) 传统但带点现代的变化,它也出售成衣系列。定做西装起价为£1400。

Ozwald Boateng (☎ 7437 0620;www.ozwaldboateng.com;12a Savile Row W1; Green Park) 华丽的服装,引人注目的色彩和面料,使它更像为女士而不是为男士服务的裁缝店,定做西装起价为£3000。

不列颠艺术运动方面，作用仅次于Adman Charles Saatchi。这个新的引人入胜的白立方画廊位于一个胡同似的院子里，意味着你不用费劲到Hoxton广场去看它的最新前卫展品。

🛍 购物

在这个伦敦的富豪区域，商品价格极高，许多游客只是浏览橱窗而已。但由于那些商店的优雅美丽，这本身就是一个喜出望外的经历。

🛍 BURBERRY
☎ 7839 5222；www.burberry.com；21-23 New Bond St SW1；🕑周一至周六 10am～7pm，周日 中午～6pm；⊖ Bond St或Green Park

竭力同戴着Burberry招牌黄色格子图案棒球帽的"chavs"划清界限，英国第一传统品牌在时尚潮流方面专注于漂亮而往往单色的Prorsum系列。见131页框内文字关于其工厂店的介绍。

🛍 伯灵顿拱廊
(BURLINGTON ARCADE)
www.burlington-arcade.co.uk；51 Piccadilly W1；⊖ Green Park

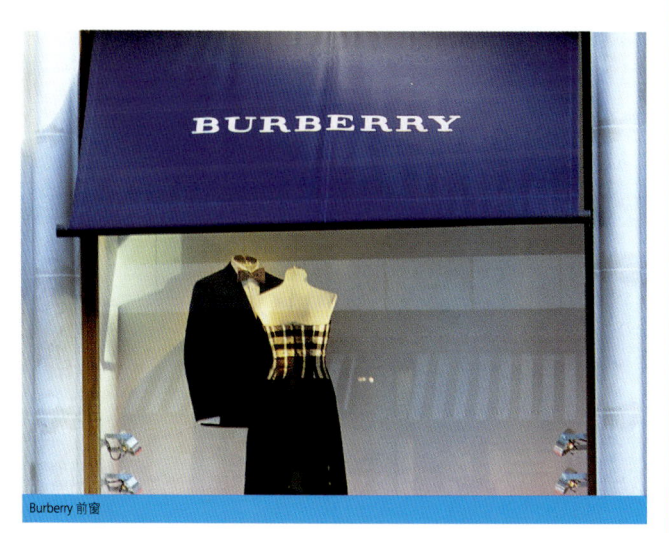

Burberry 前窗

梅费尔、圣詹姆斯、威斯敏特和皮姆利科 < 购物

伦敦最著名的怀旧购物廊,仍是逝去年代的一个回响,拥有精美的19世纪店面。它甚至有自己的保安——伯灵顿伯特(Burlington Berties)在这个区域巡逻,观察有无诸如奔跑、嚼口香糖和吹口哨等该罚的违规行为。

DOVER 街市场
(DOVER STREET MARKET)

☎ 7518 0680; www.doverstreetmarket.com; 17-18 Dover St W1; ⌚周一至周六 11am~6pm,周四至 7pm; ⊖ Green Park

马路天使 (Routemaster) 路线

伦敦老公共汽车马路天使已寿终正寝了,马路天使万岁! 2005年伦敦市长下令让老派的红色双层公共汽车退役时,他一定知道这条命令维持不了多久。伦敦人是如此喜爱这带司机和敞开门的车,代表着20世纪50年代的经典之一,对他这一决定公众的抗议非常强烈。现在这公共汽车是回来了(在某种意义上),沿两条"历史"路线运行,所以你至少能有些许体验。9路从皇家艾伯特会堂(the Royal Albert Hall)至Strand街,又绕回到Piccadilly Circus。15路从特拉法加广场(Trafalgar Sq)经圣保罗大教堂(St Paul's Cathedral)到Tower Hill。普通车票适用;更多详情可查询网站www.tfl.gov.uk/buses。

轻松阅读

你在Piccadilly 附近需要歇歇脚了?赶快去Waterstone's书店 (☎ 7851 2400; www.waterstones.co.uk; 203-206 Piccadilly W1; ⊖ Piccadilly Circus) 吧,因为它不仅是这家连锁公司的旗舰店和欧洲最大的书店,它还有顶层咖啡厅,你在这儿可以找把椅子,带着书,欣赏伦敦屋顶之上的神奇景象。

那些脚踩 Jimmy Choo 鞋,追求高档时尚的人都知道这里,这个六层楼的小购物廊陈列着Comme des Garçons 的衣服饰品以及其他品牌。它是带流行色彩的斯巴达式,有水泥地板,波状铁艺的、市场式的"摊位",一些有趣的艺术品星罗棋布,但价格可观,从£80一件T恤衫到£300一个靠垫。

FORTNUM & MASON

☎ 7734 8040; www.fortnumandmason.co.uk; 181 Piccadilly W1; ⌚周一至周六 10am~6:30pm,周日 中午~6pm; ⊖ Piccadilly Circus或Green Park

2007年是店庆三百周年,这间广受推崇的老店进行了一番扩建,增加了一个中厅,重新装修了著名的食品厅,添了一个葡萄酒酒吧。

购物 > 梅费尔、圣詹姆斯、威斯敏斯特和皮姆利科

威廉姆森
(MATTHEW WILLIAMSON)
☎ 7629 6200;www.matthewwilliamson.com;28 Bruton St W1;⏰ 周一至周六10am~6pm;🚇 Green Park

威廉姆森为西耶娜·米勒(Sienna Miller)、凯拉·奈特丽(Keira Knightley)、凯特·哈德森(Kate Hudson)和乔里·理查森(Joely Richardson)等明星制作服装。即使你买不起£800一件的礼服,它的豪华风格还是值得近距离欣赏。

MULBERRY
☎ 7491 3900;www.mulberry.com;41-42 New Bond St W1;⏰ 周一至周三、周五至周六10am~6pm,周二至7pm;🚇 Bond St

伯灵顿拱廊

梅费尔、圣詹姆斯、威斯敏斯特和皮姆利科 < 就餐

名流光顾的餐厅
> 常春藤(Ivy；见56页)
> Nobu (见92页)
> J Sheekey (见56页)
> Sketch (见92页)
> Wolseley (见92页)

皮包——带着个性化的名字，如 Tyler 和 Roxanne 是这个复兴的英国品牌最畅销的产品。男士和女士的服装都相当低调。

PAUL SMITH 折扣店 (PAUL SMITH SALE SHOP)
☎ 7493 1287；23 Avery Row W1；⏰ 周一至周六10am~6pm，周二至 7pm，周日 1pm~5pm；Ⓜ Bond St

经典英国名牌的打折商品。(见52页)

POSTE
☎ 7499 8002；10 South Molton St；⏰ 周一至周六 10am~7pm，周日 中午~6pm；Ⓜ Bond St

这间很酷的店瞄准那些钟爱好鞋的男孩和男人们，集有从经典本地名牌到新锐意大利进口品牌的各种产品。

STELLA MCCARTNEY
☎ 7518 3100；www.stellamccartney.co.uk；30 Bruton St W1；⏰ 周一至周六 10am~6pm，周二至 7pm；Ⓜ Green Park

做工无可挑剔的、合身女衫套裤，毛衣、包、香水和太阳镜陈列在这个三层带露台的维多利亚式住宅里，这里还保留着家庭气氛。

🍴 就餐

🍴 肉桂俱乐部 (CINNAMON CLUB)
印度风味 £££
☎ 7222 2555；www.cinnamonclub.com；Old Westminster Library，30 Great Smith St W1；⏰ 周一至周五 午餐和晚餐，周六晚餐；Ⓜ St James's Park

穹顶天窗，高天花板，镶木地板和书籍环绕，曾做过图书馆的中层楼，这是伦敦老牌的高档印度餐馆之一。它仍然供应精心烹调的融合菜式。这里适合那些喜爱特别正规环境的人。

🍴 GALVIN@WINDOWS
法国风味 ££££
☎ 7208 4021；London Hilton on Park Lane，22 Park Lane W1；⏰ 周一至周五 早餐、午餐和晚餐，周六 早餐和晚餐，周日 早餐和午餐；Ⓜ Hyde Park Corner

Galvin@Windows 是一个奇妙的组合。可升降的中央平台带来了 28 层上最好的视野——包括能隐约看到女王的后花园——还有采用新鲜英国原料，如安格斯腓里牛排 (Angus

就餐 > 梅费尔、圣詹姆斯、威斯敏斯特和皮姆利科

beef tournedos) 和苏格兰海蜇虾 (Scottish langoustines) 等制成的精美法式菜肴。虽然价格昂贵,缺乏新意,它仍然远远超过伦敦其他"景色绝佳"的饭店。

🍴 GORDON RAMSAY AT CLARIDGES
现代英国风味 ££££

☎ 7499 0099; www.gordonramsay.com; 53 Brook St W1; ⓧ 午餐和晚餐; ⊖ Bond St

伦敦最著名的厨师和最辉煌的饭店,这一组合一定是上帝在天堂制作并送到人间以弥补英国菜长久以来的坏名声。一切都被原谅。在华丽的装饰派艺术式餐厅享受一餐真是特别的经历,顶级的菜肴和无可挑剔的服务——如果你能设法抢先订到位子的话。

🍴 湖南 (HUNAN)
中餐 ££-££££

☎ 7730 5712; 51 Pimlico Rd SW1; ⓧ 周一至周六 午餐和晚餐; ⊖ Sloane Sq

这里的服务和菜肴都古怪独特。彭先生是这里的主管,他初看上去有点粗鲁,但如果你让他帮着点菜(告诉他你的饮食禁忌),两件事会发生:他会更加热情,你得到可靠的最佳选择。香辣蟹 (chilli crab)、去骨蒸鱼 (de-boned steamed fish) 和田鸡腿 (frog's legs) 都不同寻常。

🍴 INN THE PARK
咖啡厅 ££

☎ 7451 9999; www.innthepark.co.uk; St James's Park SW1; ⓧ 周一至周五8am~10pm 早餐、午餐和晚餐,点心 周六和周日9am~10pm; ⊖ St James's Park

虽然它明显比其公园里其他咖啡厅高档一些,我们也不是那种没水准的拥趸。这是一栋漂亮的建筑,英国风格的食物也不错。但是它的性价比不高,服务水平不稳定,卫生间是典型的公园里那种。但,如果你想在伦敦温室植物环绕的环境下用餐,它还是比很多地方都强。

🍴 芒果树 (MANGO TREE)
泰国风味 £££

☎ 7823 1888; www.mangotree.co.uk; 46 Grosvenor Pl SW1; ⓧ 周日至周五 午餐和晚餐,周六 晚餐; ⊖ Hyde Park Corner

另类下午茶

不要理会伦敦那些大饭店和他们索价过高的银盘子,试试下面这些:

> Coffee, Cake & Kink (见59页框内文字)
> Ladurée (见105页框内文字)
> Wolseley (见92页)
> Yauatcha (见57页)

梅费尔、圣詹姆斯、威斯敏斯特和皮姆利科 < 就餐

这家泰式餐厅很有名,地道美味的菜肴广受欢迎。装饰新潮现代,但那个大房间有点问题——人不满就少了气氛,人坐满了就非常吵闹。

迷宫 (MAZE)
现代国际风味　　　　　　　££££

☎ 7107 0000；www.gordonramsay.com；10-13 Grosvenor Sq W1；⌚午餐和晚餐；⊖ Bond St

如果你愿意各种东西都尝试一下,迷宫就是一个为你准备的戈登·拉姆齐(Gordon Ramsay)饭店。名厨詹森·阿瑟顿(Jason Atherton)如同餐前小食一样分量小碟菜肴(多数人会点7到8道)留住了许多食客,包括许多心满意足的商人。这里有BLT(咸肉和葱酱bacon and onion cream,凉莴苣浓汤chilled lettuce eloute,西红柿冻tomato gelée)配蜂蜜黄豆烤鹌鹑(honey-and-soy roasted quail),鹅肝酱(pâté de foie gras),意大利调味饭(risotto of carnaroli),还有花生酱和果酱三明治做的甜点(a peanut butter and jam sandwich dessert)。

NOBU　日本风味　　　　££££

☎ 7447 4747；大都会饭店(Metropolitan Hotel), 19 Old Park Lane W1；⌚午餐和晚餐；⊖ Hyde Park Corner

当饮鸡尾酒的上层人士转而迷恋它靓丽的姐妹餐吧 Nobu Berkeley (见93页)时,这里仍然拥有美食桂冠。黑鳕鱼(Black cod)和巧克力盒饭(chocolate bento box, 一种裹着巧克力外壳的蛋糕)仍是最叫座的,舒适简洁的装饰和低调高效的服务让一切显得轻松自在。

SKETCH　国际　　　£££-££££

☎ 870 777 4488；www.sketch.uk.com；9 Conduit St W1；⌚周一至周六；⊖ Oxford Circus

虽然不再像前些年那么酷,那么精彩,这间华丽精细的餐馆仍然值得一看,为了它浅白、亮粉的色调,视觉艺术放映还有蛋形的卫生间。底层和室外分别供应现代欧洲及法式菜肴;楼上的演讲厅以豪华的价格提供豪华的美食。

WOLSELEY
现代欧洲风味　　　　　££-££££

☎ 7499 699；www.thewolseley.com；160 Piccadilly；⌚周一至周五7am~午夜,周六 9am~午夜,周日9am~11pm；⊖ Green Park

原为宾利车的展厅,改成了这个豪华的维也纳式啤酒馆——金色的枝形吊灯和黑白瓷砖。除了灵活的服务和遇到名人的大把机会,你还能享受到伦敦最好的早茶和下午茶(正餐更难预订上,但可能会有点让人失望)。

酒吧 > 梅费尔、圣詹姆斯、威斯敏斯特和皮姆利科

圣詹姆斯公园(见84页)

酒吧

NOBU BERKELEY
☎ 7290 9222；15 Berkeley St W1；周一至周六 6pm~1am； ⊖ Green Park

在梅费尔，饮酒是一项衣冠楚楚的社交活动，但如果你想看到这座城市里出来玩的上流社会的漂亮年轻人(所谓的)，那么就打扮齐整，去这家炫目的、用金属、木材和闪烁的树雕塑组成的詹姆斯·邦德式酒吧。在楼上还有一家同样魅力十足的餐馆。

娱乐

PIGALLE
☎ 订票0845 345 6053，咨询 7734 8142；www.thepigalleclub.com；215 Piccadilly W1； ⊖ Piccadilly Circus

重现了20世纪40至50年代弗兰克·西纳塔(Frank Sinatra)在《秘密鼠包》(Rat Pack Confidential)里光顾的那种晚餐俱乐部，通常你带自己的父亲或是朋友们去这样的盛大歌舞表演都合适。表演者包括顶级的滑稽戏演员无礼布莱兹(Immodesty Blaize)，但更类似于乔治男孩(Boy George)、乔斯·霍兰得(Jools Holland)和布来恩·法内(Bryan Ferry)的风格。晚餐套餐收费£30。如果你只想去酒吧坐坐，通常晚上10点前入门免费。

KNIGHTSBRIDGE、南肯辛顿和切尔西
(KNIGHTSBRIDGE, SOUTH KENSINGTON & CHELSEA)

这个区域包括 Knightsbridge、南肯辛顿和切尔西，拥有众多王室和其他景点。

肯辛顿宫不仅是已故戴安娜王妃的居所，也是维多利亚女王 (Queen Victoria) 的出生地。这位 19 世纪的女君主留下了几处遗产，维多利亚和艾伯特博物馆 (Victoria & Albert Museum)、艾伯特会堂 (Albert Hall)、艾伯特纪念碑 (Albert Memorial)。海德公园 (Hyde Park) 和肯辛顿花园 (Kensington Gardens) 一起构成了伦敦中央区最大片的皇家花园，那里有很出色的蛇形湖画廊 (Serpentine Gallery)。维多利亚和艾伯特博物馆与新哥特式的自然历史博物馆 (Natural History Museum) 和 20 世纪初的科学博物馆 (Science Museum) 相邻，举办了一系列重大的展览。

在这些文化试金石之外，这个地区毫无疑义的看点在于 Knightsbridge 的商店群。这里更适于购物和观光而非日常酒吧消遣，在日落后，你可到一家绝妙的饭店美餐一顿。

KNIGHTSBRIDGE, SOUTH KENSINGTON & CHELSEA

景点
艾伯特纪念碑	1	B2
切尔西药用植物园	2	D5
威士王妃戴安娜纪念喷泉	3	C2
肯辛顿宫	4	A2
自然历史博物馆	5	B3
皇家地理学会	6	C3
切尔西皇家医院	7	D5
Saatchi画廊	8	D4
科学博物馆	9	C3
蛇形湖画廊	10	C2
维多利亚和艾伯特博物馆	11	B3

购物
After Noah	12	C5
哈罗德	13	D3
Harvey Nichols	14	D3
Joanna Booth	(见 12)	
Rococo	15	C5
Shop@Bluebird	16	C5
Steinberg & Tolkien	17	C5

就餐
Amaya	18	D3
Bibendum	19	C4
Boxwood Café	20	D2
Daquise	21	C4
Gordon Ramsay	22	D5
La Bouchée	23	B4
La Poule au Pot	24	E4
Ladurée	(见 13)	
Montparnasse Cafe	25	A3
Painted Heron	26	C6
Petrus	(见 20)	
Racine	27	C3
Tom's Kitchen	28	C4
Zuma	29	D3

酒吧
Blue Bar	(见 20)	
Bosuns	30	D4
Elephant & Castle	31	A2
Troubadour	32	A5

娱乐
切尔西足球俱乐部	33	A6
皇家艾伯特会堂	34	B3
皇家宫廷剧院	35	D4

查看地图请翻页

景点 > KNIGHTSBRIDGE、南肯辛顿和切尔西

景点

艾伯特纪念碑
(ALBERT MEMORIAL)

☎ 7495 0916；www.aptg.org.uk；Kensington Gardens, Kensington Gore W8；45分钟导游讲解游览 成人/优惠 £4.50/4；⊙ 每月第一个周日讲解游览 2pm和3pm； ⊖ Knightsbridge或South Kensington

它也许金碧辉煌，华而不实，流于俗气，但这座52.5米高，纪念维多利亚女王的德国丈夫艾伯特（1819～1861）的碑有完全不同的一面，一旦你发现这位谦虚的亲王根本不想要这样的东西。"如果它变成一个艺术上的怪物，我的雕像被人永久性地嘲笑、奚落，会影响我的平静。"他说。可怜的艾伯特。别笑。建筑师乔治·吉尔伯特·斯科特（George Gilbert Scott）办砸了这件事。

切尔西药用植物园
(CHELSEA PHYSIC GARDEN)

☎ 7352 5646；www.chelseaphysicgarden.co.uk；66 Royal Hospital Rd SW3；成人/优惠 £5/3；⊙ 4月至10月 周三 中午~5pm，周日2pm~6pm，切尔西花展期间中午~5pm ⊖ Sloane Sq

发现一座隐蔽花园的惊喜甚至让疲倦的伦敦人都感到高兴。建于1673年，供学生学习药用植物和康复治疗，整齐地种植着用于土著和西医制药、制造香水和香料按摩的各种植物，包括珍稀和异国的品种。

威尔士王妃戴安娜纪念喷泉
(DIANA, PRINCESS OF WALES MEMORIAL FOUNTAIN)

Kensington Gardens W8； ⊖

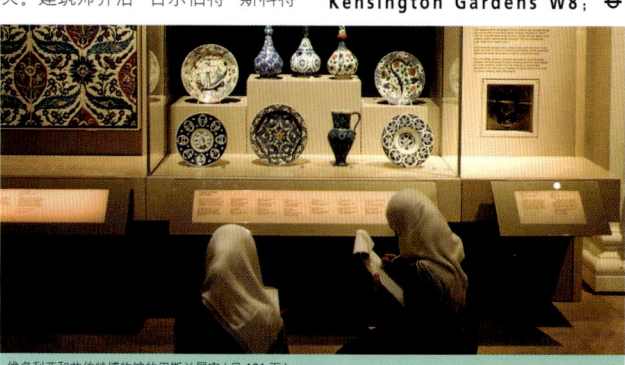

维多利亚和艾伯特博物馆的伊斯兰展室（见101页）

Map: Kensington, Knightsbridge, South Kensington, Chelsea, Battersea

Areas / Neighbourhoods
- BAYSWATER
- KENSINGTON
- KNIGHTSBRIDGE
- SOUTH KENSINGTON
- EARL'S COURT
- WEST BROMPTON
- CHELSEA
- BATTERSEA

Parks & Green Spaces
- Hyde Park
- Kensington Gardens
- The Long Water
- The Serpentine
- The Round Pond
- Kensington Palace Green
- Holland (Park area)
- Brompton Cemetery
- Battersea Park
- Chelsea Physic Garden

Notable Features
- Cumberland Gate
- Speaker's Corner
- Marble Arch (edge)
- North Ride
- Peter Pan Statue
- Budge's Walk
- Lancaster Walk
- The Broad Walk
- Buck Hill Walk
- The Ring
- Serpentine Boathouse
- Serpentine Lido
- Rotten Row
- South Carriage Dr
- The Flower Walk
- Orangery
- Prince Consort Rd
- Royal College of Music
- Imperial College of Science & Technology
- Imperial College Rd
- Chelsea & Westminster Hospital
- Royal Hospital
- National Army Museum
- Duke of York's
- Burton's Ct
- Boating Lake
- Children's (area)
- Battersea Bridge
- Albert Bridge
- Thames

Streets / Roads
- Bayswater Rd
- Queensway
- Lancaster Gate
- Kensington Rd
- Kensington Gore
- Kensington High St
- Kensington Church St
- Palace Ave
- Palace Gate
- Hyde Park Gate
- De Vere Gdns
- Queen's Gate Tce
- Queen's Gate
- Elvaston Pl
- Cornwall Gdns
- Gloucester Rd
- Cromwell Rd
- Thurloe Pl
- Thurloe St
- South Tce
- Harrington Rd
- South Pelham St
- Pelham St
- Onslow Sq
- Sumner Pl
- Pond Pl
- Cale St
- Elystan Pl
- Markham St
- Smith St
- Flood St
- Chelsea Manor St
- Oakley St
- King's Rd
- Old Church St
- Beaufort St
- Paultons Sq
- Cheyne Walk
- Beaufort Sq
- Fulham Rd
- Old Brompton Rd
- Redcliffe Gardens
- Finborough Rd
- Ifield Rd
- Edith Gve
- Gunter Gve
- Cremorne Rd
- Lots Rd
- Earl's Ct Rd
- Earl's Ct Gdns
- Earl's Ct Sq
- Collingham Rd
- Courtfield Gdns
- Harrington Gdns
- Wetherby Gdns
- Bolton Gdns
- Drayton Gdns
- Evelyn Gdns
- Cranley Gdns
- Gilston Rd
- Redcliffe Gdns
- Cathcart Rd
- Tregunter Rd
- Harcourt Tce
- The Boltons
- Brompton Rd
- Knightsbridge
- Trevor Pl
- Basil St
- Hans Rd
- Sloane St
- Pont St
- Cadogan Sq
- Cadogan Gdns
- Lowndes (St)
- Beauchamp Pl
- Ovington Sq
- Egerton Tce
- Walton St
- Milner St
- Draycott Ave
- Sloane Ave
- Whiteheads Gve
- Cadogan St
- Sydney St
- Britten St
- Radnor Walk
- St Leonard's Tce
- Franklin Row
- Royal Hospital Rd
- Albert Bridge Rd
- Parkgate Rd
- Battersea Church Rd
- Battersea Bridge Rd
- Carriage Dr West
- The Pde

Stations / Transport
- Bayswater
- Lancaster Gate
- Knightsbridge
- High St Kensington
- Gloucester Rd
- South Kensington
- Sloane Sq
- Earl's Court
- West Brompton
- Fulham Broadway

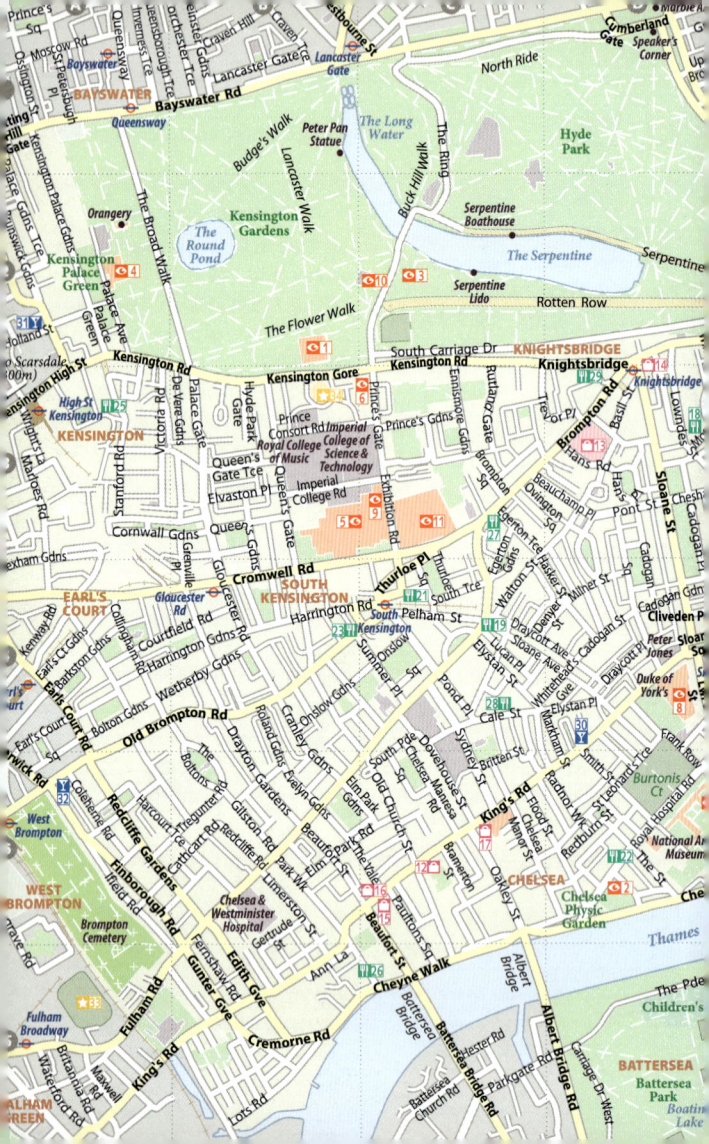

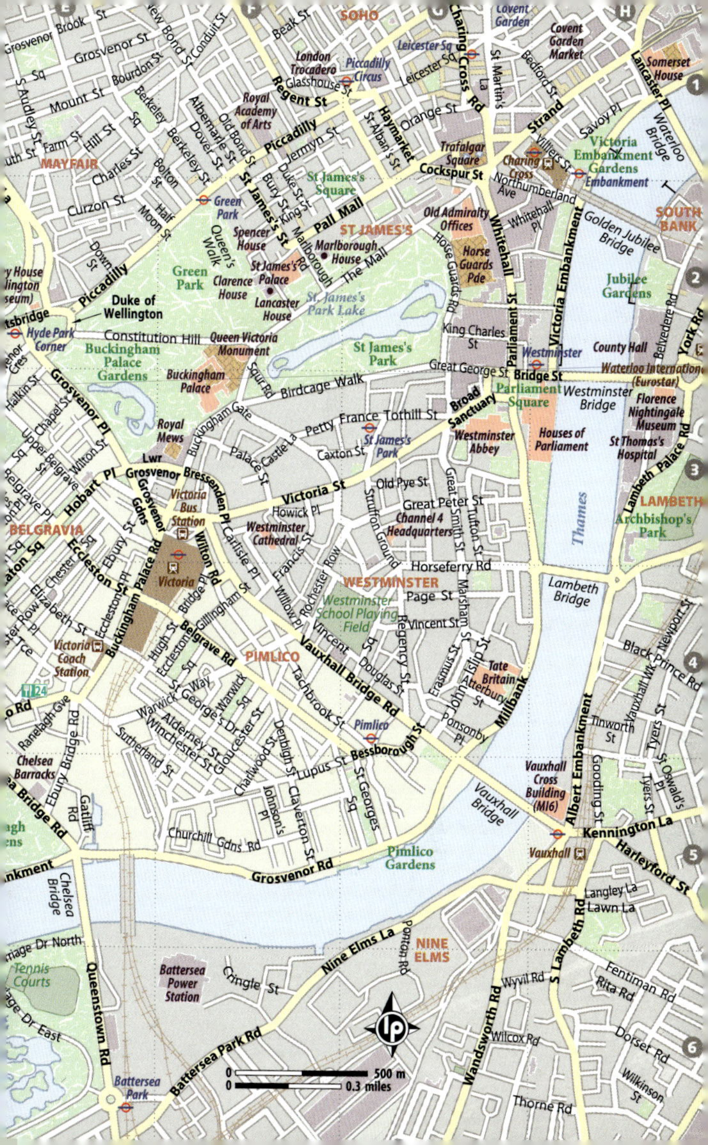
SOHO
Covent Garden
Covent Garden Market
Somerset House
Leicester Sq
Piccadilly Circus
London Trocadero
Royal Academy of Arts
Trafalgar Square
Charing Cross
Embankment
Victoria Embankment Gardens
Waterloo Bridge
MAYFAIR
Green Park
St James's Square
ST JAMES'S
Old Admiralty Offices
Horse Guards Pde
SOUTH BANK
Golden Jubilee Bridge
Jubilee Gardens
Spencer House
St James's Palace
Clarence House
Marlborough House
Lancaster House
St James's Park Lake
St James's Park
Duke of Wellington
Hyde Park Corner
Buckingham Palace Gardens
Queen Victoria Monument
Buckingham Palace
Royal Mews
Westminster
County Hall
Waterloo International (Eurostar)
Parliament Square
Westminster Bridge
Florence Nightingale Museum
St Thomas's Hospital
Westminster Abbey
Houses of Parliament
St James's Park
Victoria Bus Station
Westminster Cathedral
Channel 4 Headquarters
BELGRAVIA
LAMBETH
Archbishop's Park
Thames
Victoria
WESTMINSTER
Westminster School Playing Field
Lambeth Bridge
Victoria Coach Station
PIMLICO
Tate Britain
Pimlico
Vauxhall Cross Building (MI6)
Vauxhall Bridge
Chelsea Barracks
Vauxhall
Pimlico Gardens
Chelsea Bridge
NINE ELMS
Tennis Courts
Battersea Power Station
Battersea Park
Piccadilly
Pall Mall
Regent St
Haymarket
Strand
Whitehall
Parliament St
Victoria Embankment
Birdcage Walk
Constitution Hill
Victoria St
Vauxhall Bridge Rd
Grosvenor Rd
Millbank
Albert Embankment
Kennington La
Harleyford St
Nine Elms La
Battersea Park Rd
Queenstown Rd
Wandsworth Rd
S Lambeth Rd
Lambeth Palace Rd
Buckingham Palace Rd
Belgrave Rd
Horseferry Rd
Bessborough St
Lupus St
Churchill Gdns Rd
500 m
0.3 miles

KNIGHTSBRIDGE、南肯辛顿和切尔西 < 景点

Knightsbridge 或 South Kensington

你甚至不需要喜欢这个女人。这座喷泉本身有难以置信的魅力。一条没有城堡的护城河，像一条项链似的垂下来。它是一条在小斜坡上的循环溪流，水流从顶部同时以顺时针和逆时针方向奔下，在水泥池里卷起不规则的旋涡。人们在 Kathryn Gustafson 的作品旁漫步，在晴朗的日子里将双足浸入水中，这真是人生的一景。烦扰都被置之脑后。

海德公园和肯辛顿花园 (HYDE PARK & KENSINGTON GARDENS)

☎ www.royalparks.gov.uk；⊖ Hyde Park Corner, Marble Arch, Knightsbridge, Queensway, High St Kensington 或 Lancaster Gate

从官方的角度，这是两个不同的公园，但游客从一个逛到另一个时并没有明显的分界，他们很少注意到或根本不在意这点。海德公园在东边，有145公顷；那里有露天音乐会，是休闲的好去处。肯辛顿花园理论上是属于肯辛顿宫的，在蛇形湖西边。详情见15页。

伦敦倒置的桌子

从切尔西河岸的北端看过去，你不会错过这个庞大的Battersea发电站(BatterseaPower Station；见96~97页地图, F5)，它四角上的四个大烟囱，让它看上去像个倒置的桌子。它是深受喜爱的地标，多次出现在艺术作品及电影里，1983年起停止发电。但这个占地38英亩的建筑有望重新发展为一个集娱乐、住家为一体的综合性场所，其中一个大烟囱有可能被用作为探险之旅。2006年这个综合体的一部分重新向公众开放，举办了一个临时的蛇形湖画廊展览。更多的计划还在准备中。最新进展可查询网站：www.thepowerstation.co.uk

---

新的演讲者角？

谁会想到陈旧的皇家地理学会(Royal Geographical Society)——昔日受David Livingstone这样的探险家喜爱的地方——会变得吸引人，但是当海德公园东北角的演讲者之角受到网络聊天室的冲击，入口处在Exhibition路上的皇家地理学会(RGS)(☎ 7591 3000；www.rgs.org，1 Kensington Gore SW7)，凭借自己在知识分子中间的良好声誉兴盛起来。它的Intelligence Squared辩论(www.intelligencesquared.com)吸引了世界上最理想的辩手。Bernard-Henri Levy对Christopher Hitchens的辩论引发了观众有趣的宣言。讨论的主题从伊拉克、欧洲、全球变暖到可卡因、乐购超市，以及工薪阶层的"chavs"，订座需要提前到三个月以上。

景点 > KNIGHTSBRIDGE、南肯辛顿和切尔西

肯辛顿宫 (KENSINGTON PALACE)

☎ 0870 751 5170;www.hrp.org.uk; Kensington Gardens W8;成人/5～15岁/优惠/家庭套票£11.50/7.50/9/34; ◷ 10am～4:30pm; ⊖ Queensway、Notting Hill Gate或High St Kensington。

曾是已故威尔士王妃戴安娜在与威尔士亲王离婚后的居所。肯辛顿宫仍然主要因此而闻名。即使在白金汉宫不对公众开放的季节,它也让王室迷们有机会进伦敦王宫里看看。这里多了一些品位,也少了一点冷漠。精华部分包括炮塔厅(Cupola Room)、下沉花园(Sunken Garden)和附近的橘园茶室(Orangery),你可以在那里享受下午茶。

自然历史博物馆 (NATURAL HISTORY MUSEUM)

☎ 7938 9123;www.nhm.ac.uk;Cromwell Rd SW7;进门免费,精华游£3,达尔文中心动物学展览半小时游免费; ◷ 周一至周六10am～5:50pm,周日11am～5:50pm; ⊖ South Kensington

1880年由建筑师艾尔弗雷德·伍德豪斯(Alfred Waterhouse)建造,最主要的展品,包括恐龙骨架和机器人,还有其他几千件展品都在哥特复兴式的主楼里。角落上的地球馆部分让人感觉像走进了一家炫目的意大利夜总会,但没那么吸引人。详细介绍见20页。

海德公园

KNIGHTSBRIDGE、南肯辛顿和切尔西 < 景点

蛇形湖的夏天

游览蛇形湖画廊以夏季为最佳,这不仅出于天气的原因。每年它都邀请世界顶级建筑师来建造一座临时的、但总是引人注目的亭子。以往的作品包括一个由巴西利亚的创建者Oscar Niemeyer设计的大帐篷形的建筑,以及由荷兰明星建筑师库哈斯(Rem Koolhaas)设计的闪亮的穹顶式建筑。蛇形湖的夏季派对吸引上流人士,而公众为了露天活动和电影聚集到这里。

切尔西皇家医院 (ROYAL HOSPITAL CHELSEA)

☎ 7881 5200;www.chelsea-pensioners.co.uk;Royal Hospital Rd SW3;入门免费;🕐 5月至9月,周一至周六10am~中午以及 2~4pm、周日 2~4pm,10月至次年4月 周一至周六10am~中午以及2~4pm;⊖ Sloane Sq

对大多数人而言,只有在每年5月这里举行切尔西花展(Chelsea Flower Show;见33页)时,才会对这件克里斯托弗·雷恩(Chrstopher Wren)的建筑作品感兴趣。但这里的几个大厅也能参观。被称为切尔西养老金领取者的退伍兵,住在这些屋里——或者是在重修工作完成后再回到这里——他们以醒目的礼服而闻名(夏季是猩红色,冬季是海军蓝)。

SAATCHI 画廊 (SAATCHI GALLERY)

www.saatchi-gallery.co.uk;Duke of York's HQ、Sloane Sq SW3;⊖ Sloane Sq

Saatchi 画廊在南岸的旧址遇到一连串霉运之后,于 2007 年以漂亮现代的形态重新开放。收藏家亚当和"Nigella Lawson 先 生"、Charles Saatchi 仍拥有 20 世纪 90 年代以来一些有影响的英国雕塑作品,但目前看上去更热衷于展览美国画家的作品。游客信息可上网查询。

科学博物馆 (SCIENCE MUSEUM)

☎0870 870 4868;www.sciencemuseum.org.uk;Exhibition Rd SW7;入门免费,IMAX 电影院及租设备另收费;🕐 10am~6pm;⊖ South Kensington

科学博物馆是这一类博物馆中最为循序渐进、易于接近的之一,它能把对于儿童和成人都枯燥难懂的内容变得生动活泼。五层楼的互动式和教育式的展览,从一台原始的蒸汽机到一个阿波罗太空舱到最新的节能技术——它对所有人都寓教于乐。见 20 页。

蛇形湖画廊 (SERPENTINE GALLERY)

☎ 7402 6075;www.serpentinegallery.org;Kensington Gardens W8;免费;🕐 10am~6pm;⊖ Knightsbridge

景点 > KNIGHTSBRIDGE、南肯辛顿和切尔西

在这个 20 世纪 30 年代的前茶亭内,不存在令人失望的展览。主管朱丽娅·佩顿-琼斯 (Julia Peyton-Jones) 和她的同事仿佛有点金指,把这个小空间装满现代艺术作品及 Andreas Gursky、Louise Bourgeois、Tomoko Takahashi 和 Thomas Demand 的作品。要是当前的展览不合你的意,这里总还有美妙的公园背景,加上从 5 月到 9 月的夏季凉亭(见对面框内文字)。

蛇形湖 (SERPENTINE LAKE)

海德公园与肯辛顿花园被这个弯弯曲曲的 L 形蛇形湖分开,18 世纪 30 年代 Westbourne 河上修了水坝,形成这个湖。在圣诞节,这里会举行铜球游泳比赛,在夏天人们喜欢租脚踏船。最新增添的游乐项目是太阳能船(成人/儿童 £2.50/1.50),从船坞常缓缓驶向丽都咖啡馆。工作人员保证说它全年都能运行,虽然大家通常以为它能否工作得看天气。

维多利亚和艾伯特博物馆

☎ 7942 2000;www.vam.ac.uk;Cromwell Rd SW7;免费,要求捐赠£3,临时性展览票价不一;🕐 10am~5:45pm,周三和每月最后一个周五到 10pm;⊖ South Kensington

这个曾经无序且略显拥挤的装饰艺术和设计博物馆,已经整理得井井有条了,的确大不一样,游客对时装和伊斯兰展室尤其感兴趣。最近轰动一时的展出,从现代主义到达·芬奇,也为它注入了新生命力。更多细节见 20 页。

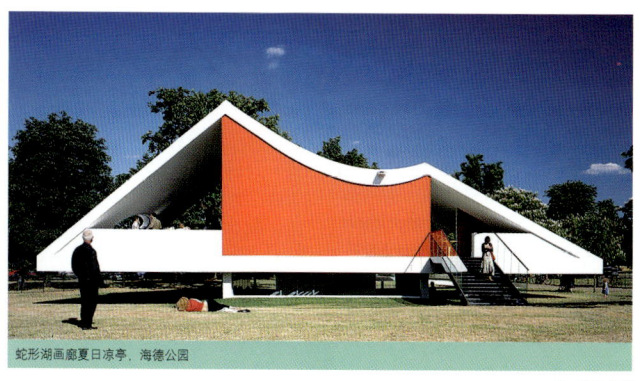

蛇形湖画廊夏日凉亭,海德公园

购物

Knightsbridge 和国王路 (King's Rd) 是这里的两个商业区。前者有伦敦最著名的百货商店，哈罗德 (Harrods)。后者代表着伦敦多姿多彩的 20 世纪 60 至 70 年代。从 20 世纪 80 年代以来它变得更"斯隆化"了（在流行趋势与斯隆广场的前端联系起来之后）。今天它混合了连锁店、昂贵的名牌专卖店和嬉皮雅皮时代的记忆。

哈罗德 (HARRODS)

☎ 7730 1234；www.harrods.com；87 Brompton Rd SW1；周一至周六10am～8pm，周日 中午～6pm； Knightsbridge

这家独特的百货商店仿佛是个英国主权拥护者的主题公园，挤满了行动缓慢的游客，但它著名的食品大厅会令你胃口大开。戴安娜王妃和多迪·法耶兹 (Dodi Fayed，哈罗德老板穆罕默德之子) 的纪念喷泉非常俗气。

HARVEY NICHOLS

☎ 7235 5000；www.harveynichols.com；109-125 Knightsbridge SW1；周一至周六10am～8pm，周日 中午～6pm； Knightsbridge

在伦敦的高档时装圣殿，你会发现所有在当地或是国际上有影响的设计师的大名。在第 5 层有大食品厅和咖啡厅（可以根据需要开到很晚），光线柔和的内衣专柜，奢华的香水专柜和精美的珠宝专柜。

ROCOCO

☎ 7352 5857；www.rococochocolates.com；321 King's Rd SW3；周一至周六 9am～7pm，周日 中午～6pm； Sloane Sq，然后乘 11、19 或 22路公共汽车

无疑是伦敦最好的巧克力店，这是视觉和味觉的双重盛宴，有各式各样成形的甜点。在 Marylebone 也有家分店（见 75 页）。

SHOP AT BLUEBIRD

☎ 7351 3873；350 King's Rd SW3；周一至周六10am～7pm，周三和周四 9am开始，周日 中午～6pm； Sloane Sq，然后乘11、19或22路公共汽车

特伦斯·康兰 (Terence Conran) 拥有的这家炫目的商场，出售年轻设计师的时装作品、佩饰、家具和书，它将兴奋带回越来越小资的国王路。它坐落在一座建于20世纪30年代的装饰派艺术式建筑里，架上的商品——有些不但物美，而且令人惊讶的是价格也能接受——不是它唯一的魅力。这里还有很多精彩的展示吸引游人的注意。

亚历克斯·艾伦 (Alex Allen)
销售助理 Shop at Bluebird

最好的休闲去处：在靠近 Kensington High 街的地方喝酒——在诸如 **Elephant & Castle**（Holland 街 40 号）这种居民区里的酒馆里畅饮，距肯辛顿宫不远，或是在更西边的 **Scarsdale**（23a Edwardes Sq），在靠近切尔西的地方。**Bosuns**（138a King's Rd）非常受欢迎，它是 West Cornwall 糕点店下面的一家俱乐部。还有，在伯爵宅第 (Earl's Court) 的 **Troubadour**（263-267 Old Brompton Rd），有现场诗歌朗诵。**特殊的旧日式服装专卖店 Steinberg & Tolkien**（193 King's Rd）很有传奇色彩。还有古董店 **After Noah**（261 King's Rd）和 **Joanna Booth**（247 King's Rd）等等。**最喜爱的街**：肯辛顿大街南的 Thackeray 街，这里很有特色，有你希望在伦敦找到的那种咖啡店，如供应法式咖啡的 **Montparnasse Cafe**（22 Thackeray St）。最后，谈到法国菜，**La Bouchée**（☎ 7589 1929；56 Old Brompton St）是我最喜欢的，它的多菲内奶油烙土豆 (potato dauphinoise) 是伦敦最棒的。

KNIGHTSBRIDGE、南肯辛顿和切尔西 < 就餐

Gordon Ramsay

就餐

AMAYA 印度风味 £££-££££
☎ 7823 1166；Halkin Arcade，19 Motcomb St SW1；⊖ Knightsbridge

虽然大多数人把印度菜与咖喱联系在一起，这间漂亮的餐馆最拿手的却是烧烤——泥炉炭烤鸡、羊腿等。还有，菜谱上专门为素食者列出一章。它现代、珠光宝气的装饰让人的注意力从相当高的价格上转移开。

BIBENDUM
法国风味 ££-££££
☎ 7581 5817；www.bibendum.co.uk；81 Fulham Rd SW3；☻ 午餐和晚餐；⊖ South Kensington

这间装饰派艺术风格的餐厅，有精美的彩绘玻璃窗，是米其林楼 (Michelin House 1911) 这家老字号的头号卖点。同时众多高品质的美味佳肴也不会让你失望，楼下还有一间生蚝吧。

BOXWOOD CAFÉ
现代欧洲风味 £££-££££
☎ 7235 1010；www.gordonramsay.com；Berkeley Hotel，Wilton Pl SW1；☻ 午餐和晚餐；⊖ Knightsbridge

戈登·拉姆齐最休闲的饭店，精华是鹅肝酱 (pâté de foie gras) 和小牛肉汉堡 (veal burger)——也许它还比不上他的精品招牌饭店，但也足够

就餐 > KNIGHTSBRIDGE、南肯辛顿和切尔西

款待自己

近来，当法式茶室Ladurée（☎ 3155 0111；Harrods, 87 Brompton Rd SW1；🕐周一至周六8am～9pm，周日中午～6pm；⊖ Knightsbridge)在哈罗德(Hans路入口)里开了第一家分店，巴黎的一小部分就搬到了伦敦，因此无需为了一点玛丽·安托万内特(1755～1793，法国国王路易十六的王后。法国大革命推翻君主制后，于1793年10月被革命法庭判处死刑，在断头台上处死——编注)式的奢华而跨越海峡。即使按哈罗德相当高的标准，这间咖啡厅也华丽得令人惊叹，它的蛋糕看上去非常精美。别忘了试试它的招牌点心——蛋白杏仁饼干。

🍴 GORDON RAMSAY
现代欧洲风味　　　　　　££££

☎ 7352 4441；www.gordonramsay.com；68-69 Royal Hospital Rd SW3；套餐 午餐/晚餐/品尝 £35/65/80；🕐周一至周五 午餐和晚餐；⊖ Sloane Sq

伦敦最著名的美食圣殿——唯一一家拥有米其林三星的餐馆。这是城里最难订上的地方之一，预订必须尽早精心安排（见57页框内文字）。2006年它的内饰更新（全是柔和的乳白色调子），菜谱也稍做调整，以往最受欢迎的龙虾(lobster)、海蜇虾(langoustine)和鲑鱼馄饨(salmon ravioli)还保留着。

漂亮了。菜肴是一流的，尤其是长年供应的炸蚝配茴香和柠檬汁(fried oysters with fennel and lemon *confit*)。

🍴 DAQUISE　波兰风味　　£-££

☎ 7589 6117；20 Thurloe St SW7；⊖ South Kensington

近期遭遇火灾重建后，这块蒙尘的宝石不再像以前一样赏心悦目地简约。它需要稍稍改变一点才能回到从前的风格。但它的服务和带意大利饺子(pierogi)、罗宋汤(bortsch)、白菜卷(cabbage rolls)、猪肉的菜谱仍保持着过去的气氛。这些难以消化的食物最适合冬季。

CHEZ BRUCE

有时看上去伦敦最美味的菜肴是在Knightsbridge和切尔西，但这不一定是对的。那些在最长时间内保持优良品质的餐馆中，有一家就坐落在相对偏远的Wandsworth。Chez Bruce（☎ 8672 0114；2 Bellevue Rd SW17；🕐午餐和晚餐；🚇Wandsworth Common) 大厨Bruce Poole的法式菜肴曾荣获奖项以及米其林星。而且，这里的环境轻松、友好、低调——这一切加在一起，让这家餐馆非常值得一去。

KNIGHTSBRIDGE、南肯辛顿和切尔西 < 餐饮

🍽 LA POULE AU POT
法国风味　　　　　　　　　£££

☎ 7730 7763；231 Ebury St SW1；⏱ 午餐和晚餐；⊖ Sloane Sq

满是以乡下小鸡为主题的收藏品、蜡烛、小小的私密空间，"罐中小鸡"被看作伦敦最浪漫的饭店之一……至少那些时常来光顾的被媒体追逐的情侣们是这么想！

🍽 PAINTED HERON
印度风味　　　　　　　　　£££

☎ 7351 5232；www.thepaintedheron.com；112 Cheyne Walk SW10；⏱ 周一至周五 午餐，周六 晚餐；🚌 11、19、22 或319路公共汽车

这家粉白的、装饰风格简约的饭店并非位于中心地带，价格也不便宜，但这些都被它绝对奇妙的食物所弥补。它是独创的东西方的结合，例如兔块 (rabbit tikka)、烩螃蟹 (crab dhosa)、炒鳕鱼和秋葵荚 (stir-fried cod and okra)、泥炉烤羊排 (Tandoori roasted rack of lamb)。

🍽 PETRUS
现代欧洲风味　　　　　£££-££££

☎ 7235 1200；www.gordonramsay.com；Berkeley Hotel, Wilton Pl SW1；⏱ 周一至周五 午餐和晚餐，周六 晚餐；⊖ Knightsbridge

戈登·拉姆齐的弟子马库斯·沃林 (Marcus Wareing) 超越了自己的老板，他在这里经营着一家著名的美食餐厅——令人惊讶的是它几乎从未招来负面评价。它尽力让顾客享受，从精美的酒红色内饰到烹调了24小时的诺福克乳猪 (Norfolk suckling pig)。

🍽 RACINE　法国风味　　£££

☎ 7584 4477；239 Brompton Rd SW3；⏱ 午餐和晚餐；⊖ South Kensington 或 Knightsbridge

这个精彩创造成功的关键在于缩减雄心，做到最好。法国本地的烹调是交通工具，而致力于服务顾客是目的地（虽然后者连着15%的服务费，令一些食客不高兴）。

🍽 汤姆的厨房 (TOM'S KITCHEN)
现代欧洲　　　　　　　££-£££

☎ 7349 0202；www.tomskitchen.co.uk；27 Cale Street SW3；⏱ 周一至周五 7:30am~午夜，周六至周日 8am~午夜；⊖ South Kensington

厨师汤姆·艾肯 (Tom Aikens) 的技艺是毫无疑问的，但有时他的烹饪会招来"过于繁琐"的批语，在这家新的啤酒店式融合菜式（各种风格都有点的）饭店里，这个米其林星天才不仅为大众供应上乘的、消费得起的菜肴，也坚持提供并不复杂的食物如汤、沙锅菜和馅饼，加上

娱乐 > KNIGHTSBRIDGE、南肯辛顿和切尔西

伯克利蓝吧 (THE BERKELEY'S BLUE BAR)

似乎囊括了Boxwood 咖啡厅和Petrus餐馆还不够，伯克利饭店还有另一个珍宝。无论你是去餐馆，还是只喜欢在一个美妙的蛋青色奢华空间里品尝鸡尾酒、香槟和威士忌，都可以去这座饭店里的蓝吧（☎ 7235 6000；⊙周一至周六4pm～1am，周日3pm～午夜）坐坐；要确保自己穿得引人注目。

传统的鱼、肉和家禽类菜肴。

🍴 ZUMA 日本风味 £££

☎ 7584 1010；www.zumarestaurant.com；5 Raphael St SW7；⊙周一至周六午饭和晚饭；⊖ Knightsbridge

当本地人开始（有那么一点点）疏远这间时髦的日本餐厅时，现在正是时候让其他人来享受这里丰富多彩的美食。午餐是很好的选择。

⭐ 娱乐

⭐ 切尔西足球俱乐部 (CHELSEA FOOTBALL CLUB)

☎ 信息咨询 0870 603 0005，球赛售票 7915 2951；www.chelseavillage.com；Fulham Rd SW6；参观 成人/儿童 £10/6；⊙ 参观 周一至周五11am、1pm 和 3pm，周六至周日 中午和2pm；⊙ 纪念品商店 周一至周六10am～6pm，周日11am～4pm；⊖ Fulham Broadway

伦敦最富有的足球俱乐部——切尔西的总部，有点像公司，比较乏味，但想得到一套纪念品或去参观一次的俱乐部球迷不会在乎。如果他们能买到一张紧俏的球赛门票，会更加兴奋。在这所大楼里有两个相互连接的旅馆。

⭐ 皇家艾伯特会堂 (ROYAL ALBERT HALL)

☎ 7589 3203；www.royalalberthall.com；Kensington Gore SW7；⊖ South Kensington

过去一直"有幸"与糟糕的音响设备为伍，这个曾经的展览大厅在2004年掀开了新的一页，听觉和视觉设备全部都改装了。这里每年夏天典礼式的 Proms 音乐会（也称作站式音乐会，见35页）只涉及在最后一个周末令人尴尬的、挥舞国旗的爱国主义。这座大厅也举办摇滚音乐会，马戏表演和朗诵会。

⭐ 皇家宫庭剧院 (ROYAL COURT THEATRE)

☎ 7565 5000；www.royalcourttheatre.com；Sloane Sq SW1；⊖ Sloane Sq

皇家宫庭剧院还未成熟。1956年《愤怒回望》(Look Back in Anger) 在此首演，目前它仍专注于新锐作家的作品。

HOLBORN、克拉肯韦尔和金融城
(HOLBORN, CLERKENWELL & THE CITY)

到了伦敦之后，发现城中有"城"，让人困惑，那个带大写字母C的"城"（"City"）特指方圆一平方英里的中央金融区。虽然这里的焦点是冷酷无情资本主义的，但还是有一些有趣的地方值得看，包括圣保罗大教堂(St Paul's Cathedral)，圣巴塞洛缪大教堂(St Bartholomew-the-Great)，伦敦博物馆(the Museum of London)和巴比肯艺术中心(Barbican arts centre)。

在城市的北部，过去十年来克拉肯韦尔经历了短期繁荣，在这里新兴的媒体公司与历史悠久的《卫报》(*Guardian*)为邻。俱乐部，酒馆和酒吧在Smithfield肉市附近及更远的地方如雨后春笋般冒出来。

从金融城往西去，你会遇到Holborn(发音类似 *hoe*-burn)，英格兰法律的摇篮，在Strand街有新哥特式的皇家法庭(Royal Courts of Justice)及其林肯律师学院(Lincoln's Inn)。在去科文特加登(Covent Garden)之前，可以停下来看看怪人约翰·斯隆爵士的博物馆(Sir John Soane's Museum)

HOLBORN, CLERKENWELL & THE CITY

景点
- 30 St Mary Axe 1 F4
- 英格兰银行及博物馆 2 E4
- Leadenhall市场 3 E4
- 林肯律师学院 4 B3
- 纪念碑 5 E5
- 伦敦博物馆 6 D3
- 约翰·斯隆爵士博物馆 7 A3
- 巴塞洛缪大教堂 8 C3
- 圣保罗大教堂 9 D4
- 塔桥 10 F6
- 伦敦塔 11 F5

购物
- Lesley Craze Gallery 12 C2

就餐
- Café Spice Namaste 13 G4
- Club Gascon 14 C3
- Coach & Horses 15 B2
- Eagle 16 B2
- Medcalf 17 B2
- Moro 18 B2
- Smiths of Smithfields 19 C3
- St John 20 C3

酒吧
- Jerusalem Tavern 21 C3
- Vertigo 42 .... 22 E4
- Ye Olde Cheshire Cheese 23 C4
- Ye Olde Mitre 24 B3

娱乐
- Barbican 25 D3
- Cafe Kick 26 B2
- Fabric 27 C3
- Sadler's Wells 28 C1
- Turnmills 29 C2
- Volupté Lounge 30 B4

景点 > HOLBORN、克拉肯韦尔和金融城

景点

英格兰银行及周围
(BANK OF ENGLAND & AROUND)

☎ 7601 5545；www.bankofengland.co.uk；Bartholomew Lane EC2；⊖ Bank

英格兰银行仍以约翰·斯隆爵士留下的幕式围墙为骄傲，里面还有个**博物馆**（免费，语音导游£1；周一至周五10am～5pm），你可以在那里感觉一下金砖有多重——那分量令人吃惊。皇家股票交易所对面有商店和庭院式咖啡馆。

LEADENHALL 市场
(LEADENHALL MARKET)

www.leadenhallmarket.co.uk；Whittington Ave EC1；周一至周五 7am～4pm；⊖ Bank

闭上眼想象你在这里走回到维多利亚时代的伦敦。在这座灯光暗淡、带屋顶的市场里，鹅卵石和19世纪晚期的铁艺令人回想起那个时代，甚至为当代金融业者服务的现代餐馆和连锁商店也在复制它的风格。这个市场坐落在Gracechurch街附近。

Leadenhall 市场

KING'S CROSS
King's Cross Thameslink
To Elbow Room (300m)
To Angel Tube Station (100m)
PENTONVILLE
Weston Rise
St Chad's St
Britannia St
Wicklow St
Swinton St
Acton St
Cromer St
Harrison St
Frederick St
Ampton St
Sidmouth St
Heathcote St
Mecklenburgh Sq
King's Cross Rd
Wharton St
Lloyd Baker St
Margery St
Gt. Percy St
Amwell St
FINSBURY
Rosebery Ave
Hardwick St
Myddelton St
Rawstorne St
Wakley St
Hall St
Goswell Rd
Moreland St
Spencer St
City University
St John St
City Rd
Micawber St
Shepherdess Wlk
Central St
Dingley Rd
Lever St
Radnor St
Eastman Dental Hospital
St Andrew's Gardens
CLERKENWELL
Exmouth Market
Spa Fields
Skinner St
Percival St
Agdon St
Compton St
Pear Tree St
Bastwick St
ST PANCRAS
St Pancras Coram's Fields
Wren St
Calthorpe St
Phoenix Pl
Gough St
Mount Pleasant (Postal Sorting Office)
Mt Pleasant
Bowling Green La
Clerkenwell Green
Sekforde St
Aylesbury St
Farringdon La
Warner St
Ray St
Gt. Sutton St
Clerkenwell Rd
Baltic St
Golden La
Whitecross St
Brunswick Sq
Guildford St
Hospital for Sick Children
Lamb's Conduit
Millman St
Roger St
Gray's Inn Rd
Northington St
Great Ormond St
Queen Sq
Boswell St
Old Gloucester St
Portpool La
Leather La Market
Baldwin's Gdns
Leather La
Hatton Garden
Kirby St
Cross St
Farringdon Rd
Turnmill St
Britton St
St John's La
St Bartholomew's Medical School
Aldersgate St
Fann St
Beach St
Barbican
Farringdon
Cowcross St
Smithfield Market
Long La
Theobald's Rd
Red Lion Sq
Red Lion St
Eagle St
Bedford Row
Jockey's Fields
Gray's Inn Ct
Chancery La
Brooke St
Charterhouse St
W Smithfield
Snow Hill
Little Britain
Giltspur St
Procter St
High Holborn
HOLBORN
Holborn
Furnival St
Norwich St
Fetter La
St Andrew St
Holborn Viaduct
Bartholomew's Hospital
St Martin's Le-Grand
Noble St
COVENT GARDEN
Lincoln's Inn Fields
Lincoln's Inn Ct
Cursitor St
Verulam St
Bream's Bldgs
New Fetter La
Farringdon St
Newgate St
Old Bailey St
Amen Ct
Foster La
Gutter La
Gresham St
Wood St
Milk St
Kingsway
Parker St
Gt. Queen St
Wild Ct
Wild St
Portugal St
Serle St
Carey St
Bell Yard
Bride St
St Paul's
Cheapside
Drury La
Crown Ct
Bow St
Royal Courts of Justice
Fleet St
Whitefriars St
Bouverie St
Ludgate Hill
City Thameslink
New Bridge St
St Paul's Cathedral
New Change
CITY
Watling St
Cannon St
Carter La
Aldwych
The Strand
Essex St
Milford La
Arundel St
Surrey St
Middle Temple La
Temple Ave
Carmelite St
Tudor St
Blackfriars
Puddle Dock
Queen Victoria St
Castle Baynard St
Mansion House
Covent Garden Market
Tavistock St
Exeter St
Somerset House
Temple
Temple Pl
Inner Temple
Victoria Embankment
Upper White Lion Hill
Upper Thames St
Lancaster Pl
Savoy St
Carting La
Savoy Pl
Adam St
Blackfriars Bridge
Millennium Bridge
Southwark Bridge
Victoria Embankment Gardens
Waterloo Bridge
Royal National Theatre
Upper Ground
Bankside
Shakespeare Globe Centre & Theatre
Tate Modern
SOUTHWARK
Charing Cross
Embankment
National Film Theatre
Queen Elizabeth Hall
Hayward Gallery
Golden Jubilee Bridge
Royal Festival Hall
Coin St
Duchy St
Hatfields St
Paris Garden
Hopton St
Blackfriars Rd
Chancel St
Bear La
Sumner St
Zoar St
Southwark St
Great Guildford St
Thrale St
Stamford St
Theed St
Meymott St
Lavington St
Ewer St
Cornwall St
Roupell St
Gambia St
Great Suffolk St
Belvedere Rd
Jubilee Gardens
Exton St
Waterloo East
Southwark
Union St
Bridge Rd
Ayres St
Redcross Way
York Rd
Waterloo
Waterloo Rd
Copperfield St
Waterloo International (Eurostar)
The Cut
Mitre Rd
Ufford St
Nelson Sq
Surrey Row
Southwark
County Hall
BOROUGH

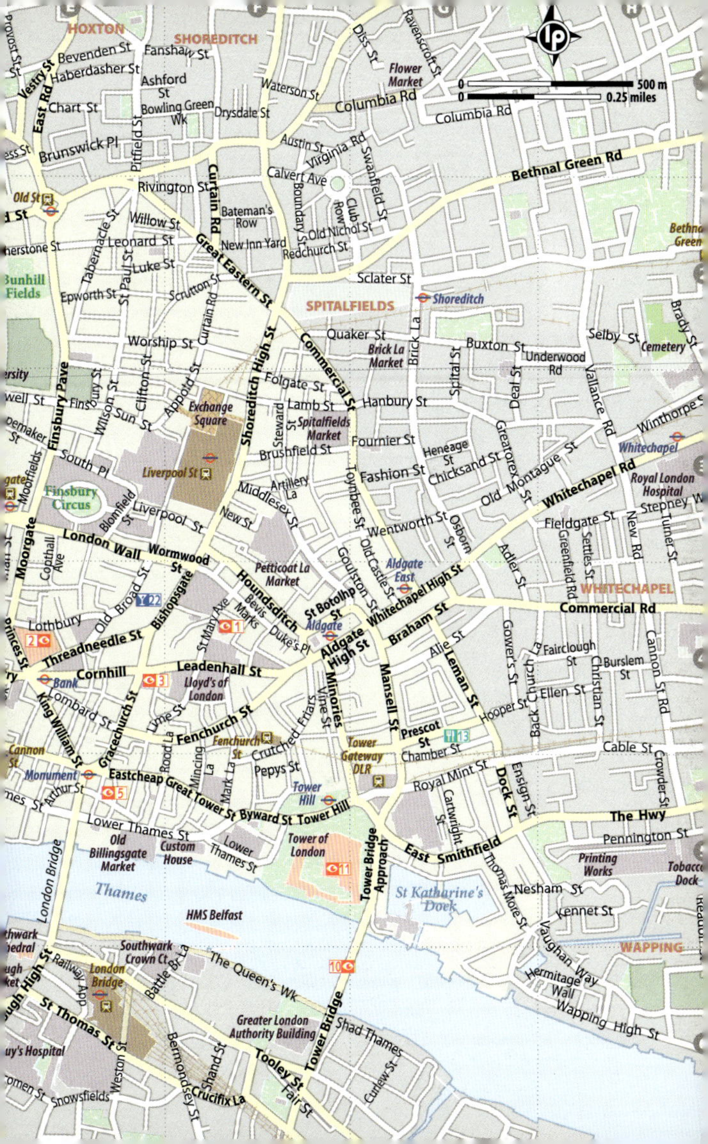

HOXTON
SHOREDITCH
SPITALFIELDS
WHITECHAPEL
WAPPING
0 500 m
0 0.25 miles
Provost St
Vestry St
Bevenden St
Fanshaw St
Haberdasher St
Ashford St
East Rd
Chart St
Bowling Green Wk
Drysdale St
Waterson St
Columbia Rd
Diss St
Ravenscroft St
Flower Market
Brunswick Pl
Pitfield St
Austin St
Virginia Rd
Swanfield St
Calvert Ave
Boundary St
Club Row
Old Nichol St
Redchurch St
Bethnal Green Rd
Bethnal Green
Old St
Rivington St
Curtain Rd
Bateman's Row
New Inn Yard
Willow St
Leonard St
Tabernacle St
Great Eastern St
Luke St
Bunhill Fields
Epworth St
St Paul St
Scrutton St
Sclater St
Shoreditch
Quaker St
Brick La Market
Brick La
Buxton St
Spital St
Underwood Rd
Deal St
Selby St
Cemetery
Brady St
Vallance Rd
Worship St
Curtain Rd
Shoreditch High St
Commercial St
Folgate St
Lamb St
Hanbury St
Finsbury Pave
Wilson St
Sun St
Clifton St
Appold St
Exchange Square
Steward St
Spitalfields Market
Fournier St
Heneage St
Chicksand St
Greatorex St
Old Montague St
Winthorpe St
Whitechapel
South Pl
Liverpool St
Brushfield St
Artillery La
Fashion St
Moorfields
Finsbury Circus
Blomfield St
Liverpool St
Middlesex St
Toynbee St
Wentworth St
Osborn St
Whitechapel Rd
Royal London Hospital
Stepney Way
Fieldgate St
New Rd
Turner St
Moorgate
London Wall
Copthall Ave
Wormwood St
New St
Petticoat La Market
Goulston St
Old Castle St
Aldgate East
Whitechapel High St
Adler St
Greenfield Rd
Settles St
Commercial Rd
Lothbury
Old Broad St
Bishopsgate
St Mary Axe
Bevis Marks
Houndsditch
Duke's Pl
St Botolph St
Aldgate
Aldgate High St
Braham St
Alie St
Leman St
Gower's St
Back Church La
Fairclough St
Christian St
Burslem St
Cannon St Rd
Princes St
Threadneedle St
Cornhill
Leadenhall St
Lloyd's of London
Bank
King William St
Lombard St
Gracechurch St
Lime St
Fenchurch St
Minories
Vine St
Crutched Friars
Mansell St
Prescot St
Hooper St
Ellen St
Cable St
Crowder St
Cannon St
Monument
Rood La
Mincing La
Mark La
Fenchurch St
Tower Gateway DLR
Pepys St
Chamber St
Royal Mint St
Cartwright St
Dock St
Ensign St
Eastcheap
Great Tower St
Byward St
Tower Hill
Arthur St
Lower Thames St
Old Billingsgate Market
Custom House
Lower Thames St
Tower of London
Tower Bridge Approach
East Smithfield
Thomas More St
The Hwy
Pennington St
Printing Works
Tobacco Dock
Thames
London Bridge
HMS Belfast
St Katharine's Dock
Nesham St
Kennet St
Vaughan Way
Hermitage Wall
Wapping High St
Southwark Cathedral
Southwark Crown Ct
Battle Br La
The Queen's Wk
London Bridge
Railway App
St Thomas St
Guy's Hospital
Weston St
Bermondsey St
Shand St
Crucifix La
Greater London Authority Building
Tower Bridge
Tooley St
Fair St
Shad Thames
Curlew St
Snowsfields

HOLBORN、克拉肯韦尔和金融城 < 景点

林肯律师学院

☎ 7405 1393；Lincoln's Inn Fields WC2；院内 周一至周五9am~6pm，教堂 周一至周五12:30~2:30pm；⊖ Holborn

所有伦敦的出庭律师都要在四所所谓的律师学院(Inns of Courts)中的一所里面工作(13世纪的行业协会，其复杂的协议类似于互济会)，其中林肯律师学院是最漂亮的，有一座小教堂，宜人的广场和如画的花园。来享受这梦幻般的气氛吧，这里还有一家叫Terrace的餐馆。

纪念碑 (MONUMENT)

☎ 7626 2717；Monument St EC3；成人/儿童5~15岁£2/1；9:30am~5pm；⊖ Monument

克里斯托弗·雷恩设计的1666年伦敦大火纪念碑仍是金融城的标志性建筑。可是登上那311级狭窄的盘旋楼梯需要一些勇气。当然，你会得到一张证书，证明你做到了(它最适合孩子们)，但这里的景观比圣保罗大教堂、伦敦眼和塔桥更好。

伦敦博物馆 (MUSEUM OF LONDON)

☎ 0870 444 3582，7600 0807；www.museumoflondon.org.uk；Barbican Gate No 7, 150 London Wall EC2；参观免费；周一至周五10am~5:50pm，周日 中午~5:50pm；⊖ Barbican

这座博物馆的精华格外值得赞赏，因为它出人意料地好。在伦敦之外它没有引起多少关注。但罗马遗迹，超凡的新中世纪画廊，Cheapside收藏的16到17世纪的珠宝，伦敦大火立体模型和镀金的金融城市长皇家四轮马车等等，每一件都相当吸引人，所有展品有助于游客深入了解从冰河时代到1914年的伦敦。

约翰·斯隆爵士博物馆 (SIR JOHN SOANE'S MUSEUM)

☎ 7405 2107；www.soane.org 13 Lincoln's Inn Fields WC2；参观免费，讲解游览£3；周二至周六10am~5pm，每月第一个周二 6~9pm，博物馆讲解游览 2:30pm；⊖ Holborn

一项令人满意的独特建筑，对于英格兰怪诞的爱好者，这里是必看之处。

作为建筑家、痴迷的收藏家约翰·斯隆爵士(1753~1837)曾经的住处，它挤满了雕像、艺术展品和绘画(展品多得令人怀疑)。他曾经做过春季大清扫吗？特别的是，这里有埃及的象形石棺和一个画廊，画作卷起来才能露出后面的东西。周二烛光之夜特别有情调。有讲解的游览从下午2点起售票。

景点 > HOLBORN、克拉肯韦尔和金融城

巴塞罗缪大教堂
(ST BARTHOLOMEW-THE-GREAT)

☎ 7606 5171；www.greatstbarts.com；West Smithfield EC1；⏰ 周二～周五 8:30am～5pm，周六 10:30am～1:30pm，周日 8am～8pm；🚇 Barbican 或 Farringdon

的确，西敏寺和圣保罗大教堂更为著名，不过这也没关系。巴塞罗缪大教堂是这个首都最有气魄的教堂。1123年诺曼时代的建筑，历经风雨而变黑，它的深色木雕和低垂的灯带来一种远古的静谧。电影《恋爱中的莎士比亚》(Shakespeare in Love)和《四个婚礼和一个葬礼》(Four Weddings and a Funeral)曾在此取景。

圣保罗大教堂（见114页）

HOLBORN、克拉肯韦尔和金融城 < 景点

"小黄瓜"里面

游客常常望着"小黄瓜"大厦 Gherkin, 叹惜它缺乏向公众开放的渠道。那么我们想你也许愿意知道,包下顶层餐厅的费用是£9000(含税)。另外, 在建筑公共开放周末时(open-house weekend, 见36页)——这座大厦有时会参加的一项活动——想尽办法进去吧。Norman Foster在2002~2003年为瑞士再保险公司建造了它, 正式名称是30 St Mary Axe (Gherkin; www.30stmaryaxe.com; 30 St Mary Axe EC3; ⊖ Bank 或 Aldgate) 除了科幻外表, 它还是个生态友好型建筑, 有内设花园可再生空气, 还有多重节能措施。

圣保罗大教堂 (ST PAUL'S CATHEDRAL)

☎ 7236 4128; www.stpauls.co.uk; St Paul's Churchyard EC4; 成人/儿童 6~16 岁/老人 或 学生 /£9/8/3.50; ⌚周一至周六 8:30am~4pm (最晚入门时间); ⊖ St Paul's或Blackfriars

克里斯托弗·雷恩爵士被告知不能建造一个圆形的穹顶, 因为那过于"天主教式", 他悄悄地循序渐进地修改着自己的设计; 他的主顾们最后发现他们得到的是什么, 但已经太晚了。现在, 攀登穹顶是游览任何教堂的精华部分。更详细的描述见18页。

塔桥 (TOWER BRIDGE)

☎ 展览 7940 3985, 下次开桥面信息 7940 3984; www.towerbridge.org.uk; 成人/ 5 岁以下/老人、学生或5~15岁儿童£5.50/免费/£4.25, 家庭£10~20; ⌚ 展览 4月至10月10am~6pm, 11月至3月 10:30am~6pm; ⊖ Tower Hill

准备好, 你的手指将按动相机快门。即使你不想拍摄这个世界闻名的新哥特式建筑典范, 别人也一定会请你帮忙, 拍下他们站在上面的样子。这座桥建于1894年, 它有名的可开闭吊桥装置每周都要为经过的船工作几次。塔顶的展览很普通, 但那里有360度的全景。

伦敦塔 (TOWER OF LONDON)

☎ 订票 0870 756 7070, 录音信息 0870 756 6060; www.hrp.org.uk; Tower Hill EC3; 成人/5~15岁儿童/老人 或学生/家庭套票 £15/9.50/12/43; ⌚ 3月至10月 周二至周六9am~6pm, 周日和周一10am~6pm, 11月至2月 周二至周六 9am~5pm, 周日和周一 10am~5pm, 最晚入门时间: 关闭前一个小时; ⊖ Tower Hill

在一生中, 至少应该去看一次这座保存完好的中世纪城堡。近10个世纪的王室阴谋、关押、处决、酷刑和暗杀, 加上传奇性的、印度和阿富汗都曾经拥有过的、但最终留在已故王太后皇冠上的 105 克拉

科—依—诺尔(光明之山)钻石,全都集中在这里。提供导游和语音导游设备。完整描述见 19 页。

🛍 购物

克拉肯韦尔是伦敦的珠宝交易中心,有许多较为传统的珠宝店聚集在 Hatton Garden 的主街上。如果要找唱片、更多的珠宝和奇异的礼品,Exmouth 市场也值得一去。

🛍 LESLEY CRAZE 廊
(LESLEY CRAZE GALLERY)

☎ 7608 0393;www.lesleycrazegallery.co.uk;33-35a Clerkenwell Green EC1;⏰ 周二至周六 10am~5:30pm;🚇 Farringdon

欧洲领先的当代珠宝中心之一,这里有精致简洁、有时价格不菲的金属作品,也有一小部分低廉的混合材质的饰品。如果你想寻找一些与众不同的东西,这里正是地方。

🍴 就餐

🍴 CAFÉ SPICE NAMASTE
印度风味　　　　　　　　££££

☎ 7488 9242;www.cafespice.co.uk;16 Prescot St E1;⏰ 午餐和晚餐,周日及周六中午关闭;🚇 Tower Hill

新鲜独特的印度菜肴——它是帕西/果阿人的——在这个前地方法院改成的色彩丰富而现代的地方。Dhansaak(传统上是羊肉做的,现在也做成素的,将米饭、小扁豆和其他蔬菜炖在一起)和其他菜肴都非常令人惊喜,例如 papeta na pattice(土豆泥糕,填入绿豌豆、椰肉粉、碎坚果和香料)。

🍴 加斯科涅俱乐部 (CLUB GASCON)
法国风味　　　　　　　££££

☎ 7796 0600;57 West Smithfield EC1;⏰ 午餐和晚餐,周日及周六中午关闭;🚇 Farringdon Barbican

加斯科涅俱乐部骄傲地拥有米其林星,它用另一种方式来推介法国美食,一系列餐前小食分量的菜肴,五到六道组成一餐。这里有鸭、

大乌鸦之谜

多年来,英格兰的小学生们、来访的游客们都被告知一个有"几百年历史"的迷信,如果伦敦塔里的大乌鸦离开,君主就会垮台。至少有六只乌鸦是被关起来养的,它们的翅膀被修剪以防它们飞走。

当然,这只是骗人的,2004年一个官方的历史学家发现,大乌鸦确切豢养在这里是从1895年才开始的,上述传说也许是维多利亚时代的一个发明,记录也显示,在第二次世界大战期间,伦敦塔内没有大乌鸦。

HOLBORN、克拉肯韦尔和金融城 < 就餐

鱿鱼、豆焖肉(cassoulet)和菜谱上为鹅肝酱(pâté de foie gras)专门列出的整整一章。为了节省，可以去隔壁一个便宜的葡萄酒吧。

🍴 COACH & HORSES
现代欧洲风味 ££

☎ 7278 8990；26-28 Ray St EC1；🕐 周一至周五 午餐和晚餐，周六晚餐，周日午餐；⊖ Farringdon

Coach & Horses 的标志是一个南瓜和四只老鼠，这也的确是个灰姑娘的故事。它在几年前改为餐吧，简捷的新型菜单很快为它赢得大奖。它不再位列前沿，但仍保持着自己的特色。午餐时间较为繁忙，预订晚餐相对容易。午/晚餐之间供应酒吧式食品。

🍴 EAGLE
地中海风味 ££

☎ 7837 1353；159 Farringdon Rd EC1；🕐 午餐和晚餐，周日晚餐时关闭；⊖ Farringdon

作为伦敦第一家餐吧仍然广受欢迎。虽然原来的老板和主厨都已离开，在午餐时或下班后顾客还是络绎不绝，都是为了这里地中海风格的菜肴。虽然它本质上不再属于时尚的一部分，但这里气氛闲适，令人愉悦。

通向 Barbican 的门

长期以来，进入Barbican需要很强的识别方向的技巧，这个建于20世纪80年代的综合性建筑有多个中间分开的楼层，悬空的、不同方向的走道，通过许多入口与两个地铁站相连。观众们常常会迷路，这个地方经常如同《卫报》形容的那样，"像一个挤满了不知所措的芭蕾迷的停车场"。这种状况也许不会马上改变，但Barbican在努力，2007年为了庆祝它建立25周年，它在Silk街安装了价值£1400万的前门，一个前门？一个多么奇特的主意啊!

🍴 MEDCALF 英国风味 ££

☎ 7833 3533；40 Exmouth Market EC1；🕐 周一至周四中午～3pm和6～10pm，周五 中午～3pm，周六 中午～4pm及6～10pm，周日中午～4pm；⊖ Farringdon

从一家肉铺改成了漂亮的餐馆，Medcalf 不仅有趣而且独特，同时它一贯以可承受的价格供应上乘的美食。变化中的菜谱包括威尔士乳酪抹烤面包(Welsh rarebit)，李子干猪肉丸(pork-and-prune meatballs)，熏三文鱼(smoked salmon)和凤尾鱼沙锅(anchovy terrine)等，在正餐之间还有酒吧时间，周五晚上有DJ。

酒吧 > HOLBORN，克拉肯韦尔和金融城

MORO
西班牙/北非风味　　　　£££

☎ 7833 8336；34-36 Exmouth Market EC1；⏰ 周一至周五12:30～2:30pm 以及7～10:30pm，周六 12:30～3pm和7～10:30pm；⊖ Farringdon

　　它令人鼓舞的名声超过了自身的实力，也许这就是外界对它评价不一的原因。有些人是忠实的顾客，其他人抱怨分量少、拥挤、水准下滑。你找出真相的唯一方式就是去自己冒险尝试。在变化的菜谱中，有些菜肴频频出现，如螃蟹配突尼斯辣椒酱 (crab with harissa)、炭烤羊肉配朝鲜蓟 (char-grilled lamb with artichokes)。

顶级伦敦景观

> Galvin@Windows (见90页)–与众不同的景观，可以俯瞰邻近的大片区域，包括女王的后花园。
> 伦敦眼 (见10页)–的确能看到所有目力所及的地方
> 圣保罗大教堂 (见18页)–名副其实，令人愉悦的景观
> 泰特现代艺术馆 (见12页)–从四层的咖啡厅和阳台望出去
> Vertigo 42 (见118页)–从这间摩天大楼里的酒吧向外眺望，景色壮观，可惜，向下看旁边"小黄瓜"的视线被卫生间挡住了。

SMITHS OF SMITHFIELDS
英国风味　　　　££-£££

☎ 7252 7950；www.smithsofsmithfield.co.uk；67-77 Charterhouse St EC1；⏰ 周日至周五 午餐和晚餐，周六晚餐；⊖ Farringdon

　　它太重要了，以至于我们无法忽视，Smiths 是一个巨大的多层餐饮中心。坦率地讲，一层的小酒馆是有点脏——像个肉市——四层的高雅餐厅不太可靠。但三层的啤酒店总是供应可口的食物 (二层有个鸡尾酒吧)。

ST JOHN　英国风味　　££-££££

☎ 7251 0848；www.stjohnrestaurant.co.uk；26 St John St EC1；⏰ 午餐和晚餐，周六中午和周日关闭；⊖ Farringdon

　　你应当知道的关于这家出色餐馆的一切，除了屋顶景观，都浓缩到它的招牌菜——骨髓沙拉里 (bone-marrow salad)。《追踪美食之鼻》(Nose to Tail Eating) 的作者，名厨费格斯·亨得森 (Fergus Henderson) 从不怕起用特别的肉质原料，如牛心、鸡脖子以及其他更常见的材料。这儿不适合素食者。

🍸 酒吧

　　在克拉肯韦尔沿着 Charterhouse 街 (C3)，也能发现一系列相当时尚

HOLBORN、克拉肯韦尔和金融城 < 酒吧

的酒吧。

JERUSALEM TAVERN
☎ 7490 4281；55 Britton St EC1；⊖ Farringdon

很难想出对这家小小的耶路撒冷酒吧应重点介绍什么——18世纪风格的装饰，石膏墙上的彩色瓷砖，或是一系列饮料，包括有机苦味液、小麦和水果啤酒。最近的重新装修试图使它看上去比实际要老，但除了这处伪造外，它还是一个富有魅力的地方。

VERTIGO 42
☎ 7877 7842；25 Old Broad St EC2；周六和周日关闭；⊖ Bank

这家在42层楼上的酒吧（英国最高的）价格可不低，但也不是个问题。一旦你在这里欣赏奇幻的景色超过一个小时（最多），你就不可避免地被这座城市的富豪们包围。所以快进快出吧，最好在日落时分，你可以观赏日光掠过伦敦。保险起见，你必须事先预订。

YE OLDE CHESHIRE CHEESE
☎ 7353 6170；Wine Office Court, 145 Fleet St EC4；周一至周五 11am~11pm, 周六 中午~11pm, 周日 中午~3pm；⊖ Blackfriars

查尔斯·狄更斯（Charles Dickens）、马克·吐温（Mark Twain）和塞缪尔·约翰逊（Samuel Johnson）都曾经常光顾这家历史悠久、灯光幽暗、以大量黑色木材为装饰的酒吧。现在，它已经是游客经常探访的地方，虽然它位于当前人气不旺的舰队街上，但不要仅仅停留在你刚进门遇到的几间屋子，还应接着到楼下的地下酒吧以及二楼的房间看看。

YE OLDE MITRE
☎ 7405 4751；1 Ely Ct EC1；周六和周日关闭；⊖ Chancery Lane 或 Farringdon

藏在一条僻静的小街上（靠近Hatton 花园 8 号），这几间颤颤巍巍的小房是伦敦现存最古老的酒馆之

"桌上足球"和台球

保龄球（见69页）不是伦敦人在饮啤酒时爱玩的唯一运动。桌上足球（Baby Foot）和台球也是流行的酒吧游戏，在这一点上也许没有任何地方比下列两处更突出：
Elbow Room（☎ 7278 3244；89-91 Chapel Market N1；⊖ Angel）在这个友好欢快的地方，有一排接一排的台球桌。
Cafe Kick（☎ 7837 8077；www.cafekick.co.uk；Exmouth Market EC1；中午~11pm；⊖ Farringdon）原木板装饰的酒吧，有欧洲大陆的感觉，游戏区域中心是几张桌上足球台。

娱乐 > HOLBORN、克拉肯韦尔和金融城

一，可上溯到 16 世纪中叶。这里的情调适合老式的酒。

⭐ 娱乐

⭐ BARBICAN
☎ 咨询 7382 7000，预订 7638 8891；www.barbican.org.uk；Silk St EC2；⊖ Moorgate或Barbican

一个功能齐全的艺术中心，蚁丘式的 Barbican 拥有一座剧院，音乐厅（古典音乐，爵士乐和 leftfield pop），舞蹈舞台和电影院，还有非常文明、环境宜人的前卫艺术馆。

⭐ FABRIC
☎ 7336 8898或7490 0444；www.fabriclondon.com；77a Charterhouse St EC1；🕐 周五和周日 9:30pm～5am，周六10pm～7am；⊖ Farringdon

Fabric 是许多国际剧团到伦敦演出的第一站，能容纳 1500 人，依然观者如潮，许多人排着长队等着感受主舞台上的 bodysonic 音乐。这里的音乐主要有 electro、house、鼓与贝斯和 breakbeat 等。现场音乐是新近增加的。

⭐ SADLER'S WELLS
☎ 7863 8000；www.sadlers-wells.com；Rosebery Ave EC1；⊖ Angel

比起皇家芭蕾，Sadler's Wells 更为大胆、创新，步伐更加轻快，它是伦敦顶级舞蹈场所之一。在这里你可以见到 Carlos Acosta、Matthew Bourne 和 Akram Khan 等名家。

⭐ TURNMILLS
☎ 7250 3409；63 Clerkenwell Rd EC1；🕐 周二 6pm～午夜，周五10:30pm～7:30am，周六 9pm～5am；⊖ Farringdon

主要因为它给人的亲切感觉而闻名，这个巨穴式的、经营多年的场所仍然吸引了不少当红 DJ，包括 Judge Jules、Sister Bliss 和 Roger Sanche，它节奏强劲，曲风从 house 和 techno 到拉丁和 trance 都有。

⭐ VOLUPTÉ LOUNGE
☎ 7831 1622；www.volutpe-lounge.com；9 Norwich St；⊖ Chancery Lane

伦敦色情歌舞场所之一，吸引了大量女性。常规节目包括周三晚上的卡巴莱沙龙（Cabaret Salon），周五的以 20 世纪 20 年代为主题的 Roar of the Flappers 和某些周六的 Afternoon Tease。它在 Fetter Lane 附近。

HOXTON、SHOREDITCH 和斯皮特菲兹
(HOXTON, SHOREDITCH & SPITALFIELDS)

这里是伦敦最酷的地方。Hoxton 现象始于 20 世纪 90 年代,当创意产业者被高不可攀的房价逐出西区 (West End),他们开始到这个城里的荒芜之地购买仓库。到了 20 世纪 90 年代末,这个地方已相当酷了,拥有自己本土风格的发型 (Hoxton 发型),甚至有了一本自嘲风格的杂志 (*Shoreditch Twat*,意为 Shoreditch 的傻瓜)。酒吧,俱乐部,画廊和餐馆纷纷开张,以适应新的媒体-创意产业自由职业者的需求。

今天,这一地区仍繁荣发展。十年前,这里的街上只有寒酸的报摊和零星几家低档酒馆,现在你能发现熟食店,繁忙的酒吧和兴旺的时装店。这里周边相邻的区域仍然荒凉到令人觉得害怕,但即使是部分重新开发的斯皮特菲兹市场 (Spitalfields Market) 也保持着发展的趋势,它仍是伦敦夜生活最佳选择之一。

HOXTON, SHOREDITCH & SPITALFIELDS

景点
红砖巷	1	G6
斯皮特菲兹基督教堂	2	F5
丹尼斯·塞弗故居	3	F5
Geffrye Museum Geffrye博物馆	4	F2
Kinetica	5	F5
Sunday Up 市场和 Truman酿酒厂	6	G5
白立方画廊	7	E3
Whitechapel艺术画廊	8	G6

购物
A Gold	9	F5
Absolute Vintage	10	F5
Beyond Retro	11	G4
哥伦比亚路花市	12	F3
斯皮特菲兹市场	14	F5
Start	15	E4
Tatty Devine	16	G4

就餐
Canteen	17	F5
15(Fifteen)	18	D3
Giraffe	(见	17)
Green & Red	19	F4
Les Trois Garçons	20	F4
New Tayyab	21	H6
Princess	22	F4

酒吧
Big Chill Bar	23	G5
Dragon Bar	24	E4
Dreambagsjaguar shoes	25	F3
Favela Chic	26	E4
Foundry	27	E4
George & Dragon	28	F3
Golden Heart	29	F5
Hawksmoor	30	F5
Loungelover	31	F4
Ten Bells	32	F5
Vibe Bar	33	G5

娱乐
333	34	E4
93 Feet East	35	G5
Bethnal Green工人俱乐部	36	H3
Cargo	37	F4

查看地图请翻页

景点

红砖巷 (BRICK LANE)
⊖ Aldgate East

红砖巷位于外号孟加拉镇的兴旺的孟加拉裔聚居区的中心,现在这里的咖喱屋、北克什米尔餐馆、沙丽、衣料店,以及印度饭店鳞次栉比,在北面还有些时装店。近年来这条街作为觅食之地的名声已有所下降,许多餐馆拼命招徕顾客也没有用。24小时营业的红砖巷Beigel 烤坊(Brick Lane Beigel Bake,第159号)仍然名声在外、生意兴隆,为失眠者、出租车司机和上俱乐部的人们提供服务。但如果你的确讲究吃咖喱食品,你最好离开这儿上Whitechapel 的 New Tayyab 去,或者远一点去 Tooting(见128页框内文字)。参见27页。

丹尼斯·思弗故居 (DENNIS SEVERS' HOUSE)

☎ 7247 4013; www.dennissevershouse.co.uk; 18 Folgate St E1; 周日/周一日间/周一晚 £8/5/12; ⌚ 每月第一和第三个周日 中午~2pm,每月第一和第三个周日后的周一中午~2pm,每周一晚(时间不同); ⊖ Liverpool St

绝对独特,如果在适合的周末或周一晚上你在城里,丹尼斯·思弗故居值得关注。当你寻访一个18世纪胡格诺教派织绸工人家的住宅

莫尼卡·阿里的红砖巷 (MONICA ALI'S BRICK LANE)

正如同现在红砖巷(Brick Lane)的烹调技术不再与它以前的名声相称,红砖巷与莫尼卡·阿里(Monica Ali)著名的同名书籍之间也有距离。虽然受专业人士的赞赏以及当地社群中一些人的维护,这本书令这里的其他人不快,他们不喜欢它描绘的景象。2006年举行了几次公众集会,反对将阿里的书拍成电影。最后,制片人和投资方Film Four放弃了在红砖巷本身拍摄外景的计划。

时,它"依然生动的话剧"相当震撼。不仅有精心修复的内饰,而且还有吱嘎作响的地板,皱巴巴的毯子和没吃完的一餐也营造出一种印象,仿佛那家人刚刚离开这房间。

GEFFRYE 博物馆 (GEFFRYE MUSEUM)

☎ 7739 9893; www.geffrye-museum.org.uk; 136 Kingsland Rd E2; 参观免费,要求捐款; ⌚ 周二和周六 10am~5pm,周日中午~5pm; ⊖ Old St 或 Liverpool St

很难不被这家英格兰室内设计博物馆所吸引,它出人意料地坐落在Kingsland路一个相当破败的地段上,位于一块阳光斑驳的绿地中间。

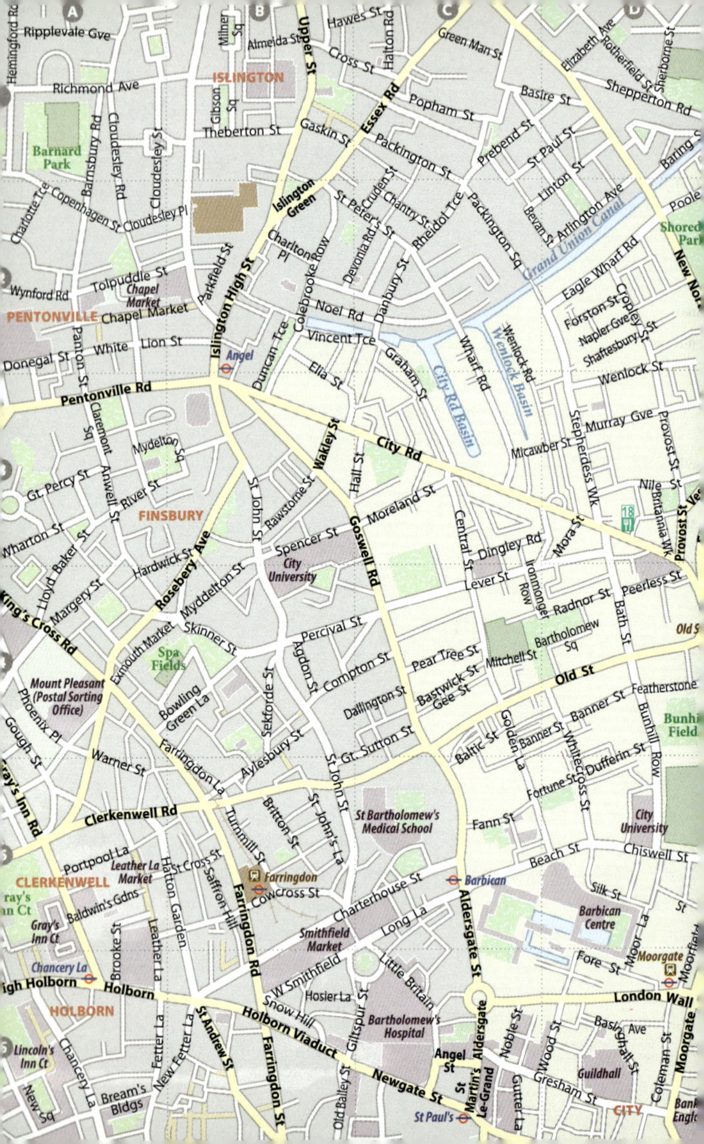

A
B
C
D
Hemingford Rd
Ripplevale Gve
Milner Sq
Almeida St
Upper St
Hawes St
Halton Rd
Cross St
Green Man St
Elizabeth Ave
Rotherfield St
Sherborne St
ISLINGTON
Richmond Ave
Gibson Sq
Essex Rd
Popham St
Basire St
Shepperton Rd
Barnard Park
Barnsbury Rd
Cloudesley Rd
Cloudesley St
Theberton St
Gaskin St
Packington St
Prebend St
St Paul St
Baring St
Charlotte Tce
Copenhagen St
Cloudesley Pl
Islington Green
St Peter's St
Cruden St
Chantry St
Rheidol Tce
Packington Sq
Linton St
Bevan St
Arlington Ave
Grand Union Canal
Poole St
Shored Park
New North Rd
Charlton Pl
Colebrooke Row
Devonia Rd
Danbury St
Eagle Wharf Rd
Wynford Rd
Tolpuddle St
Chapel Market
Parkfield St
Islington High St
PENTONVILLE
Chapel Market
Noel Rd
Forston St
Cropley St
Napier Gve
Shaftesbury St
Donegal St
Panton St
White Lion St
Angel
Duncan Tce
Vincent Tce
Graham St
Wharf Rd
Wenlock Rd
Wenlock Basin
Wenlock St
Elia St
City Rd Basin
Pentonville Rd
Claremont Sq
Mydelton Sq
Wakley St
Hall St
City Rd
Micawber St
Shepherdess Wk
Murray Gve
Provost St
Gt. Percy St
River St
Anwell St
St John St
Rawstorne St
Moreland St
Central St
Nile St
Britannia Wk
FINSBURY
Wharton St
Lloyd Baker St
Rosebery Ave
Hardwick St
Spencer St
Goswell Rd
City University
Dingley Rd
Mora St
Provost St
Lever St
Ironmonger Row
Peerless St
Margery St
King's Cross Rd
Myddelton St
Radnor St
Bath St
Old St
Exmouth Market
Skinner St
Percival St
Bartholomew Sq
Spa Fields
Mount Pleasant (Postal Sorting Office)
Agdon St
Compton St
Pear Tree St
Mitchell St
Old St
Phoenix Pl
Bowling Green La
Sekforde St
Dallington St
Bastwick St
Gee St
Featherstone St
Gough St
Banner St
Bunhill Fields
Golden La
Banner St
Warner St
Farringdon La
Aylesbury St
Gt. Sutton St
Baltic St
Whitecross St
Dufferin St
Bunhill Row
Gray's Inn Rd
St John St
Fortune St
Clerkenwell Rd
Turnmill St
Britton St
St John's La
St Bartholomew's Medical School
Fann St
City University
Portpool La
Leather La Market
Hatton Garden
St Cross St
Beach St
Chiswell St
CLERKENWELL
Saffron Hill
Farringdon
Cowcross St
Charterhouse St
Barbican
Silk St
Gray's Inn Ct
Baldwin's Gdns
Smithfield Market
Long La
Barbican Centre
Gray's Inn Ct
Brooke St
Leather La
Farringdon Rd
Aldersgate St
Moor La
Moorfields
Chancery La
W Smithfield
Little Britain
Fore St
Moorgate
High Holborn
Holborn
Hosier La
London Wall
HOLBORN
Snow Hill
Holborn Viaduct
Giltspur St
Bartholomew's Hospital
Basinghall Ave
Lincoln's Inn Ct
Chancery La
Fetter La
New Fetter La
St Andrew St
Farringdon St
Old Bailey St
Angel St
Aldersgate
Noble St
Wood St
Basinghall St
Coleman St
Moorgate
Guildhall
Gresham St
Newgate St
St Martin's Le-Grand
Gutter La
New Sq
Bream's Bldgs
St Paul's
CITY
Bank Engl

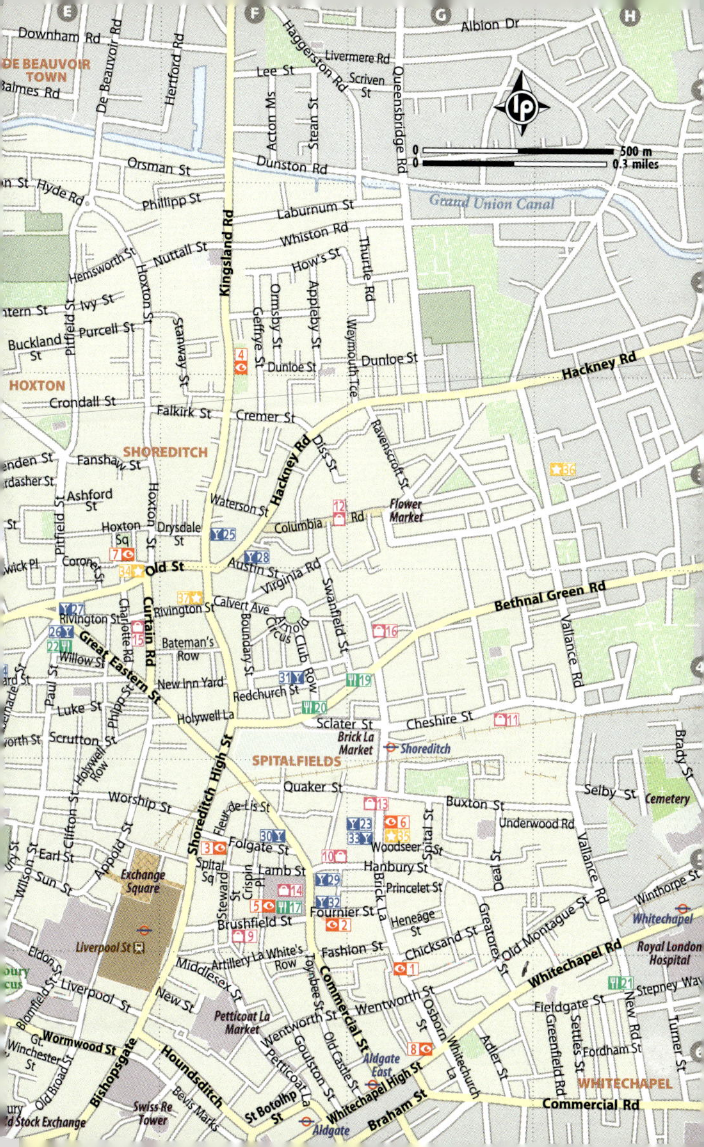

E
F
G
H
Downham Rd
De Beauvoir Rd
Hertford Rd
DE BEAUVOIR TOWN
Balmes Rd
Haggerston Rd
Livermere Rd
Lee St
Scriven St
Albion Dr
Queensbridge Rd
Acton Ms
Stean St
0
500 m
0.3 miles
Orsman St
Dunston Rd
Hyde Rd
Phillipp St
Kingsland Rd
Laburnum St
Grand Union Canal
Whiston Rd
Nuttall St
Hemsworth St
Hoxton St
How's St
Thurtle Rd
Ivy St
Pitfield St
Purcell St
Buckland St
Stanway St
Geffrye St
Ormsby St
Appleby St
Weymouth Tce
Dunloe St
Hackney Rd
HOXTON
Crondall St
Falkirk St
Cremer St
Diss St
Ravenscroft St
SHOREDITCH
Fanshaw St
Ashford St
Hoxton St
Waterson St
Columbia Rd
Flower Market
Hoxton Sq
Drysdale St
Coronet St
Old St
Austin St
Virginia Rd
Swanfield St
Calvert Ave
Rivington St
Boundary St
Arnold Circus
Club Row
Bethnal Green Rd
Vallance Rd
Charlotte Rd
Curtain Rd
Great Eastern St
Bateman's Row
Willow St
New Inn Yard
Redchurch St
Paul St
Luke St
Phipp St
Holywell La
Sclater St
Cheshire St
Scrutton St
Holywell Row
Shoreditch High St
Brick La Market
Shoreditch
SPITALFIELDS
Brady St
Quaker St
Selby St
Cemetery
Worship St
Clifton St
Fleur-de-Lis St
Buxton St
Underwood Rd
Appold St
Folgate St
Spital St
Woodseer St
Earl St
Wilson St
Sun St
Spital Sq
Lamb St
Hanbury St
Deal St
Exchange Square
Crispin Pl
Steward St
Princelet St
Winthorpe St
Brushfield St
Fournier St
Brick La
Heneage St
Greatorex St
Old Montague St
Whitechapel
Liverpool St
Artillery La
White's Row
Fashion St
Chicksand St
Whitechapel Rd
Royal London Hospital
Eldon St
Middlesex St
Toynbee St
Commercial St
Stepney Way
Blomfield St
Liverpool St
New St
Wentworth St
Fieldgate St
Petticoat La Market
Osborn St
Greenfield Rd
Settles St
New Rd
Turner St
Gt. Winchester St
Wormwood St
Goulston St
Old Castle St
Aldgate East
Whitechurch La
Adler St
Fordham St
Old Broad St
Bishopsgate
Houndsditch
Petticoat La
Whitechapel High St
WHITECHAPEL
Bevis Marks
Swiss Re Tower
St Botolph St
Braham St
Commercial Rd
Stock Exchange
Aldgate

HOXTON、SHOREDITCH 和斯皮特菲兹 < 景点

博物馆所在的14座常春藤覆盖的建筑原是为穷人建造的养老院。它用一系列按年代划分的展室为参观者重新展示从17世纪到21世纪各个阶段不同的风貌。

KINETICA

☎ 7392 9674；www.kinetica-museum.org；Spitalfields Market E1；入门免费,讲座费用不一；🕒 周三至周日11am~6pm；🚇 Liverpool St

在这座英国首家动力、电力和磁性艺术博物馆的透明玻璃墙内,总有一些吸引眼球的东西出现。无论是一个击鼓的机器人或是一个巨大的在地上蠕动的充气塑像,都会吸引路过的人走进来。

老 Truman 酿酒厂

> HOXTON、SHOREDITCH 和斯皮特菲兹

魔鬼的教堂？

当权威人士倾倒于近期的革新时，我们仍为围绕这座18世纪的**斯皮特菲兹救世主教堂**(Christ Church Spitalfields；☎ 020 7377 6793；www.christchurchspitalfields.org；Commercial St E1；⏰ 周二11am～4pm，周日1～4pm，周一及周三～周五 如不使用10am～4pm；🚇 Liverpool St) "邪恶的" 传说而发笑。由Nicholas Hawksmoor，一位著名的狄俄尼索斯式艺术家设计，它的高而狭的窗户上方的小孔被解读为再现了异教徒的生殖象征，这个和其他的Hawksmoor教堂连起来成为一个五角星形状。没有疑问的是，基督教堂建在一个罗马时期的公墓上而且1841年被闪电直接击中。

SUNDAY UP 市场 和 TRUMAN 酿酒厂 (SUNDAY UP MARKET & TRUMAN BREWERY)

☎ 7770 6100；www.sundayupmarket.co.uk，www.trumanbrewery.com；Dray Walk E1；⏰ Up市场 周日10am～5pm；🚇 Liverpool St

老 Truman 酒厂曾是首都最大的一家，但自从 20 世纪 90 年代以来，它成为一系列创意产业的基础。如今在这座建筑周围，沿着 Dray Walk 你将发现商店、酒吧和周日烧烤摊

里面是 Up 市场，有许多摊主在新的零售业发展后失去了他们在斯皮特菲兹市场的地盘，搬到了这里。这里同样大多经营年轻设计师的时装，但摊位间的空隙更大一些。

白立方画廊 (WHITE CUBE GALLERY)

☎ 7930 5373；www.whitecube.com；48 Hoxton Sq N1；入门免费；⏰ 周二至周六 10am～6pm；🚇 Old St

这座前卫的私人画廊的大部分活动已挪到 Mason's Yard 去了（见87页），这栋两层方型小楼继续举办一些精彩的展出。

WHITECHAPEL 艺术画廊 (WHITECHAPEL ART GALLERY)

☎ 7522 7888；www.whitechapel.org；80-82 Whitechapel Rd；入门免费，某些展览收费；⏰ 周二、周三、周五至周日11am～6pm，周四11am～9pm；🚇 Aldgate East

与ICA(当代艺术学院；见83页)、摄影家画廊(见47页)和蛇形湖画廊(见100页)相比，这里更受艺术院校的学生、老师和前卫艺术专家的喜爱。但是记住查阅它的活动预告，还有展览。周五晚上是Wired Women活动，这已成为当地一项时尚，2008这个地方的面积将扩大一倍。

HOXTON、SHOREDITCH 和斯皮特菲兹

购物

A GOLD
☎ 7247 2487；42 Brushfield St E1；⌚ 周一至周五11am～8pm，周日11am～6pm；◎ Liverpool St

这个老式英国商店坐落在一栋修复得很好的乔治王时代建筑里，有洋李子杜松子酒 (damson gin)、姜啤 (ginger beer)、接骨木花饮料 (elderflower cordial)、猪肉馅饼 (pork pies)、葡萄干馅饼 (Eccles cakes)、软糖 (fudge)、一罐罐满满的硬糖 (boiled sweets) 和其他令人怀旧的食品。

ABSOLUTE VINTAGE
☎ 7247 3883；www.absolutevintage.co.uk；15 Hanbury St E1；⌚ 周二至

A Gold

购物 > HOXTON、SHOREDITCH 和斯皮特菲兹

周六 中午~7pm，周日11am~7pm；
⊖ Liverpool St

最近伦敦正流行"怀旧式"服装。当然，这只是二手货的冠冕称呼，在这家满是便宜女式外衣和男士套装的店里，这一点非常清楚。在这里，选择才是关键词，而非质量。

BEYOND RETRO

☎ 7613 363；www.beyondretro.com；112 Cheshire St E2；⏰ 周一至周六10am~6pm，周日11am~7pm；
⊖ Liverpool St

另一个巨大的仓库，堆满了上万件来自美国的二手衣服。不仅 Beyond Retro 本身值得一去，这也是一个逛 Cheshire 街上越来越多的时髦折扣店的好理由。

哥伦比亚路花市 (COLUMBIA ROAD FLOWER MARKET)

www.columbia-flower-market.freespace.com；Columbia Rd E2；⏰ 周日8am~2pm；⊖ Old St 或 Bethnal Green；🚇 Cambridge Heath；🚌 26、48或55路公共汽车

都市与自然的美好结合，在这个繁忙喧嚣的市场里，漫步在一盆盆、一束束鲜花之间，有常见的也有异国情调的，一路上还可以去商店和咖啡馆。

哥伦比亚路花市

LADEN SHOWROOMS

☎ 7247 2431；www.laden.co.uk；103 Brick Lane E1；⏰ 周一至周六 中午~6pm，周日 10:30am~6pm；
⊖ Liverpool St 或 Aldgate East

最近刚重新装修粉刷，这是个

> 127

HOXTON、SHOREDITCH 和斯皮特菲兹 < 购物

让你看看伦敦大街上流行什么的好地方。不像其他超酷的专卖店，这里满是年轻设计师为男女青年设计的各式各样大量服装。

🏠 SPITALFIELDS MARKET
斯皮特菲兹市场

www.spitalfields.co.uk；Brushfield St E1；🕐 周一至周五 10am～4pm，周日 9am～5pm，精品食物市场周四、周五和周日 10am～5pm；🚇 Liverpool St

的确，新开发的零售商店占了这里一半空间，意味着这个市场不再感觉像从前一样前卫时尚了。但这里还是相当时髦，比起同样人气旺但主要销售食品的伯罗市场（见142页），你可以往包里装更多的东西回家。斯皮特菲兹折扣信息见25页。周日是主要营业日。这个市场坐落在 Brushfield 街外。

🏠 START

☎ 7739 3636；42-44 Rivington St；🕐 周一至周五10:30am～6:30pm，周六 11am～6pm，周日 1～5pm；🚇 Liverpool St

朋克摇滚与设计师在女装专卖店相遇，提供 Cacharel、Issa 和 Junya Watanabe 等品牌，它也骄傲地拥有伦敦最讨人喜欢的牛仔服。

🏠 TATTY DEVINE

☎ 7739 9009；www.tattydevine.com；236 Brick Lane E1；🕐 周一至周五 10am～6pm，周六和周日11am～7pm；🚇 Liverpool St

虽然这家店以塑胶刻名字的项链闻名（你可以花 £25 买一条），这里还有更多的东西。新奇怪诞的首饰和配件是用令人称奇的材料制作的，例如土豆片、钩织物、浆果、吉他拨片和价签。最新的作品增加了科幻太空主题。在索霍区也有一家分店（见55页）。

到TOOTING美餐

如果你真的对咖喱上瘾，红砖巷和 Whitechapel 都无法满足你，这个首都当前的热点是郊外的 SW17 或 Tooting。在靠近 Tooting Broadway 和 Tooting Bec 地铁站的地方，你会发现一排排的咖喱屋，从孟加拉到斯里兰卡，包括以下：
Kastoori（☎ 8767 7027；188 Upper Tooting Rd SW17）极佳的 Gujarati 菜肴，以非洲方式烹调，明显是令人感觉亲切的自制而非从生产线上下来。不同于你将品尝的任何印度菜肴。
Masaledar（☎ 8767 7676；121 Upper Tooting Rd SW17）泥炉炭餐馆，东非特色。
Radha Krishna Bhavan（☎ 8767 3462；86 Tooting High St SW17）提供绝佳的印度卡拉拉邦菜肴。

就餐 > HOXTON、SHOREDITCH 和斯皮特菲兹

就餐

CANTEEN 英国风味　££

☎ 0845 686 1122；www.canteen.co.uk；2 Crispin Pl E1；⏰ 周一至周五11am～11pm，周六和周日9am～11pm；⊖ Liverpool St

浏览 Canteen 简约的现代装修是件惬意的事，它的英式菜丰富多彩，有烧烤、鲜鱼和一些传统食品如奶酪通心粉，猪腹肉配苹果(pork belly with apples)和芥末腰子(devilled kidneys)等。

GREEN & RED (绿与红) 墨西哥风味　££

☎ 7749 9670 1122；www.greenred.co.uk；51 Bethnal Green Rd E1；⏰ 周一至周五 午饭和晚饭，周六和周日 中午～10:30pm；⊖ Liverpool St

这家外观靓丽的餐馆位于Shoreditch 的一端，凭借其拿手的龙舌兰酒(这个餐馆同时也是一个不错的酒吧)和地道的墨西哥菜肴，它简直就是对这个 Shoreditch 混杂之地的一个恩赐。酸橘汁腌鱼配石榴(ceviche with pomegranate)，birria(啤酒丁香辣椒浸羊腿)和carnitas(慢火烤猪腹肉加辣椒和橙盐)比起口味极其一般的得克萨斯和墨西哥风味的食物来说，真是天壤之别。

更多东区娱乐

Bistrotheque (☎ 8983 7900；www.bistrotheque.com；23-27 Wadeson St E2，⏰ 周一至周六晚餐，周日 午餐和晚餐；⊖ Bethnal Green)在2006年张扬了一番，它在Truman酿酒厂开办了一家仅在圣诞节营业的临时餐馆，将"游击餐"带到伦敦。但是，在这个风靡一时的地方，食物的名声却相当混杂(即使在Lonely Planet公司内部也是如此)。如果你是为了鸡尾酒和歌舞表演去这个东区仓库改建成的地方，会更保险一点。可以享受这里美味、名字奇特的饮料，如Camp Harry(用堪培利开胃酒调的)和Hard柠檬水(Hard Lemonade)，或是观赏歌舞名星的演出，如Puppini Sisters，Tranny Lip-Synching和偶尔的同性恋宾果游戏。

FIFTEEN 意大利风味　££-££££

☎ 0871 330 1515；www.fifteenrestaurant.com；15 Westland Pl；⏰ 早餐，午餐和晚餐；⊖ Old St

英国的年轻人曾愚蠢地怀疑杰米·奥利弗(Jamie Oliver)健康的学校晚餐，但在他的餐馆，说服客人们就餐从来不是一个问题，人们得与一个忙得一塌糊涂的电话系统搏斗半天，才能预订得上。最好的解决之道是试试那个更休闲、更便宜的饮食店，它有部分座位留着给没有

🍴 GIRAFFE
现代国际风味 ££

☎ 3116 2000；www.giraffe.net；1 Crispin Pl E1；🕐 周一至周五 8am~11pm，周六和周日 9am~10:30pm；⊖ Liverpool St

不要因为它是一家连锁店就不屑一顾；它的"世界食品"如汉堡，粗炸薯条，沙拉三明治，沙拉卷(salad wrap)，墨西哥玉米煎饼，炒菜和混合饮料(特别是 Giddy Giraffe)等等都新鲜可口，而且素食者在这里也比隔壁的 Canteen(见 129 页)有更多的选择。Giraffe 的工作人员有时在有空桌的时候也让客人排队，但也别被这个给蒙蔽了。

致鸡尾酒爱好者

想来一杯 mojito? 千万别！至少，这是伦敦顶级酒吧招待的呼吁，他们说自己对调制这种现在四处泛滥的鸡尾酒已经烦透了。另外，如果你愿意尝试新奇的混合饮料，试试下面的任何一家：

> Annexe 3 (见67页)
> Blue Bar (见107页框内文字)
> Hawksmoor (见134页)
> LAB (见58页)
> Loungelover (见134页)

🍴 LES TROIS GARÇONS
法国风味 £££-££££

☎ 7613 1924；1 Club Row E1；🕐 周一至周六晚餐；⊖ Liverpool St

挤满了戴王冠的动物模型，吊着的坤包，还有一只美洲鳄鱼站着，拿个权杖。这里既是一个餐馆也是一个舞台。所以幸运的是，你通常会太专注于周围的环境，而不会注意到这里过于繁复的法式菜肴只是勉强配得上它们的价格。

🍴 NEW TAYYAB
印度风味 £-££

☎ 7247 9543；83 Fieldgate St E1；🕐 晚餐；⊖ Whitechapel

是伦敦最好的印度餐馆之一，这家热闹的旁遮普餐馆擅长于 seekh 烤羊肉串，masala 鱼和其他嗞嗞作响的美味铁钵菜。最适合于肉食者，素食者也许会发现 karahi 小锅菜有点太油。须自带酒。

🍴 PRINCESS
餐吧 ££

☎ 7729 9270；76 Paul St EC2；🕐 周一至周五午餐和晚餐，周六晚餐；⊖ Old St

这是一家漂亮美味的餐吧，楼上有餐厅，组合了奇特的旋涡状花卉壁纸和巴厘式座椅。菜谱体现了地中海和少许东南亚影响，餐后甜点有可爱的蛋白霜派(meringues)。

服务倾向于"松懈",所以要给自己留足够的时间来享受。

酒吧

BIG CHILL BAR

☎ 7392 9180;www.bigchill.net;Truman Brewery, Dray Walk E1;⏰ 周一至周五 中午~午夜,周五和周六到1am,周日11am~11pm;⊖ Old St

这间有 DJ 的酒吧也是一个通宵玩乐后放松的好地方,它的食物,低矮的沙发,枝形吊灯和一两个动物雕饰都旨在营造一种像 Big Chill 节那样的半成长气氛。

DRAGON BAR

☎ 7490 7110;5 Leonard St N1;⏰ 周日和周一 中午~11pm,周二和周三 到午夜,周四到1am,周五和周六到2am;⊖ Old St

以放浪形骸,喜怒无常(与过分矫情截然不同)的 Hoxton 方式,

HACKNEY 和 BETHNAL GREEN

当2006年放映的一个电视节目把Hackney称为"英国最差居住地"时,招来了当地人强烈的抗议,他们开始佩戴"我爱Hackney"的徽章以示反击。实际上,这个地方已经开始吸引有身份的人。Hackney正崭露头角——特别是当耐克偷了这个区的标识——虽然它仍是一个相对城市化而杂乱粗放的区域,邻近的Shoreditch房价上涨意味着时尚的购房者、餐馆、商店和俱乐部将转移到这里。它不是每个短期访问伦敦的游客必去的地方,它对于那些比大众稍超前一些的人有吸引力,基于一些原因,包括下列在内。

百老汇市场 (www.broadwaymarket.co.uk;Broadway Market E8;⏰ 周六;⊖ Bethnal Green, ⑱ London Fields) 伦敦最好的新兴市场,食品摊出售奶酪、小精灵松糕(fairy cakes)和印度食品,还有布摊、餐馆、酒馆和街边有趣的专卖店。

Bethnal Green儿童博物馆(Bethnal Green Museum of Childhood;☎ 8980 2415;www.vam.ac.uk/moc;Cambridge Heath & Old Ford Rds E2;⏰ 10am~5:45pm;⊖ Bethnal Green)相当精美的玩具收藏,涵盖不同的年代,2006年下半年重新装修后再度对外开放。

Burberry工厂点 (☎ 8985 3344;29-53 Chatham Pl E9;⏰ 周一至周五11am~6pm,周六10am~5pm,周日11am~5pm;⊖ Bethnal Green) 这个"CHAV请勿入"的英国名牌,以折扣价出售样品、二等品或上一季产品。

Primark (☎ 8985 2689;www.primark.co.uk;365-371 Mare St E8;⏰ 周一至周五9am~6pm,周日10am~4pm;⊖ Hackney Central) 销售紧俏的带圆点的夏季服装和便宜的羊绒开襟衫,为这个折扣服装连锁店赢得了外号"Primani"。查询网站可找到更多分店。

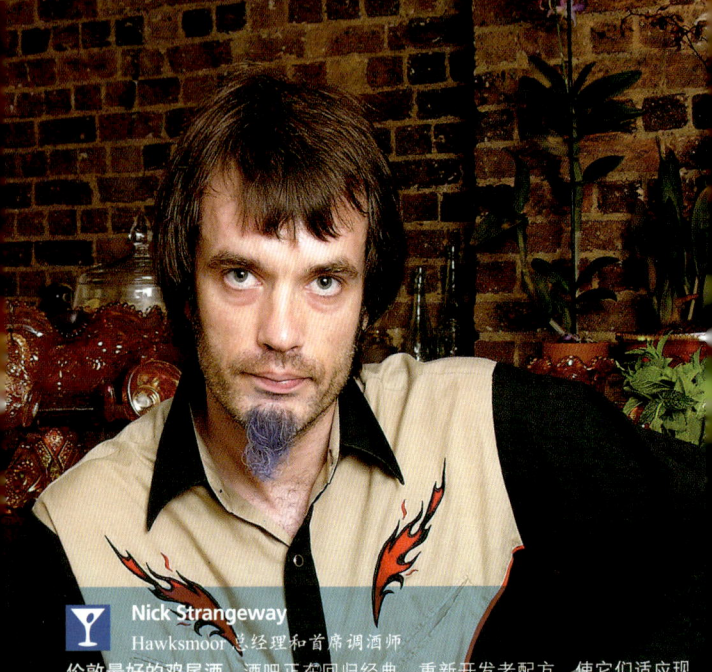

Nick Strangeway
Hawksmoor 总经理和首席调酒师

伦敦最好的鸡尾酒：酒吧正在回归经典，重新开发老配方，使它们适应现代口味。没有真正意义上的"伦敦饮料"但酒吧大师Dick Bradsell美妙的Bramble(杜松子酒加酸橙或柠檬汁，覆上crème de mure和黑莓)列在很多酒吧的酒单上。**点什么鸡尾酒**：如果在一间以前未曾去过的酒吧，我会锁定经典的鸡尾酒，如马提尼，曼哈顿，弄清我是否喜欢它(例如马提尼的口感是干或湿，曼哈顿的口感是干、好或是甜)，也许会建议来一种烈酒。**作为顾客的伦敦人**：他们越来越明白自己在喝什么，作为他们对食物和酒更广泛了解的一部分。酒吧的情况是伦敦新的、充满活力的世界级餐馆的自然延伸。**应该为伦敦好的老酒馆感到担忧吗？** 希望不，我与其他人一样很享受来一品脱好酒，特别是在斯皮特菲兹的**Golden Heart**(见右页)或索霍区的**French House** (见48页地图，D4；☎ 7437 2477；49 Dean St W1)。我的确担心，当地的酒店会被四处泛滥的木地板的、供应很一般的地中海式食品的餐吧取代！

酒吧 > HOXTON、SHOREDITCH 和斯皮特菲兹

Dragon Bar 显得超级酷，这里有全裸露的砖、中式灯笼和天鹅绒窗帘，充满了嘲讽式的怀旧格调。找标记要向下看，它在楼梯上。另外，注意"穿正装请勿入"（No suits, please) 的告示。

DREAMBAGSJAGUAR-SHOES
☎ 7729 5830；34-36 Kingsland Rd E2；⏱ 5pm～1am；⊖ Old St

它是一个绝佳的晴雨表，反映出最近 Hoxton 流行的难看的 20 世纪 80 年代点和条时装，更重要的是体现了最新的杂乱、斜剪、染色的发式。这家简陋而巧妙的酒吧以此处地址先前的两家商店的名字来命名。楼下的涂鸦墙也可一看。

FAVELA CHIC
☎ 7613 5228；www.favelachic.com；91 Great Eastern St E N1；⏱ 周二至周日 6pm起；⊖ Old St

较之其斜对面的 Foundary 更具有自我意识，也更擅长于彰显自我个性，这里的贫民窟主题也令一些人吃惊。但如果您爱好一切巴西的东西，你也许能原谅这里店员怠慢的态度以及它少许的落伍。这是一个在广告上到处可见的商店。

FOUNDRY
☎ 7739 6900；www.foundry.tv；84-6 Great Eastern St EC2；⏱ 周二至周日 4:30～11pm，周六和周日 2:30pm起；⊖ Old St

这间怪异的 Foundry 真的是不在乎自己是否时髦，它成功地做到了一点也不时尚，同时被所有的人欢迎。摇摇欲坠的家具，凑合的吧台，被涂鸦的卫生间，廉价啤酒和艺术界的"活动"令人回想起东欧的非法蹲式酒吧，或者纽约的肉库区。

GEORGE & DRAGON
☎ 7012 1100；2 Hackney Rd E2；⏱ 5～11pm；⊖ Old St

是一个同性恋酒吧，有大群拥趸，也许是由于在这里上层人士和下层人士聚合的方式。漂亮的职员，二流名星，时尚人士和当地居民为了 DJ，欢快和享乐的气氛来到这里。周末的夜晚非常喧闹。平时相对安静一点。

GOLDEN HEART（金心）
☎ 7247 2158；110 Commercial St E1；⊖ Liverpool St

这家"英国艺术"酒吧是青年艺术家特雷西·埃民 (Tracey Emin) 和查普曼兄弟 (Chapman Bros) 经常光顾的地方，以迷人独特的老板娘 Sandra 而闻名。可惜，在晴朗的市

HOXTON、SHOREDITCH 和斯皮特菲兹 < 酒吧

场营业的日子里最不宜去那里,那时所有的椅子都被拖到人行道上。在其他时间,珠帘和结实的木椅营造出舒适的家居感觉。

🍸 HAWKSMOOR

☎ 7247 7392;157 Commercial St E1; ⏲ 周一至周六 6pm~1am; ⊖ Liverpool St

在这里,独特质感和口感绝佳的鸡尾酒被详细生动地加以描述,由伦敦最好的调酒师之一调制,配上有趣酒杯。在一个美好的夜晚,你还能再要求什么呢?噢,这里的牛排也相当有名。

🍸 LOUNGELOVER

☎ 7012 1234;1 Whitby St E1; ⏲ 6pm~午夜,周五周六至 1am; ⊖ Liverpool St

Loungelover 闪亮的外观与其姐妹店 Les Trois Garçons(见130页)如出一辙,是一种破商店翻建后的风格。时尚的 Loungelover 是伦敦最早的极多主义(maximalist)装饰风格的酒吧,而且迄今仍是最好的一家。这里的枝形吊灯、古董、街灯和舒适的长沙发浑然一体,与外面破败的街道仅几秒钟之遥。

🍸 TEN BELLS

☎ 7366 1721;84 Commercial St E1; ⏲ 11am~午夜,周四至周六至 1am; ⊖ Liverpool St

带着令人喜欢的陈旧历史气息、壁纸和瓷砖,这家 Jack the Ripper 酒吧在禁止接待旅游团之后已成为时尚的斯皮特菲兹当地人的天下。

🍸 VIBE BAR

☎ 7377 2899;Truman Brewery, 91-95 Brick Lane E1; ⏲ 11am~11:30pm,周五周六至 1am; ⊖ Liverpool St

这家有年头的酒吧—俱乐部有一套令人舒适的常规,在温暖的季节里,最好的是在灯光如梦幻般的

炫目卡巴莱歌舞

很搞笑,为什么一个叫Bethnal Green工人俱乐部(Bethnal Green Working Men's Club)这种老式名字、看上去像学校礼堂的地方会变成伦敦最热门的俱乐部。其实债务是最根本的原因。如同这个国家里许多工人俱乐部一样,它建立于维多利亚时代,恰如其名是一个工人阶级聚会的地方——Bethnal Green 的会员人数下降,欠了酿酒厂约 £4万。于是来了一个叫Warren Dent的人推广俱乐部,提出搞歌舞表演的解决之道。原来的会员并没被踢走;他们在地下室聚会。

娱乐 > HOXTON、SHOREDITCH 和斯皮特菲兹

庭院里的烧烤和食摊。或是在晚间的其他安排之前，早一点在酒吧享受几杯（那儿有游戏机和电脑）。

⭐ 娱乐

⭐ 93 FEET EAST

☎ 7247 3293；www.93feeteast.co.uk；150 Brick Lane E2；酒吧 11am～11pm，周五和周六 至 2am，俱乐部 周四至周六 8pm～2am；⊖ Liverpool St 或 Aldgate East

93 Feet East 可能是 Shoreditch 最火的俱乐部，上演着一些顶级的音乐之夜，还是每月摇滚电影院 (www.myspace.com/rocknrollcinema) 的固定基地。这个地方本身也很吸引人：这里有个庭院，三个大房间，挤满了典型的东伦敦时尚人物，还有一个室外平台。

⭐ 333

☎ 7739 5949；www.333mother.com；333 Old St EC1；周三和周四 8pm～午夜，周五和周六 10pm～5am，周日 10pm～4am；⊖ Old St

它曾是 Shoreditch 名列前茅的剧院，但如今观众人数下降了，也少有等候的长队。不过这个三层楼建筑的内饰依旧绝对实惠，各种音乐应有尽有，从鼓和贝斯到电声音乐、吉他音乐、新浪潮音乐和 techno 音乐，这里甚至有"波兰之夜"。

⭐ BETHNAL GREEN WORKING MEN'S CLUB

☎ 7739 2727；www.workersplaytime.net；42 Pollard Row E2；周二至周六 8pm～2am，周日 7pm～午夜，茶舞通常从 4pm 开始；⊖ Bethnal Green

伦敦当红的俱乐部，红心形的灯光照在舞台上，有 20 世纪 50 年代的茶舞表演（姑娘们穿着旱冰鞋，围绕着摆满蛋糕的长台上茶），lounge-meisters，Karminsky Experience、歌舞晚会 Toot-Sweet、哥特地狱之火俱乐部 (the Goth Hellfire Club)、Dolly Parton 之夜等等。虽然歌舞团声称这些表演中包含着许多滑稽戏，但实际上你并不会发现多少。

⭐ CARGO

☎ 7739 3440；www.cargo-london.com；83 Rivington St EC2；周一至周四 中午～1am，周五 中午～3am，周六 6pm～3am，周日 中午～午夜；⊖ Old St

在铁路的砖拱门下，分散在三个不同的地方，Cargo 以它富有想象力的音乐规则而闻名。它滚动播放着不同的音乐，包括 house、新爵士 (nu-jazz)、funk、灵魂音乐 (groove and soul)，这里有 DJ 和来自世界各地的乐队（主要是拉丁）、新兴乐队，以及他们的示范唱片和一些少见的灵魂音乐。

南岸 (SOUTH BANK)

没有其他地方比南岸更能代表近年来伦敦的革新。在近十年间，它从稍显破旧的腹地变为整洁、高效、令人惊叹的中间地带。两个21世纪伦敦主要地标就建在这里。伦敦眼矗立在与威斯敏斯特新哥特式议会大厦隔河相望的地方，废弃的Bankside发电站改建为泰特现代艺术馆。

新伦敦和老伦敦在这里对峙，两者都是赢家。如果你沿着女王登基50周年纪念人行道(Silver Jubilee Walkway)和泰晤士小路(Thames Path)走在泰晤士河南岸，你会站在欣赏他们的中心位置。在20世纪90年代末，名厨杰米·奥利弗(Jamie Oliver)决定到伯罗市场采购还被视为前卫，现在这个市场已成为城里最热门的。新的餐馆、酒吧、办公室和公寓楼如雨后春笋般涌现，这个地区还会变得越来越好。

SOUTH BANK

★ 景点
- BFI Southbank BFI南岸 ...... (见 38)
- City Hall市政厅 **1** G2
- County Hall市议会厅 **2** B3
- Design Museum 设计博物馆 **3** H3
- 时装和纺织博物馆 **4** G3
- Hayward画廊 **5** B2
- 帝国战争博物馆 **6** C4
- 伦敦眼 **7** B3
- 千年桥 **8** D1
- 老手术室博物馆和草药室 **9** F2
- RIB 伦敦游船公司 **10** A3
- 莎士比亚环球剧院 **11** E2
- 泰特现代艺术馆 **12** D2

🛍 购物
- 伯罗市场 **13** F2
- Cockfighter of Bermondsey **14** G3
- Konditor & Cook **15** E2
- Oxo大厦 **16** C1

🍴 就餐
- Anchor & Hope **17** C3
- Baltic **18** D3
- Bermondsey Kitchen **19** G4
- BluePrint Café ...... (见 3)
- Champor-Champor **20** F3
- Garrison **21** G3
- Roast ...... (见 13)
- Table **22** D2
- Tapas Brindisa **23** F2
- Tas Borough **24** E2
- Tas Ev **25** C2
- Tas Pide **26** E2
- Village East **27** G3

🍷 酒吧
- George Inn **28** F2

- King's Arms **29** C2
- Laughing Gravy **30** D3
- Monmouth Coffee Company **31** E2
- Wine Wharf **32** E2

★ 娱乐
- Crash **33** A6
- Ministry of Sound **34** D4
- 国家电影剧院 (National Film Theatre) ...... (见 37)
- 国家剧院 (National Theatre) **35** B2
- Old Vic剧院 **36** C3
- 莎士比亚环球剧院 ...... (见 11)
- 南岸中心(South Bank Centre) **37** B2
- Young Vic剧院 **38** C3

查看地图请翻页

景点 > 南岸

景点

BFI 南岸 (BFI SOUTHBANK)
☎ 7928 3232；www.bfi.org.uk；South Bank SE1；Mediatheque 和画廊入门免费；⏲ 11am～11pm，Mediatheque 11am～9pm，最后一场8:15pm；⊖ Waterloo或Embankment

2007年2月左右对外开放，BFI南岸不仅包括国家电影剧院的电影院(见148页)，一个商店和酒吧，也有一个"Mediatheque"，你在那里可以看到历史上著名的及其他英国电影片断，还有一个美术馆，展示当代视觉和电影艺术。

市政厅 (CITY HALL)
☎ 7983 4100；www.london.gov.uk；The Queen's Walk SE1；入门免费；⏲ 周一至周五 8am～8pm，此外周末偶尔开放；⊖ Tower Hill 或 London Bridge

设计伦敦市政厅的建筑师诺曼·福斯特(Norman Foster)爵士曾建造著名的柏林国会大厦(Bundestag)穹顶。他甚至在这个球形玻璃建筑里也建了螺旋状走道。它到底是像摇晃的巨蛋，还是像宇航员头盔上的一个球？全由你说了。不过这里定期向公众开放的部分并不怎么有趣，走道和顶层的观景廊偶尔在周末开放(请查网站)。

南岸重建
建于20世纪50年代至70年代间，滑铁卢(Waterloo)附近的南岸艺术中心建筑群一直被视为水泥野兽派艺术最具代表性的典型。对大多数伦敦人而言它从来没什么吸引力，但自2003年翻建以来，它的外观变得柔和了一些。

首先新的BFI中心即将建成。然后皇家节日大厅(Royal Festival Hall)将在2007年中揭幕，它是1951年用石灰石修建的，是这座建筑里最不让人讨厌的一个。在这之后，美化景观及其他工作也将继续，以改善这里的功能。

市议会厅 (COUNTY HALL)
Westminster Bridge Rd SE1；⊖ Waterloo 或 Westminster

这座有曲线优雅的外立面和廊柱的华美建筑是老市政厅。1986年玛格丽特·撒切尔夫人临时废除伦敦地方政府之前，这里是大伦敦议会所在地，(2000年地方政府得以恢复)现在市议会里有两家旅馆，几个餐馆，还有千万不要错过的伦敦水族馆和达利体验展览。

设计博物馆 (DESIGN MUSEUM)
☎ 7940 8790；www.designmuseum.org；28 Shad Thames SE1；门票价格不等；⏲ 周六至周四 10am～5:45pm，

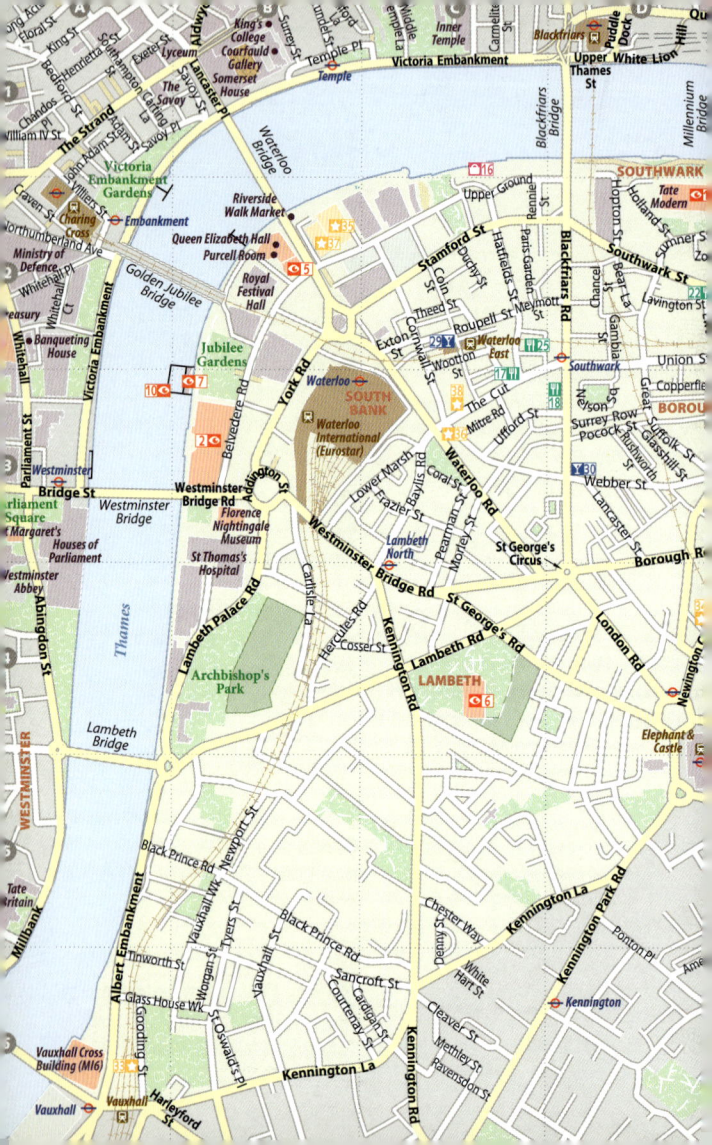

Map: South Bank / Lambeth / Southwark, London

Grid references and labels

Row 1 (top)
- A: Aldwych, Floral St, Henrietta St, Exeter St, Lyceum, Chandos Pl, Southampton St, William IV St, The Strand, John Adam St, Savoy St, Lancaster Pl
- B: King's College, Courtauld Gallery, Somerset House, Temple Pl, Temple, Victoria Embankment
- C: Middle Temple, Inner Temple, Carmelite St, Blackfriars, Upper Thames St
- D: Puddle Dock, White Lion St, Qu...

Streets and landmarks
- Victoria Embankment Gardens
- Charing Cross ⊖
- Embankment ⊖
- Ministry of Defence
- Whitehall Pl
- Craven St
- Northumberland Ave
- Riverside Walk Market
- Queen Elizabeth Hall, Purcell Room
- Royal Festival Hall
- Golden Jubilee Bridge
- Waterloo Bridge
- Upper Ground
- SOUTHWARK
- Tate Modern
- Holland St
- Hopton St
- Sumner St
- Southwark St
- Stamford St
- Duchy St
- Hatfields
- Paris Garden
- Rennie St
- Blackfriars Bridge
- Blackfriars Rd
- Chancel St
- Gambia St
- Lavington St
- Coin St
- Theed St
- Cornwall Rd
- Roupell St
- Meymott St
- Exton St
- Wootton St
- Waterloo East ⊖
- Southwark ⊖
- Union St
- Copperfie...
- BOROU...
- Jubilee Gardens
- York Rd
- Addington St
- Belvedere Rd
- Waterloo ⊖
- SOUTH BANK
- Waterloo International (Eurostar)
- The Cut
- Mitre Rd
- Ufford St
- Surrey Row
- Pocock St
- Suffolk St
- Glasshill St
- Rushworth St
- Banqueting House
- Whitehall
- Treasury
- Parliament St
- Westminster ⊖
- Bridge St
- Westminster Bridge
- Westminster Bridge Rd
- Florence Nightingale Museum
- St Thomas's Hospital
- Lower Marsh
- Frazier St
- Baylis Rd
- Coral St
- Pearman St
- Morley St
- Lambeth North ⊖
- Waterloo Rd
- St George's Circus
- Borough Rd
- London Rd
- Parliament Square
- St Margaret's
- Houses of Parliament
- Westminster Abbey
- Abingdon St
- Lambeth Palace Rd
- Carlisle La
- Hercules Rd
- Cosser St
- Kennington Rd
- Lambeth Rd
- St George's Rd
- LAMBETH
- Newington ⊖
- Elephant & Castle ⊖
- Thames
- Lambeth Bridge
- Archbishop's Park
- Tate Britain
- Millbank
- Black Prince Rd
- Newport St
- Tyers St
- Tinworth St
- Morgan...
- St Oswald's Pl
- Glass House Wk
- Goding...
- Sancroft St
- Courtenay St
- Cardigan St
- Chester Way
- White Hart La
- Cleaver St
- Methley St
- Ravensdon St
- Kennington La
- Kennington Park Rd
- Ponton Pl
- Kennington ⊖
- WESTMINSTER
- Vauxhall Cross Building (MI6)
- Vauxhall ⊖
- Harleyford Rd
- Albert Embankment

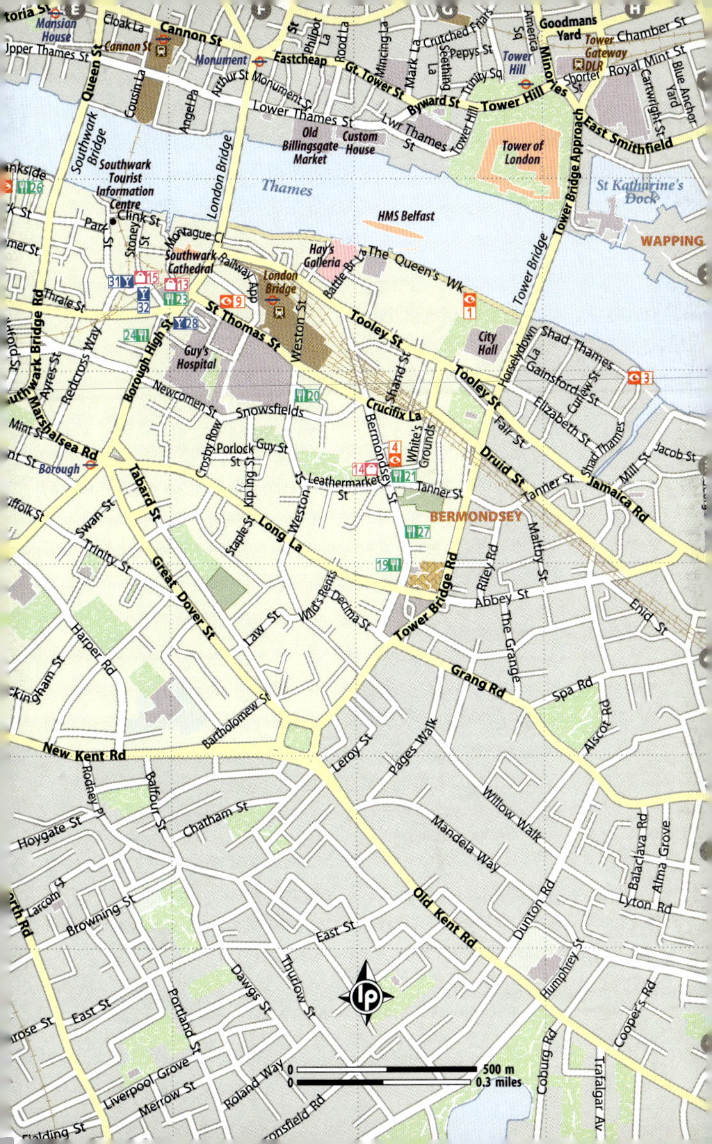

Mansion House
Cannon St
Monument
Eastcheap
Tower Hill
Tower Gateway DLR
Goodmans Yard
Southwark Tourist Information Centre
Thames
Old Billingsgate Market
Custom House
HMS Belfast
Tower of London
St Katharine's Dock
WAPPING
Southwark Cathedral
Hay's Galleria
London Bridge
The Queen's Wk
Tooley St
City Hall
Guy's Hospital
St Thomas St
Borough High St
Borough
Bermondsey St
BERMONDSEY
Tower Bridge Rd
Long La
Great Dover St
New Kent Rd
Old Kent Rd
Grang Rd
Jamaica Rd
Druid St
Mandela Way
Willow Walk
0 500 m
0 0.3 miles

最晚入门时间5:15pm；⊖ Tower Hill或London Bridge

在这座简约的白色建筑里，你会发现有趣的临时展览，为"设计"一词做出了广泛的注解。这个设计博物馆的大商店也是永久性的，有精美的关于设计和建筑的"咖啡桌书籍"，还有其他一些对设计敏感的热爱家居的人士所向往和需要的东西。

HAYWARD 画廊 (HAYWARD GALLERY)

☎ 咨询 7960 5226，订票0870 169 1000；www.hayward.org.uk；Belvedere Rd SE1；成人/学生/老人 £9/5/6，但价格有可能变化，周一半价；🕙 10am~6pm，周二和周三到8pm，周五到9pm；⊖ Waterloo

虽然几年前增加了一个新的大厅，这里仍是构成南岸中心（见149页）那一组石头水泥庞然大物里最丑的一个。尽管如此，宽敞的内部空间为当代艺术展览项目（见清单）留出了很大的展出空间——证明粗陋的现代主义至少还是有点好处的。

帝国战争博物馆 (IMPERIAL WAR MUSEUM)

☎ 7416 5320，09001 600140；www.iwm.org.uk；Lambeth Rd SE1；入门免费；🕙 10am~6pm；⊖ Lambeth North 或 Waterloo

即使是坚定的和平主义者也会欣赏帝国战争博物馆。这是因为，除了世界闻名的飞机、坦克和其他军事装备等收藏品，它也提供关于现代史的生动教程。精华包括仿建的一战时期的战壕和炸弹掩体，以及大屠杀展览。

伦敦眼 (LONDON EYE)

☎ 0870 500 0600；www.londoneye.com；Jubilee Gardens SE1；成人/儿童/老人 每次 £13/6.50/10，发现之旅每次 £15/7.50/11；🕙 10am~8pm，6月至9月到9pm，1月关闭；⊖ Waterloo

有人曾认为它会被拆除，但从那之后好几年它仍然广受欢迎。这个世界上最大的摩天轮将带你展开30分钟的轻松旅程，俯瞰伦敦。通常不设导游，但如果能弄清楚你看到的是什么，还是会感觉有很大不同，所以至少在登上伦敦眼之前拿上一本舱内迷你指南（£4.50）。发现之旅（Discovery Flights）设有导游，但水准似乎相差很大。最后，不要提前太早预订，以防天气变化。

千年桥 (MILLENNIUM BRIDGE)

Bankside SE1；⊖ Southwark, Mansion House或St Paul's

注定将永远以"摇摇欲坠"而闻名的桥，虽然这些年来它相当稳固，千年桥已成为21世纪伦敦天际

景点 > 南岸

飞驶在泰晤士河上

传统上,游览泰晤士河是上流社会的活动,船以每小时7至8海里的速度顺流而下。但在传统的带导游讲解的游览到达金丝雀码头(Canary Wharf)后,RIB London Voyages(☎ 7928 2350;www.londonribvoyages;伦敦眼,滑铁卢千禧码头,Westminster Bridge Rd SE1;成人/儿童 £26/16;☼ 全年营业11:15am～4:15pm每小时一班)提供的新服务,是以每小时30到35海里的速度逆流而上。那些结实的气垫船是探险爱好者的最佳选择,让他们有詹姆斯·邦德在泰晤士河上的感觉。其他经营者见223页。

室,比起附近的没什么意思的伦敦地牢(London Dungeon)更令人发自内心地恐惧。看一眼切除胆囊的器具,和维多利亚时代使用木制手术台,或请服务员讲解什么是快速手术——在不到一分钟的时间内,不用杀菌剂或麻醉剂,医生们切下患者的肢体。你将再不会抱怨自己的医生了!(注意这家博物馆只能从一个陡峭的螺旋状楼梯下去)。

莎士比亚环球剧场
(SHAKESPEARE'S GLOBE)

☎ 7902 1500;www.shakespeares-globe.org;21 New Globe Walk SE1;展览和游览成人/儿童/折扣 /家庭套票 £9/6.50/7.50/25;☼ 5月至9月 9am～5pm,10月至4月10am～5pm,每30分钟一次游览直到中午,午后游览附近的玫瑰剧院;⊖ London Bridge

线中一个相当受人喜爱的部分。现在它一天要承载近万人……不幸的是,当你在桥上的时候,他们似乎全部都在!不要忘了在桥的南端,透过 Perspex 眺望圣保罗大教堂。

这是莎士比亚曾工作过的环球剧院的地道复制品,原剧场于1642年最终关闭。看一场演出是欣赏伊丽莎白时代演员和观众间互动的最好方法,但要是你没有时间或没买到票,这里也有导游讲解的参观和展览。

老手术室博物馆和草药室
(OLD OPERATING THEATRE MUSEUM & HERB GARRET)

☎ 7188 2679;www.thegarret.org.uk;9a St Thomas St SE1;成人/儿童/折扣 /家庭套票 £4.75/2.95/3.95/12.50;☼ 10:30am～5pm;⊖ London Bridge

泰特现代艺术馆
(TATE MODERN)

☎ 录音信息 7887 8008,订票 7887 8888;www.tate.org.uk;Bankside SE1;入门免费,要求捐赠

它并不是这一地区最有吸引力的去处,但它是一块真正的宝石。这个从前维多利亚时代的手术

£3，特殊展览门票价格不等；⌚周日至周四10am~6pm，周五和周六10am~10pm；⊖ Southwark

世界上最成功的当代艺术馆不仅是与艺术有关，更与建筑、位置和风景有关。(见12页)所以它永久展品的重新调整是一个令人惊喜的奖励，而不是在新的扩建计划之前一个关键的新发明。而且最近它有一些精彩的临时展览。

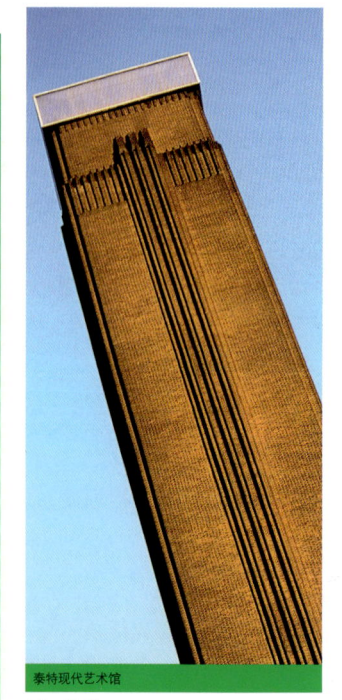

泰特轮船服务(Tate boat service)每40分钟有船去泰特现代艺术馆(£4.30，旅行卡[Travelcard]持有者£2.85)。

购物

伯罗市场 (BOROUGH MARKET)
☎ 7407 1002；www.boroughmarket.org.uk；Borough High St SE1；⌚周四11am~5pm，周五 中午~6pm，周六9am~4pm；⊖ London Bridge

在忽然对吃产生强烈兴趣的那些伦敦人中间，伯罗市场正受追捧。人流在销售新鲜食品和特制外卖食品的摊位间涌动，让这个"伦敦的食品库"成为一个令人兴奋的社会学的、视觉、嗅觉和味觉的体验。同时，一批食品店也扩展到周边的街区。周六挤得要命，但这个市场在周五和周四也开放。

KONDITOR & COOK
☎ 7407 5100；www.konditorandcook.com；10 Stoney St SE1；⌚周一至周五 7:30am~6pm，周六 8am~2:30pm；⊖ London Bridge

不会有很多地方能让我们愉快地为一个小精灵松糕付 £2.75——只是在给自己特殊款待的时候——这家面包店的糕点吃起来和看上去就

泰特现代艺术馆

就餐 > 南岸

伯罗市场

有那么好。这里有挂着晶亮糖霜的姜饼小人、甜馅饼、当季的德国果子甜面包和果料馅饼等等。

OXO 大厦

☎ 7401 2255；www.oxotower.co.uk；Bargehouse St SE1；⊖ Southwark, London Bridge 或 Blackfriars

竖着排列在楼体上的霓虹灯显示着它的名字 O-X-O，这个装饰派艺术风格的建筑看上去很醒目。但，它最吸引人的并不是八楼索价过高的餐馆，或是观景平台，而是里面的小专卖店。例如 Bodo Sperlein 里有趣的高档瓷器，Black+Blum 里奇妙的家居用品，还有很多地方可逛，包括一个小的画廊。

就餐

别忘了体验 Bermondsey 的餐吧和餐馆（见 148 页框内文字）

ANCHOR & HOPE（锚和希望）
餐吧 ££

☎ 7928 9898；The Cut SE1；周二至周六 午餐，周一至周六 晚餐；⊖ Southwark

一个获奖餐吧，肯定会让食肉者高兴，但也许会吓坏素食者，Anchor & Hope 擅长怪异的菜肴，如蜗牛，粉红羊脖子，猪心和鸽子。不需事先预订，要么早点来或是很晚来。还可以在附近的酒吧里坐等。

南岸 < 就餐

🍽 BALTIC
波兰 / 东欧风味　　　　　££-££££

☎ 7928 1111；74 Blackfriars Rd SE1；
🕒 周一至周六 午餐和晚餐，周日晚餐；
🚇 Southwark

这个时尚闪亮的酒吧，装饰着琥珀和伏特加，吸引了很多下班后来豪饮的人，后面天花板高高的饭店供应极好的菜肴，主要是波兰式的，有很棒的俄式薄煎饼(blini)、鲱鱼(herrings)、洋水饺(pierogi)和鱼子酱(caviar)、黑布丁(black pudding)和熏鳗鱼(smoked eel)。

🍽 BLUEPRINT CAFÉ
国际风味　　　　　£££-££££

☎ 7378 7031；Design Museum, Butler's Wharf SE1；🕒 每日 午餐，周一至周六晚餐；🚇 Tower Hill

在这一带，要眺望景色宜人的"小黄瓜"以及塔桥，没有其他地方比 BluePrint 咖啡馆更好了，加上每张桌子都配备的蓝色小望远镜，效果更佳。这里的菜有一点也不差，还有一些不寻常的品种如荨麻汤(nettle soup)，但价格无疑被特有的景观给抬高了。

🍽 ROAST　英国风味　£££-££££

☎ 7940 1300；www.roast-restaurant.com；1st fl, Borough Market, Borough High St SE1；🕒 周一至周六 早餐，午餐和晚餐，周日午餐；🚇 London Bridge

在伯罗市场上方钢筋玻璃的大楼里，能看到圣保罗大教堂，Roast 有种美妙的气氛，尤其是在夜里。食物能挑出点小问题，虽然它仅针对

最棒的伦敦歌曲

与伦敦有关的歌曲可以列出很长的单子。而且任何单子都会极端主观，但建议你在游览这座首都时，将这里的一些歌放进iPod。

> 《意大利酒吧》(Bar Italia)，Pulp
> 《午夜地铁站》(Down in the Tube Station at Midnight)，The Jam
> 《布里克斯顿的枪》(Guns of Brixton)，The Clash
> 《我不想去切尔西》(I Don't Want to Go to Chelsea)，Elvis Costello
> LDN, Lily Allen
> 《伦敦属于我》(London Belongs to Me)，St Etienne
> 《伦敦来的电话》(London Calling)，The Clash
> 《伦敦依旧》(London Still)，The Waifs
> 《一英里尽头》(Mile End)，Pulp
> 《慌乱在伦敦的街道上》(Panic on the Streets of London)，The Smiths
> 《伦敦塔》(Towers of London)，XTC
> 《交点之上》(Up the Junction)，Squeeze
> 《滑铁卢日落》(Waterloo Sunset)，The Kinks
> 《西区姑娘》(West End Girls)，Pet Shop Boys

相当高端市场的美食，供应烤牛肉(roast beef)、鸡和乳猪(suckling pig)等等，配上时令蔬菜。早餐无可挑剔。

🍴 TABLE 英国风味 £

☎ 7401 2760；83 Southwark St SE1；🕐 周一至周四 8am～6pm，周五至 11pm；⊖ Southwark 或 London Bridge

在游览泰特现代艺术馆前，可以到这个便利的餐厅式的地方找点吃的。虽然你是用河景交换伯罗市场新鲜材料做成的普通菜肴。

🍴 TAPAS BRINDISA
西班牙风味 ££-£££

☎ 7357 8880；www.brindisa.com；18-20 Southwark St SE1；🕐 周一至周四 午餐和晚餐，周五和周六 早餐，午餐和晚餐；⊖ London Bridge

Brindisa 供应正宗的、让人馋涎欲滴的餐前小吃，但价格也有点令人吃惊。不过这里毕竟是伦敦，高质量伴随的是高价格。这里奉行不预订的政策，所以得早一点到(6pm左右)。它的位置在一个角上，居高临下对着繁忙的伯罗市场，欢快的气氛也部分来自那里。

🍴 TAS EV 土耳其风味 ££

☎ 7620 6191；www.tasrestaurant.com；The Arches, 97-99 Isabella St SE1；🕐 周一至周六 午餐和晚餐；

河畔品酒

享受一品脱好酒，同时欣赏泰晤士河景，这种感觉无与伦比。下面几个地方坐落在离伦敦市中心较远的地方。

Grapes (☎ 7987 4396；76 Narrow St E14；🚉 Westferry)
Mayflower (☎ 7237 4088；117 Rotherhithe St SE16；⊖ Rotherhithe)
Prospect of Whitby (☎ 7481 1095；57 Wapping Wall E1；⊖ Wapping)

⊖ Southwark

Tas 小连锁餐馆以它价廉物美的炖菜和烧烤，而不是它的室内装饰闻名。它在一个铁道拱桥下面，灯光幽暗富有情调，还有一些土耳其摆设。**Tas Pide** (☎ 7928 3300；20-22 New Globe Walk SE1；⊖ London Bridge)的特色是低矮的雕花桌椅和土耳其比萨饼，**Tas Waterloo** (☎ 7928 2111；33 The Cut SE1；⊖ Southwark)和 **Tas Borough** (☎ 7403 7200；72 Borough High St SE1；⊖ London Bridge)代表着常见的现代和多样的融合。所有这些店都相当热闹。

🍷 酒吧

沿着滑铁卢路、Cut 和河边，有许多显眼的地方可以喝上一杯，但

南岸 < 酒吧

试试下面这些,会有一点点不同。

GEORGE INN
☎ 7407 2056;Talbot Yard, 77 Borough High St SE1;⊖ London Bridge

虽然是伦敦仅存的带长廊的马车旅店,这个列入世界遗产名录的酒吧却不是游客常去的博物馆类型。低矮天花板、深色木板装饰的颤巍巍的房间,挤满了热情的酒客,有人想象这里就像17世纪这个酒馆刚建成时那样。在夏天,后院也会挤满人。

KING'S ARMS
☎ 7207 0784;25 Roupell St SE1;⊖ Waterloo

当地人从不会期望这样的酒馆出现在一本导游书里(是的,对此很抱歉),这个偏僻的、在冬季很温暖的酒馆很有特色,前部是一个传统的酒吧区,有上好的淡啤酒和苦啤酒。屋后是一个温室,装饰成旧货店风格。

LAUGHING GRAVY
☎ 7721 7055;154 Blackfriars Rd SE1;⊖ Southwark

老广告画、明亮的绘画、盆栽的植物和收藏的大批调料瓶使这个讨人喜欢的地方感觉有点像20世纪40年代的客厅。除了啤酒,这里还有一批很好的葡萄酒或威士忌(甚至还有苏格兰单麦威士忌)。

哥伦比亚路花市中喝 monmouth 咖啡的人(见127页)

娱乐 > 南岸

ⓘ MONMOUTH COFFEE COMPANY

☎ 7645 3585；www.monmouthcoffee.co.uk；2 Park St SE1；⌚ 周一至周六 7:30am～6pm；⊖ London Bridge

这里的咖啡，尤其是它的拿铁(latte)，在伦敦同行中位居榜首，这得益于各种精挑细选、现磨的咖啡豆。原木板装饰的环境并不是特别好看，你还必须得爬上座位，但当咖啡如此美味时谁还会在乎这些呢？位于科文特加登的分店见58页。

ⓘ WINE WHARF

☎ 7940 8335；www.winewharf.co.uk；Stoney St SE1；⊖ London Bridge

这里的巨大收藏会给葡萄酒爱好者留下相当的印象，无论是品尝、畅饮或购买。

娱乐

⭐ CRASH

☎ 7793 9262；www.crashlondon.co.uk；66 Goding St SE11；⌚ 每月第二个周六；⊖ Vauxhall

Vauxhall 大体上是一个新的同性恋聚会处，Crash 有两个节奏强烈的舞厅，四个酒吧甚至还有一些戈戈舞(go-go)演员。

⭐ MINISTRY OF SOUND

☎ 0870 060 0100；www.ministryofsound.com；103 gaunt st se1；⌚ 周三 10pm～3am，周五 10:30pm～6am，周六 午夜～9am；⊖ Elephant & Castle

超过 15 年以来，这里不仅是一家俱乐部，也是一个显赫的全球品牌。现在它不再居于伦敦演艺界的

> **值得往更远的南边去一趟：布里克斯顿**
>
> 不是所有人都愿去布里克斯顿，伦敦混杂但精彩的多元文化区域之一，但如果你乘坐Victoria地铁线往南去，那里有它的三个最佳去处：
>
> **布里克斯顿学院**（Brixton Academy；☎ 7771 2000；www.brixton-academy.co.uk；211 Stockwell Rd SW9；⊖ Brixton）一个阴暗但可爱的前剧院，有很好的视线，能为4000观众举办各式各样演唱会。
>
> **布里克斯顿市场**（Reliance & Granville Arcades, Market Row, Electric Lane & Electric Ave SW9；⌚ 周一 8am～6pm，周二和周四至周六，周三 8am～3pm；⊖ Brixton）非洲、加勒比海和南美洲食品、衣物和饰品的大熔炉。
>
> **Brockwell Park Lido**（☎ 7274 3088；Dulwich Rd SE24；🚉 Herne Hill）Brockwell是设计得非常漂亮的20世纪30年代的建筑，它是伦敦最好的室外游泳池之一。事先打电话咨询一下，它重修后预计在2007年重新开放。

南岸 < 娱乐

前沿，但不管怎么说，它仍有上乘的演出，当红的DJ，一流的音响系统以及一个令人印象深刻的主厅。

⭐ 国家电影剧院
(NATIONAL FILM THEATRE)
☎ 7928 3232；www.bfi.org.uk/nft；South Bank SE1；⊖ Waterloo 或 Embankment

英国的国家电影仓库，无论是邀请导演或明星介绍他们的新片，伦敦电影节期间的首映式（见36页）还是经典影片回放，它都像一块磁石般令众多电影爱好者着迷。

⭐ 国家剧院
(NATIONAL THEATRE)
☎ 7452 3000；www.nationaltheatre.org.uk；South Bank SE1；⊖ Waterloo

Nicholas Hytner 继任艺术总监后，国家剧院的复兴就开始了。观众仍坐满了三个演出大厅——Olivier、Lyttleton 和 Cottesloe，观看Hytner开拓性的古典现代组合。

BERMONDSEY

Bermondsey被视为"新的Hoxton"，因为越来越多的创意产业人士搬到这里的顶楼仓库。但实际上，他们主要围绕着一条街道。从伯罗市场和伦敦桥出发只需5分钟就能到达这里，Bermondsey St SE1带你进入一个完全不同的，更正宗的当地场景。精华如下：**Bermondsey Kitchen** (☎ 7407 5719；194 Bermondsey St SE1；🕒 周一至周六 午餐和晚餐，周日 早午餐；⊖ Borough 或 London Bridge) 很大的开敞式平面布置酒槽，供应丰富多彩的地中海菜肴。**Champor-Champor** (☎ 7403 4600；www.champor-champor.com；62 Weston St SE1；🕒 周一至周六 晚餐；⊖ London Bridge) 这家装饰奇特的高档马来西亚餐馆供应非常美味的融合菜式(fusion food)。是附近我们最喜欢的大快朵颐之处。**Cockfighter of Bermondsey** (☎ 7357 6482；www.cockfighter.co.uk；96 Bermondsey St SE1；🕒 周二至周五 11am～7pm，周六 中午～6pm；⊖ London Bridge) 这间小专卖店里有个性的恤衫，很受DJ和明星的欢迎。**时装和纺织品博物馆** (Fashion & Textile Museum，☎ 7407 8664；www.ftmlondon.org；83 Bermondsey St SE1；⊖ London Bridge) 现在它是Newham学院的一部分，这里有不定期的向公众开放的展览。需提前打电话，最新信息可查询网站或报纸。**Garrison** (☎ 7089 9355；99 Bermondsey St SE1；🕒 早餐，午餐和晚餐，周六和周日加早午餐；⊖ London Bridge) 一家很棒的餐吧，内部饰有老式的绿瓷砖，带点沙滩小屋的风格，新鲜的地中海菜肴。是当地最好的日常餐饮去处。**Village East** (☎ 0870 780 8271；www.villageeast.co.uk；171 Bermondsey St SE1；🕒 午餐和晚餐；⊖ London Bridge) 这是Garrison老板拥有的一间更为时尚的店。正如它的名字所暗示，这里感觉像纽约，这里有许多可口的食物，包括俄式煎饼(blini)、天妇罗蠔(tempura oysters)、鮟鱇鱼(monkfish)和羊肉。

娱乐 > 南岸

⭐ OLD VIC 剧院
☎ 0870 060 6628；www.oldvic-theatre.com，www.theambassadors.com；Waterloo Rd SE1；⊖ Waterloo

好莱坞明星凯文·史派西担任 Old Vic 的艺术总监期间，并未实现外界对他的期望，但潮流似乎在变，有一条经验规则是：不要错过史派西演的有关尤金·奥尼尔（Eugene O'Neill）的任何东西，或 Ian McKellen 男扮女装的圣诞节舞剧。对于其他的，在订票前仔细看看评论吧。

⭐ 莎士比亚环球剧院 (SHAKESPEARE'S GLOBE)
☎ 7401 9919；www.shakespeares-globe.org；21 New Globe Walk SE1；⊖ London Bridge

即使你观看的演出有点"莎士比亚主题公园"的味道，你也永远不会忘记曾站在这个游吟诗人时代的露天环形剧院里。买 £5 的站票，需要你有相当的精力来站上一整晚，因为防火条例禁止人们坐在地上，要是你想试着坐下，引座员会干涉！买了座票的人也应带点软和的东西（夹克，垫子），以防硌得疼。

⭐ SOUTH BANK CENTRE (南岸中心)
☎ 0870 380 4300；Belvedere Rd SE1；⊖ Waterloo

在两年的重修之后，从 2007 年 6 月起，旗舰式的皇家节日大厅又作为主要的音乐会场所重新营业，另外还有小一点的伊丽莎白女王厅和 Purcell 厅。

⭐ YOUNG VIC 剧院
☎ 7928 6363；www.youngvic.org；66 The Cut SE1；⊖ Waterloo

这家时尚的青年舞台剧团在西区一家接一家剧院巡回演出了好几年，赢得一连串成功，现已回到它重新装修好的家。外侧是一个引人注目的、罩着网的外立面，但齐整的内部装修还是令它的演出厅一如既往的拥挤。

格林尼治 (GREENWICH)

格林尼治与海军及王室的联系能上溯到中世纪,与它自称的"村"相比,它相当大。白色的新古典主义风格建筑优美对称地散布在格林尼治公园里,著名的皇家天文台(Royal Observatory)标志着世界时间和经度的本初子午线。

几位传奇式的设计师造就了这一景观。在17世纪初,伊尼哥·琼斯(Inigo Jones)设计了现存的王后行宫,英格兰最早的经典文艺复兴式建筑之一。后来,克里斯托弗·雷恩爵士到来,建造了天文台(1675)和皇家海军医院(Royal Hospital for Seaman, 1692)。

但是,格林尼治有理由为它的乡村氛围而骄傲。从皇家天文台附近的小山顶上,可以远眺道克兰区的摩天大楼,但你会感到远远避开了城市的喧嚣紧张。人们在公园里野餐,或在旧书店、老服装店里淘宝。几个非常值得推荐、俯瞰泰晤士河的餐馆和酒吧,能让你消磨一段惬意的休闲时光。

GREENWICH

景点
- Cutty Sark帆船 1 C5
- 格林尼治步行隧道 2 C5
- Museum in Docklands
  港口区博物馆 3 B1
- 国家海事博物馆 4 D5
- Queen's House王后行宫 5 D5
- Royal Navy College
  皇家海军学院 6 C5
- 皇家海军学院教堂 7 D5
- 皇家海军学院绘画大厅 8 C5
- Royal Observatory
  皇家天文台 9 D6

购物
- Flying Duck Enterprises
  飞鸭公司 10 C5
- Greenwich Market
  格林尼治市场 11 C5
- Joy 12 C5

就餐
- Gun 13 C2
- Inside 14 C6
- Plateau 15 B1
- Royal Teas 16 C5
- SE10 Restaurant & Bar 17 C5

酒吧
- Trafalgar Tavern 18 D5

Map: Poplar / Isle of Dogs / Greenwich

Streets and areas (north to south):
- Narrow St, Westferry DLR, POPLAR, Blackwall DLR
- West India Quay DLR, Poplar DLR
- Cabot Sq, Canary Wharf
- Canary Wharf DLR, Canary Wharf Tower, Heron Quay's DLR
- Rotherhithe St
- Blackwall Basin
- Blackwall Tunnel (New Southbound), Blackwall Tunnel (Old Northbound)
- Millennium Dome
- West India Docks
- Preston Rd — Coldharbour
- South Quay DLR
- North Greenwich
- ISLE OF DOGS
- Millwall Inner Dock, London Arena
- Crossharbour & London Arena DLR
- Eastferry Rd
- Millwall Outer Dock
- Mudchute Park
- Greenland Docks
- Mudchute DLR
- Thames
- Island Gardens DLR
- Manchester Rd, Saunders Ness Rd
- DEPTFORD
- Pelton Rd, Lassell St
- Evelyn Rd
- Old Woolwich Rd, Trafalgar Rd, Maze Hill
- Tourist Information Centre
- Park Row
- Cutty Sark, University of Greenwich
- Thames St, King William Wk, Romney Rd, Park Vista
- Creek Rd, Bardsley La
- Greenwich Park
- Norman Rd, Roan St, Straightsmouth St, GREENWICH
- Tarves Way, Burney St
- Greenwich & Greenwich DLR, Royal Hill
- The Ave
- Greenwich High Rd, Greenwich South St, Circus St, Crooms Hill
- Devonshire Dr, Bissett St, King George St, Hyde Vale
- Greenwich Planetarium (due to reopen spring 2007)
- Deptford Bridge, Point Hill
- Great Cross Ave, Blackheath Ave

Scale: 1 km / 0.5 miles

Numbered markers visible: 3, 15, 13, 2, 18, 6, 17, 1, 8, 7, 10, 11, 12, 4, 5, 14, 16, 9

格林尼治 < 景点

景点

CUTTY SARK 号帆船

☎ 8858 3445；www.cuttysark.org.uk；Cutty Sark Gardens SE10；成人/儿童/学生/家庭 £4/2.75/2.90/10，安全帽之旅 另加£8；🕙 10am～5pm；🚇 Cutty Sark

到2008年10月船上的修复工作完成之前，你都无法像往常那样访问这艘当年运茶叶的快速大帆船。不过你可以通过旁边临时搭的亭子里装的监控电视，窥视修复工作，了解维护技术。只有偶尔安排的、戴安全帽的游览能让人上船去。

格林尼治步行隧道 (GREENWICH FOOT TUNNEL)

Cutty Sark Gardens SE10；🕙 楼梯24小时开放，电梯 周一至周六7am～7pm，周

国家海事博物馆

景点 > 格林尼治

日10am~5:30pm；🚇 Cutty Sark

客观地看，这只是一条建于1902年的行人用的隧道。但由于它穿过了泰晤士河河底，就让人感到特别。脚步的回声有点令人害怕，因为隧道的斜度，在对面行人的脸露出来之前，你会先看到他们的脚。（虽然那里装有监控的闭路电视，那些有幽闭恐惧症倾向的人也许不会喜欢这种经历。）

国家海事博物馆
(NATIONAL MARITIME MUSEUM)

☎ 8312 6565；www.nmm.ac.uk；Romney Rd SE10；入门免费,特殊展览价格不等；🕙 4月至9月10am~6pm, 10月至4月 10am~5pm；🚇 Cutty Sark

即使你对笨重的深海潜水服、传奇色彩的探险家救生艇以及这家最高级博物馆内与科学相关的所有部分不感兴趣，你也可能被镀金的皇家游艇和仿制的豪华远洋巨轮船舱所吸引。最著名的展品是霍雷肖·纳尔逊海军上将(Admiral Horatio Nelson)遭到致命枪击时所穿的军服，与之相伴的是1805年特拉法加海战时他经典战略的电子展示。

经港口到格林尼治

在乘坐地铁或轻轨去格林尼治的途中，值得停下来花些时间看看这个奇特科幻风格的港口。20世纪撒切尔夫人时代，在以前的码头上创建了一个金融区，为金融城的竞争对手，直到现在它才刚刚开始符合最初的规划。Norman Foster爵士设计的流畅的金丝雀码头地铁站是非常经典的，Cesar Pelli设计的244米高的金丝雀码头大厦占据了最高点。这里还有Gun (☎ 7515 5222；www.thegundocklands.com；27 Coldharbour E14；🚇 Blackwall 或Canary Wharf)这间修复过的码头工人酒馆有乔治王式的壁炉以及河边阳台，能近距离看到千年穹顶(the Millennium Dome)。供应现代英国菜肴。

港口区博物馆（Museum in Docklands）(☎ 0870 444 3857；www.museumindocklands.org.uk；Warehouse No 1, West India Quay E14；成人/老人/学生或16岁以下 £5/3/免费；🕙 10am~5:30pm；🚇 West India Quay) 道克兰唯一的正式景点，它主要受孩子们的欢迎。有互动式展览、19世纪街道的仿制品。

Plateau (☎ 7719 7800，34 Westferry Circus E14，🕙 周一至周五 午餐和晚餐,周日 晚餐；🚇 Canary Wharf) 在一间闪亮的芬兰式椅子和玻璃墙装饰的房间里，周围是金丝雀码头公司职员，你可以享受美味的一餐。

在接下来去格林尼治的路上，如果你觉得自己愿意去探险，可以从港口轻轨火车Island Gardens站下车，通过格林尼治步行隧道，从地底走过河。(上面)

格林尼治 < 景点

皇家天文台

🔴 王后行宫
(QUEEN'S HOUSE)

☎ 8858 4422；www.nmm.ac.uk；Romney Rd SE10；入门免费；🕐 9月初至5月 10am~5pm, 6月至9月初 10am~6pm；🚇 Cutty Sark

　　它的郁金香螺旋楼梯是这座帕拉第奥式建筑的标志性特征，从一楼的方形大厅盘旋而上到二楼的老式画廊（这也是一个小景点）。是伊尼哥·琼斯 (Inigo Jones) 少见的存世作品。这所行宫是建筑师从文艺复兴时期的意大利返回英国后，从1616至1635年间建造的。他的最初客户——詹姆斯一世的妻子安妮，从未在此住过。

🔴 皇家海军学院
(ROYAL NAVAL COLLEGE)

☎ 8269 4747, 0800 389 3341；King William Walk SE10；入门免费；🕐 周一至周六 10am~5pm, 周日 12:30-5pm；🚇 Cutty Sark

　　现在主要由格林尼治大学使用，

购物 > 格林尼治

这所学院两个向公众开放的大厅坐落在不同的楼里,建筑师克里斯托弗把它们分开了,以免影响后面王后行宫的视线。西翼洛可可式教堂不如东翼的绘画大厅美观,后者绘满巴洛克式寓言壁画,的确引人入胜。

皇家天文台
(ROYAL OBSERVATORY)

☎ 8312 6565;www.nmm.ac.uk; Greenwich Park SE19;入门免费; 10月至5月 10am~5pm,4月至9月 10am~6pm;Ⓡ Cutty Sark

一只脚站在世界的西半球,另一只在东半球,这就是皇家天文台的廉价兴奋点。但这儿还有一个很有趣的传说,天文台的天文学家们是如何努力精确地测量经度——以促进海上导航——只是输给了意志坚定的钟表匠约翰·哈里森。无论如何,格林尼治于1884年被命名为本初子午线所在地,它的天文学传奇在2007年春天开放的新天文馆里得到纪念。

购物

在格林尼治购物多数与二手货有关——书籍,家居用品和衣物。如果你喜欢怀旧,这里也是最佳去处。在以下这几个列出的地方漫步,你还会遇上更多。

飞鸭公司
(FLYING DUCK ENTERPRISES)

☎ 8858 1964;www.flying-duck.com;320-322 Creek Rd SE10; 周二至周五 11am~6pm,周六和周日 10:30am~6pm;Ⓡ Cutty Sark

这是工艺品的小山洞,两间小屋挤满了老式灯具和各式各样的东西,从雪花球、胶木电话到弗拉德米尔·特德契科夫的异国女子画像,20世纪70年代的鸡尾酒套装——新的和"曾被喜爱过的"东西。

格林尼治市场
(GREENWICH MARKET)

☎ 8293 3110;www.greenwich-market.co.uk;College Approach SE10; 周四 7:30am~5:30pm,周五至周日 9:30am~5:30pm;Ⓡ Cutty Sark

---

夜色中的子午线
(THE MERIDIAN BY NIGHT)

你知道吗,本初子午线并不仅仅是标注在皇家天文台的地面上?还有一条绿色的激光束划破了伦敦的夜空,指明了子午线的路径。激光被两块镜子放大,从天文台穹顶开口处射出,在明朗的夜晚,15公里内都能看到它,即使在北边的Chingford。

这里的工艺品、古董和收藏品都不是惊世之作，也许这不是你跑到格林尼治来应该找的那种市场。但是，当你在这里时，不妨走马观花一番，包括边上的专卖小店。

JOY
☎ 8293 7979；www.joythestore.com；9 Nelson Rd SE10；⏰ 10am~7:30pm；🚇 Cutty Sark

这间"城市生活方式"的大店铺恰如其名；它的确讨人喜欢。虽然它的男女服装都新潮时髦，它漂亮特别的陶器却正与格林尼治的景色相配。

格林尼治市场（见 155 页）

🍴 就餐

在 Cutty Sark 帆船和格林尼治城中心聚集着很多寻常的饭店。但下列几家有点与众不同,它们是当地的风味。

🍴 INSIDE
现代欧洲风味　　　　　　　　£££

☎ 8265 5060;www.insiderestaurant.co.uk;19 Greenwich South St SE10;🕐 周六和周日 早午餐,周三至周日 午餐,周一至周六 晚餐;🚇 Cutty Sark

它不仅是格林尼治最好的饭店;它也是伦敦最好的街区饭店之一,内部装饰简单洗练,供应味道新鲜的现代欧洲菜肴。豌豆薄荷汤 (Pea-and-mint soup) 经历了多次菜单调整,保留至今;烤羊肉配法国山扁豆 (roast lamb with puy lentils),脆猪肚 (crisp pork belly) 或康沃螃蟹配 (Cornish crab with pappardelle) 最为热销。

🍴 皇家茶室
(ROYAL TEAS) 素食　　　　　£

☎ 8691 7240;www.royalteascafe.co.uk;76 Royal Hill SE10;🕐 10am~6pm;🚇 Cutty Sark

美式早餐,上等姜饼配早茶,法式棍面包,汤和炖菜,这一切令这个可爱的小咖啡馆成为日间的完美选择。离开 Cutty Sark 号帆船周围的人群,到这里来吧。

🍴 SE10 RESTAURANT & BAR
现代英国风味　　　　　　　　££

☎ 8858 9764;www.se10restaurant.co.uk;62 Thames St SE10;🕐 周一至周六 午餐和晚餐,周日早餐;🚇 Cutty Sark

这个餐吧旅游者一般不会去,它展现出宜人的折衷情调,黄色的墙,老式鸟绘画,后面餐厅部分白台布上发亮的杯子。这里的食物不如 INSIDE 那么好,但相对于它们的价格已经非常不错了,一些平价的葡萄酒,包括龟甲湾 (Tortoiseshell Bay),非常棒。

🍷 酒吧

🍸 特拉法加酒馆
(TRAFALGAR TAVERN)

☎ 8858 2437;www.trafalgartavern.co.uk;Park Row SE10;🚇 Cutty Sark

有名的银鱼 (whitebait) 现在配上了精制辣椒沙拉酱 (fancy-pants paprika mayo),菜单上其余的也涨价了(价钱有点过高),但在这个维多利亚式的深色木制酒吧里,迷人的河景和千年穹顶仍是免费的,还有货真价实的淡啤酒和相当浓的游客气氛。

国王十字、尤斯顿和伊斯灵顿
(KING'S CROSS, EUSTON & ISLINGTON)

国王十字区从来没有特别的动人之处。但这个新的欧洲之星终点站将在 2007 年开始起用，这里的夜总会也趁城市规划之机变得更为时尚。

新的终点站将把欧洲大陆的乘客直接带到北伦敦。但即使在这之前，这个"丑小鸭"区也的确有两个明珠建筑——维多利亚哥特式的 St. Pancras Chambers 和年轻很多的大英图书馆。路边妓女、犯罪、毒品和酒鬼都是国王十字区常有的事，游客们晚上在这里要相对小心一点，但这并不影响人们享受这里顶级的夜总会。

同时，几分钟远的地方就是更积极向上的伊斯灵顿。Upper 主街有些伦敦遍地开花的一般连锁店，但也的确有好的购物地点，一些一流的餐馆，几个时髦的酒吧和位于 Almeida 的伦敦最令人兴奋的一家创意小剧院。

KING'S CROSS, EUSTON & ISLINGTON

景点
- 大英图书馆 1 A4
- St Pancras Chambers 2 A4

购物
- Aria 3 D2
- Diverse .... (见 7)
- Haggle Vinyl 4 D2

就餐
- Almeida 5 D2
- Gallipoli 6 D3
- Ottolenghi 7 D2

酒吧
- Elk in the Woods 8 C3

- Embassy 9 D2

娱乐
- Almeida 剧院 10 D2
- Cross 11 A3
- Egg 12 A2
- Scala 13 B4

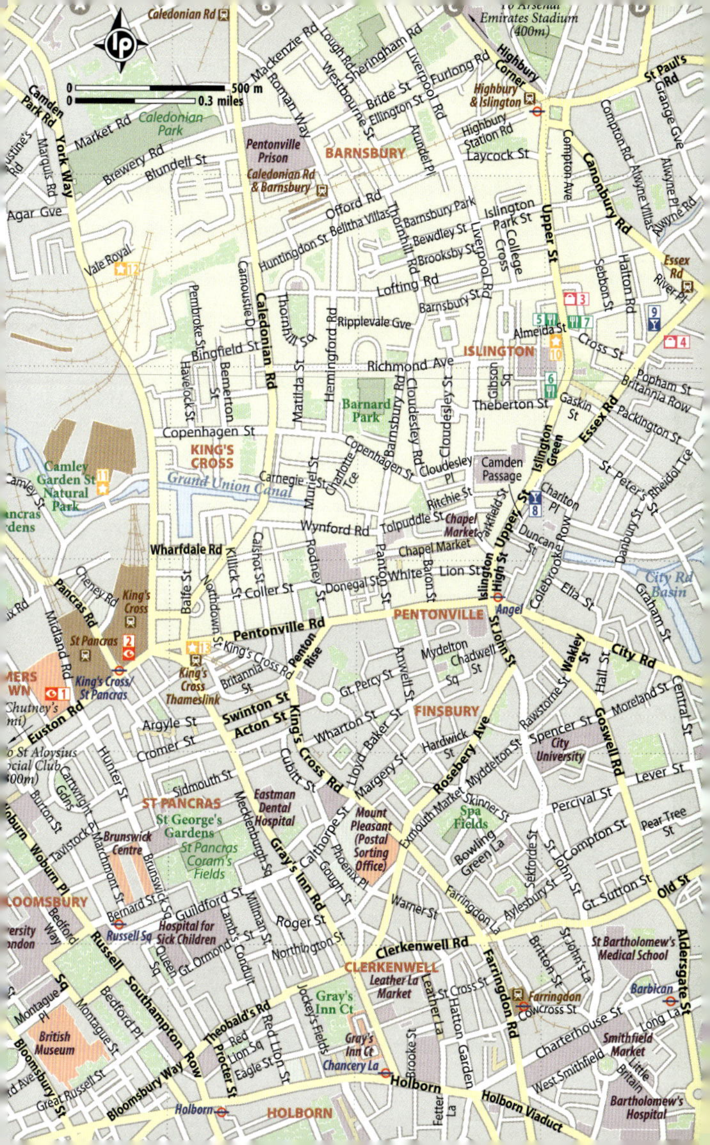

To Arsenal Emirates Stadium (400m)
Caledonian Rd
0 500 m
0 0.3 miles
Highbury Corner
Highbury & Islington
St Paul's Rd
Grange Gve
Compton Rd
Alwyne Villas
Alwyne Pl
Alwyne Rd
Canonbury Rd
Compton Ave
Upper St
Camden Park Rd
York Way
Market Rd
Caledonian Park
Brewery Rd
Blundell St
Marquis Rd
Agar Gve
Mackenzie Rd
Roman Way
Lough Rd
Westbourne Rd
Sheringham Rd
Liverpool Rd
Furlong Rd
Bride St
Ellington St
Arundel Pl
Highbury Station Rd
Laycock St
Pentonville Prison
BARNSBURY
Caledonian Rd & Barnsbury
Offord Rd
Huntingdon St
Belitha Villas
Thornhill Rd
Barnsbury Park
Bewdley St
Brooksby St
Islington Park St
College Cross
Essex Rd
River Pl
Vale Royal
12
Carnoustie Dr
Caledonian Rd
Pembroke St
Thornhill Sq
Hemingford Rd
Lofting Rd
Barnsbury St
Sebbon St
Halton Rd
Ripplevale Gve
Almeida St
Cross St
3
5
7
9
4
10
6
Bingfield St
ISLINGTON
Richmond Ave
Matilda St
Barnard Park
Barnsbury Rd
Cloudesley Rd
Cloudesley St
Gibson Sq
Theberton St
Gaskin St
Popham St
Britannia Row
Packington St
Havelock St
Bemerton St
Copenhagen St
KING'S CROSS
Camley St Natural Park
11
Camley St
Pancras Gardens
Grand Union Canal
Carnegie St
Muriel St
Charlotte Tce
Copenhagen St
Cloudesley Pl
Camden Passage
Islington Green
St Peter's St
Rheidol Tce
Ritchie St
Charlton Pl
Wynford Rd
Tolpuddle St
Chapel Market
Parkfield St
Upper St
8
Duncan St
Colebrooke Row
Danbury St
Wharfdale Rd
Caishot St
Rodney St
Chapel Market
Killick St
Balfe St
Northdown St
Coller St
Donegal St
Penton St
White Lion St
Baron St
Islington High St
Angel
Elia St
City Rd Basin
Graham St
Cheney Rd
Pancras Rd
King's Cross
Midland Rd
St Pancras
2
Pentonville Rd
PENTONVILLE
13
King's Cross Rd
Penton Rise
Amwell St
Myddelton Sq
Chadwell St
St John St
Wakley St
Hall St
City Rd
Central St
King's Cross Thameslink
Britannia St
King's Cross/St Pancras
1
Chutney's
Euston Rd
Argyle St
Swinton St
Acton St
Gt Percy St
Wharton St
Lloyd Baker St
FINSBURY
Hardwick St
Rosebery Ave
Rawstorne St
Spencer St
City University
Moreland St
Goswell Rd
Lever St
To St Aloysius Social Club (300m)
Hunter St
Cromer St
Cubitt St
King's Cross Rd
Margery St
Myddelton St
Cartwright Gdns
Burton St
Sidmouth St
ST PANCRAS
Eastman Dental Hospital
Exmouth Market
Skinner St
Spa Fields
Percival St
Pear Tree St
Tavistock Pl
Brunswick Centre
Marchmont St
St George's Gardens
St Pancras
Coram's Fields
Mecklenburgh Sq
Gray's Inn Rd
Calthorpe St
Mount Pleasant (Postal Sorting Office)
Phoenix Pl
Gough St
Bowling Green La
Sekforde St
St John St
Compton St
Woburn Pl
BLOOMSBURY
Brunswick Sq
Bernard St
Guildford St
Millman St
Lamb's Conduit St
Warner St
Aylesbury St
Farringdon La
Gt Sutton St
Old St
Bedford Way
University of London
Russell Sq
Hospital for Sick Children
Queen Sq
Gt Ormond St
Roger St
Northington St
Clerkenwell Rd
Britton St
St John's La
St Bartholomew's Medical School
Aldersgate St
Russell Sq
CLERKENWELL
Leather La Market
Farringdon Rd
Montague Pl
Bedford Pl
Southampton Row
Theobald's Rd
Red Lion Sq
Jockey's Fields
Gray's Inn Ct
Leather La
St Cross St
Hatton Garden
Farringdon
Cowcross St
Barbican
Long La
British Museum
Montague St
Procter St
Eagle St
Red Lion St
Gray's Inn Ct
Chancery La
Brooke St
Charterhouse St
Smithfield Market
Little Britain
Bloomsbury St
Great Russell St
Bloomsbury Way
Holborn
Holborn
HOLBORN
Fetter La
Holborn Viaduct
West Smithfield
Bartholomew's Hospital

国王十字、尤斯顿和伊斯灵顿 < 景点

👁 景点

◎ 大英图书馆 (BRITISH LIBRARY)

☎ 游客服务 7412 7332,总机 0870 444 1500；www.bl.uk；96 Euston Rd NW1；免费；🕐 周一、周三至周五 9:30am～6pm，周二至 8pm，周六 9:30am～5pm，周日9am～5pm，有导游的游览 周一，周三和周五3pm，周六 10:30am和3pm；⊖ King's Cross/St Pancras

甚至一家议会委员会都认为这座建筑外观丑陋，但它光线充足的白色大厅却很漂亮。1998 年开馆，用以代替大英博物馆里的图书馆，有很多引人注目的东西：从稀奇古怪的雕像、大玻璃柜里的历史书籍，到大宪章(Magna Carta)和达·芬奇的笔记本。馆内有录音导游和有导游的游览。

◎ ST PANCRAS CHAMBERS

Euston Rd；⊖ King's Cross/St Pancras

如今周边的破败让我们想把这

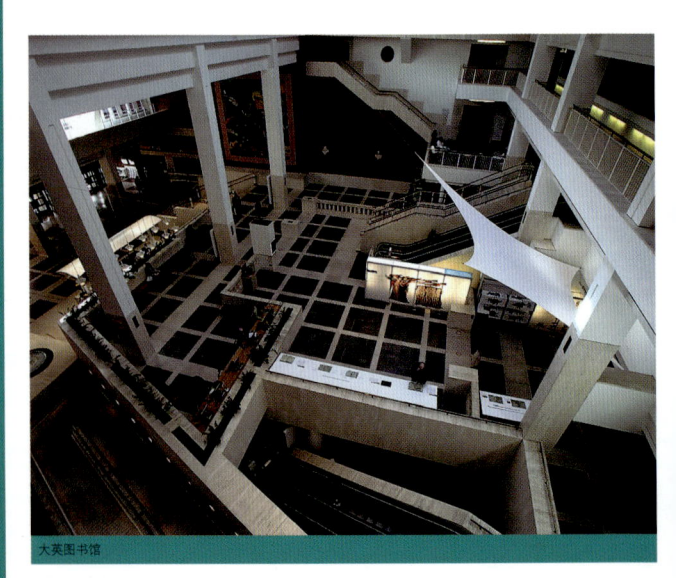

大英图书馆

购物 > 国王十字、尤斯顿和伊斯灵顿

关着的门后

图书馆——很安静、枯燥的地方,对吧?大英图书馆可不是这样,如果媒体可以相信的话。首先,Spectator 杂志将它描述为"充满男女间的相互勾引",每个人都瞄着来来往往的其他人,并争风吃醋。旅游作家 William Dalrymple 认为三层的东方与印度部分的读者最年轻漂亮。后来,图书馆员工投票将 Sex Pistols 的"别在乎那些胡说八道"选为他们最喜爱的专辑,震惊了各家报纸。实际上,这个地方走在前沿的名气已经有些过时,但在这里你确实可以看见一些名人,还是很有魅力的。

幢维多利亚哥特式杰作称作议会大厦的穷表亲。但它还是栋与众不同的建筑。如今它是 StPancras 火车站的一部分,毗邻 2007 年底开始营运的欧洲之星终点站 (Eurostar Terminal)。部分正被翻建为旅馆,这正是 1876 年乔治·吉尔伯特·斯科特 (George Gilbert Scott) 修建它时的最初用途。

🛍 购物

伊斯灵顿 (Islington) 的 Upper 街是个非常好的购物地点,尽管这里最适合边漫步边看热闹。东南头的卡姆登通道过去满是古董店,但现在家居生活店也多起来。如果你要买衣服或复古家具的话,不要错过 Cross 街或 Essex 街。

🏠 ARIA

☎ 7704 1999;www.aria-shop.co.uk;295-966 Upper St N1;🕒 周一至周五 10am~7pm,周六 10am~6:30pm,周日中午~5pm;⊖ Angel

橱窗里众多的陈设会吸引你看一眼这个大的家居店,店里摆满了漂亮的杯子、盘子、烤面包机、厨房器具和家具。

🏠 DIVERSE

☎ 7359 0081;www.diverseclothing.com;286 Upper St N1;🕒 周一至周六 10am~6pm;⊖ Angel 或 Highbury & Islington

伦敦最酷的精品休闲男装,有来自意大利和纽约的牛仔、衬衫、T恤,摆放在极简主义风格的店面里。牛仔品牌包括 Blue Blood、Indigo Form 和 Paper Denim。

🏠 HAGGLE VINYL

☎ 7354 4666;www.haggle.freeserve.co.uk;114 Essex Rd N1;🕒 周一至周六 9am~7pm,周日 10am~5:30pm;⊖ Angel

在这家风靡一时的唱片店里,各种音乐流派的老唱片挤在架上和地上的盒子里。

就餐

ALMEIDA
法国风味　　　　　　　　　　£££

☎ 7354 4777；30 Almeida St N1；⌚ 午餐和晚餐；⊖ Angel

位于伊斯灵顿剧场 (Almeida Theatre) 对面，与剧场同名，但这里却比仅提供开场前晚餐的餐馆成功。员工将高乎的完美主义和家长里短的和善恰当地融合在一起，这里的经典法式大餐非常棒，但只有法语菜单。

让他们吃蛋糕吧

最近20世纪50年代茶舞热中最早的一家，不可抗拒的Viva蛋糕始于Bethnal Green 工人俱乐部（见135页），但后来在尤斯顿火车站旁的红砖建筑St Aloysius社会俱乐部扎根，并在像"摇滚影院"这样的活动中出现（见135页, 93 Feet East）。

有自称万岁蛋糕荡妇（Viva Cake Bitches；www.myspace.com/vivacakebitches）参加的晚会开始时通常由直排脚踩轮滑鞋的女孩上下午茶、蛋糕和三明治。随后的其他娱乐包括多米诺骨牌、编织、烧烤和（如果计划顺利的话）美容吧。随后的古典摇滚乐队和摇摆舞表演让气氛更为热烈。记得在出现前搜罗一下化妆箱，找些古典的装饰和衣服。

CHUTNEY'S
印度风味　　　　　　　　　　£

☎ 7388 0604；124 Drummond St；⊖ Warren St 或 Euston Sq

虽然像红砖巷里的餐馆一样，这家位于 Drummond 街的南印度餐厅水平有所下降，但好在还不太明显，Chutney's 仍继续供应价廉质优、每样都值得一尝的素食自助。

GALLIPOLI
土耳其风味　　　　　　　　　£

☎ 7359 0630；102 Upper St N1；⌚ 11am～11pm；⊖ Angel或Highbury & Islington

喜欢价廉物美的菜肴的话，不要错过这家备受欢迎又拥挤不堪的餐馆。前卫的装饰和美食相得益彰，经典菜式有各种小吃 (meze) 和辣味蔬菜茄盒 (spicy vegetarian moussaka)。在同一条街上 120 号有一家分店，Gallipoli Again。

OTTOLENGHI
地中海风味　　　　　　　　　££

☎ 7288 1454；www.ottolenghi.co.uk；287 Upper St N1；⌚ 周一至周六 8am～11pm；周日 9am～7pm；⊖ Angel或Highbury & Islington

如果在伊斯灵顿只能选一个地方吃饭的话，我们会去 Ottolenghi。在诱人的蛋白霜派展示柜后，是一张长长的白色简约公共桌和几张散桌。这里足够的休闲,可以吃份放松的早餐,又足够的别致,适合晚上出来狂欢。一顿饭通常是两到三份美味的地中海现代菜。诺丁山也有家分店(见 181 页)。

Y 酒吧

Upper 街两边也有很多酒吧,却吸引了很多出来买醉的吵闹的年轻人。我们只列出了你很可能忽略的最好的两家。

Gallipoli 餐馆

ELK IN THE WOODS

☎ 7226 3535；39 Camden Passage N1；🚇 Angel

部分是 Laura Ashley 的风格，部分展现了东伦敦的时尚，这个地方的内部装饰非常可爱，以至于你可以原谅服务中的问题。古老的镜子、填塞的鹿头和后面的大桌子创造出最恰当的诡异氛围。

EMBASSY

☎ 7359 7882；119 Essex Rd N1；🕐 自 5pm；🚇 Angel

在黑色墙壁和烟雾缭绕的窗户后，酷酷的音乐和媒体人在舒服的沙发里畅饮啤酒，或在街上的酒吧和新开放的地下室里欣赏 DJ 的音乐。街头店 Embassy 的名气大涨，现在是伊斯灵顿最好的地方之一，周末

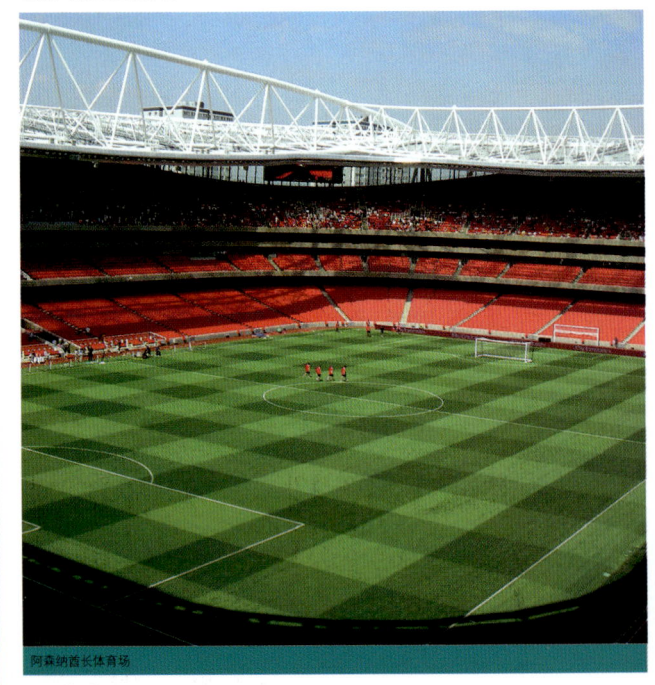

阿森纳酋长体育场

娱乐 > 国王十字、尤斯顿和伊斯灵顿

时要付服务费 (£3)。

⭐ 娱乐

⭐ ALMEIDA 剧院
☎ 7359 4404；www.almeida.co.uk；Almeida St N1；⊖ Angel

尽管很小，盖尔·加西亚·伯纳尔 (Gael Garcia Bernal)、拉尔夫·芬恩斯 (Ralph Finnes)、和凯文·史派西 (Kevin Spacey) 这些人曾出现在这家剧院的舞台上。以善于上演富创造力和挑战性的戏剧闻名，所以很值得查一查这里上演的剧目。

⭐ 阿森纳酋长体育场 (ARSENAL EMIRATES STADIUM)
☎ 7704 4040；www.arsenal.com；Ashburton Grove N7；⊖ Arsenal、Holloway Rd 或 Highbury & Islington

温格 (Arsene Wenger) 的队伍似乎不太习惯这个大点的全新运动场，但对观众来说，6万新座位更加奢华，而增加的容纳量也让他们更有可能抢到座位。

⭐ CROSS
☎ 7837 0828；www.the-cross.co.uk；Goods Way Depot, York Way N1；🕐 周五和周六10:30pm~5am，周日10:30am~4pm；⊖ King's Cross/St Pancras

这里是伦敦最好的地方之一，由几家建在火车道拱门下的低矮砖屋组成，隐蔽在约克路下的荒地里。这里有 soul、funk 和 garage 音乐，以及很多欧洲大陆风格的夜总会和为夏天准备的大露台。

⭐ EGG
☎ 7609 8364；www.egglondon.net；200 York Way N1；🕐 周五和周日10pm~6am，周六10pm~2pm；⊖ King's Cross/St Pancras

Egg和附近其他一些夜总会为这片工业荒地增添了一点奢华色彩。很多衣冠楚楚的人来这里是欣赏由诺曼·杰伊 (Norman Jay)、麦洛 (Mylo)、戈尔迪 (Goldie) 等人演奏的一系列舞蹈音乐 (minimal house、deep house、funk electro等)，但最主要还是因为这里的庭院花园和带吊床的屋顶阳台。

⭐ SCALA
☎ 7833 2022；www.scala-london.co.uk；275 Pentonville Rd N1；🕐 周五10pm~5am，加其他一次性活动；⊖ King's Cross/St Pancras

中间有个玻璃酒吧，俯瞰舞台又与噪声隔绝，这家以前的电影院如今是个很好的多功能场所。最定期的夜总会之夜是周五的同性恋 indie Popstarz 活动，进行现场音乐表演的有 Gomez 和 Scissor Sisters。

卡姆登、汉普斯特德和 PRIMROSE HILL
(CAMDEN, HAMPSTEAD & PRIMROSE HILL)

要没有毗邻的卡姆登区的喧闹，汉普斯特德和 Primrose Hill 区可能显得有点安静。但这些地区互通有无，让居民和游客们可以享受截然不同的经历。

卡姆登最有名的是它的周末市场。但最近几年来，重修后 Koko(以前的卡姆登宫)的成功和具传奇色彩的 Roundhouse 的重新开放，进一步奠定了卡姆登作为北伦敦夜生活中心的地位。

绿树成荫、富有考究，但同时又左倾而崇尚自由的汉普斯特德是个不一样的去处。这里有高档酒馆、餐馆和商店，但中心景观还是它 320 英亩半荒的野外花园，可以从议会山俯瞰伦敦。

这之间是 Primrose Hill，一个精致的市内小村落。山边的公园可以愉快地散散步，而且这边明星云集，碰到名人的机会很多，但除此之外没有特别值得过来的理由。

CAMDEN, HAMPSTEAD & PRIMROSE HILL

◎ 景点
弗洛伊德博物馆	1	A5
海格特墓地入口	2	D2
济慈故居	3	B4
Kenwood 故居	4	B1

🛍 购物
卡姆登市场	5	D6
Rosslyn 熟食店	6	A4

🍴 就餐
Gilgamesh	7	D5
Haché	8	D6
Jin Kichi	9	A3
Lansdowne	10	C5
Mango Room	11	D6
Manna	12	C5
Trojka	13	C5
Wells	14	A3

🍸 酒吧
At Proud	15	C5
Boogaloo	16	D1
Hollybush	17	A3
Lock Tavern	18	D5

⭐ 娱乐
Barfly@The Monarch	19	C5
爵士咖啡馆(Jazz Café)	20	D5
Koko	21	D6
Roundhouse	22	C5

Map: Hampstead, Highgate & Camden area

Scale: 1 km / 0.5 miles

Areas & Neighbourhoods
- HIGHGATE
- HAMPSTEAD
- BELSIZE PARK
- GOSPEL OAK
- KENTISH TOWN
- CAMDEN
- ST JOHN'S WOOD
- South Hampstead

Parks & Green Spaces
- Hampstead Golf Course
- Hampstead Heath Extension
- North Wood
- Ken Wood
- Fitzroy Park
- Waterlow Park
- Highgate Cemetery
- Hampstead Heath
- Bird Sanctuary
- Vale of Health Pond
- East Heath
- Parliament Hill
- Parliament Hill Fields
- Primrose Hill
- Regent's Park
- London Zoo
- Outer Circle

Ponds & Water Features
- Stock Pond
- Kenwood Ladies' Pond
- Highgate Men's Pond
- Men's Bathing Pond
- Mixed Bathing Pond
- Hampstead Ponds
- Highgate Ponds
- Pond Sq
- Parliament Hill Lido
- Regent's Canal

Points of Interest
- Spaniard's Inn
- Henry Moore Sculptures
- Royal Free Hospital
- London Waterbus Company
- Gospel Oak
- Chalk Farm
- Swiss Cottage
- St John's Wood
- Finchley Rd & Frognal
- Finchley Rd
- Hampstead
- Hampstead Heath
- Belsize Park
- Kentish Town
- Kentish Town West
- Tufnell Park
- Camden Town
- Camden Rd
- Mornington Cres

Streets & Roads
- Wildwood Rd
- North End Way
- Spaniards Rd
- The Bishops Ave
- Sheldon Ave
- Kenwood Rd
- North Rd
- North Hill
- Southwood La
- Archway Rd
- Hampstead La
- Highgate West Hill
- South Gve
- Highgate Hill
- Dartmouth Park Hill
- Millfield La
- Swains La
- Highgate Rd
- Fortess Rd
- Heath St
- East Heath Rd
- Downshire Hill
- Keats Gve
- Hampstead High St
- Rosslyn Hill
- Agincourt Rd
- Mansfield Rd
- Gordon Ho Rd
- Kentish Town Rd
- Fleet Rd
- Southampton Rd
- Grafton Rd
- Holmes Rd
- Arkwright Rd
- Fitzjohn's Ave
- Maresfield Gdns
- Finchley Rd
- Dalcham Gdns
- Belsize La
- Belsize Ave
- Haverstock Hill
- Malden Rd
- Spring Pl
- Balsize Gdns
- Lancaster Gve
- Midland Rd
- Queen's Cres
- Prince of Wales Rd
- College Cres
- Eton Rd
- Fellows Rd
- Eton Ave
- Ferdinand
- Castle Rd
- Hilgrove Rd
- Adelaide Rd
- Primrose Hill Rd
- Chalcot Rd
- Oval Rd
- Camden Rd
- Camden High St
- Avenue Rd
- King Henry's Rd
- Regent's Park Rd
- Gloucester Ave
- Parkway
- Albert's Rd
- Marlborough Pl
- Queen's Gve
- Norfolk Rd
- Acacia Rd
- Townshend Rd
- Prince Albert Rd

卡姆登、汉普斯特德和 PRIMROSE HILL < 景点

景点

弗洛伊德博物馆
(FREUD MUSEUM)
☎ 7435 2002；www.freud.org.uk；20 Maresfield Gardens NW3；成人/12岁以下/折扣 £5/免费/£3；🕘 周三至周日 中午～5pm；Ⓤ Finchley Rd

这里可以看到心理分析学家西格蒙德·弗洛伊德(Sigmund Freud)家里躺椅的原件，这是他 1938 年逃离纳粹占领的维也纳后住的地方。

汉普斯特德希斯
(HAMPSTEAD HEATH)
☎ 7485 4491；Ⓤ Hampstead，🚆 Gospel Oak或Hampstead Heath，🚌 214 或C2到Parliament Hill Fields

这片广阔的原野离伦敦金融城仅 4 英里(6.4 公里) 远，却有如世外桃源。你可以放慢脚步，加入夏季郊游的人群。也可以在议会山上看看风景，或者散散步游游泳，详情见 24 页。

海格特墓地
(HIGHGATE CEMETERY)
☎ 8340 1834；www.highgate-cemetery.org；Swain's Lane N6；门票 £2，有导游的游览 £3，每个相机需再加 £1；🕘 4月至10月 周一至周五 10am～5pm, 周六和周日 11am～5pm；

冰刀上的奔跑者

伦敦最近似乎对冬季滑冰情有独钟。自2000年萨姆塞特中心开业将院子改成临时溜冰场后这一运动就流行起来，这里是个非常好的封闭场所。现在其他很多地方也投身到这一潮流中，像：

> 皇家海军学院 (www.greenwichicerink.com；见154页) –景色迷人

> 汉普斯特德希斯(www.hampsteadheathicerink.com；below left) –在议会山上

> Kew 植物园(www.kewgardensicerink.com；boxed text, 见84页) –温室附近的一个大溜冰场

> 自然历史博物馆 (www.nhmskating.com；见20页) –主入口附近

> 伦敦塔 (www.toweroflondonicerink.com；见19页) –河外侧，Tower Hill 方向。

11月至3月 周一至周五10am～4pm，周六和周日11am～4pm，有导游的游览 周一至周五 2pm 和周六至周日11am～4pm每小时；Ⓤ Highgate

卡尔·马克思是埋葬在这座维多利亚式英烈祠东区的几个知名人士之一，但让这里成为伦敦具吸引力的埋葬地之一的，却是它荒凉、枝叶丛生的哥特式西区。这里小径蜿蜒有如迷宫，只能随团过来(提前打电话预订；周日不接受预订)。

购物 > 卡姆登、汉普斯特德和 PRIMROSE HILL

济慈故居 (KEATS HOUSE)
☎ 7435 2062；www.keatshouse.org.uk；Wentworth Pl, Keats Grove NW3；成人/儿童/折扣 £3.50/免费/1.75；⏰ 1~5pm；⊖ Hampstead

汉普斯特德的特别之处可能在于它与自然的相通，能够引发我们内心的浪漫。而这正是访问约翰·济慈故居时应有的情绪。正是在这里他写出了著名诗作《夜莺颂》。

KENWOOD 故居
☎ 8348 1286；www.english-heritage.org.uk；Hampstead Lane NW3；免费；⏰ 故居 4月至10月11am~5pm，11月至3月11am~4pm，Suffolk收藏 (楼上) 周四至周日11am~4:30pm；⊖ Archway 或 Golders Green，再转210路公共汽车

这座由建筑师罗伯特·亚当 (Robert Adam) 建造的新古典主义华丽公寓可能源于简·奥斯汀的小说，而且也确实出现在奥斯汀小说改编的电影中。里面有 Iveagh 的遗产——一个很小但很精美的油画收藏，有庚斯博罗、透纳和凡·爱克等艺术家的作品。夏天，这里的草地上经常举办古典音乐会，附属的 Brew House 咖啡馆常年开放。

🛍 购物

卡姆登市场 (CAMDEN MARKET)
Camden High St NW1；⏰ 周四至周日 9am~5:30pm；⊖ Camden Town

每年接待数百万游客，卡姆登市场已经把包装和出售"另类"文化变成了一种艺术形式。束裤、条纹露肩

卡姆登大街

运动衫、高至大腿的靴子、蜡染头巾、香味蜡烛、编织帽子、紫色哥特假发最初总让人惊艳,但这种感觉在垃圾遍地的街道上很难长久。

🏠 ROSSLYN 熟食店

☎ 7794 9210;www.delirosslyn.co.uk;56 Rosslyn Hill NW3;🕐 周一至周六 8:30am~8:30pm,周日 8:30am~8pm;⊖ Hampstead 或 Belsize Park

这家获奖的熟食店有各种各样常见的烤制食物、橄榄等,是去希斯路上停下买野餐食品的最佳地点。这里也有些与众不同的食物可以带回家,像西洋李果酱(damson jam)、桑葚沙拉调料(mulberry salad dressing)。

🍴 就餐

🍴 GILGAMESH

泛亚洲风味 £££-££££

☎ 7482 5757;www.gilgameshbar.com;Stables Market,Chalk Farm Rd NW1;🕐 周一至周五 午餐和晚餐,周六和周日中午~午夜;⊖ Camden Town

在粗蛮肮脏的卡姆登市场中看到 Gilgamesh 的门卫和穿着得体的顾客则是个绝对意外,尽管也有一些高调的赞美之词,但这家店还是有问题。你或者会爱上这儿泛滥的巴比伦装饰,或者会认为它们荒唐怪诞。但除非这里能够重塑形象改善服务,否则这个目前星光灿烂的地方可能最终会衰退。食物方面,这里的点心和寿司是最棒的。

🍴 HACHÉ 美国风味 £-££

☎ 7485 9100;www.hacheburgers.com;24 Inverness St NW1;🕐 中午~10:30pm,周五至 10pm;⊖ Camden Town

这家家庭式餐馆以美味汉堡和质量最好的夹肉而闻名,一些堪称伦敦最棒的。它也在努力增加菜单上的汉堡种类,像卡塔兰(Catalan,以凤尾鱼、甜椒和干火腿做头道,主菜是鱼)、加拿大(Canadian)、甚至"森林"(Forest,蘑菇和香蒜酱)。只是配餐有时让人失望。

🍴 JIN KICHI 日本风味 ££

☎ 7794 6158;73 Heath St NW3;🕐 周六和周日 午餐,每日正餐;⊖ Hampstead

这家拥挤的小餐馆有点寒碜,但里面吃饭的日本人数量之多肯定了它的烹饪水平。这里的烤肉和与众不同的日本风味特别值得一试,不预订的话你是尝不到的。

🍴 LANSDOWNE 餐吧 ££-£££

☎ 7722 0950;90 Gloucester Ave NW1;⊖ Chalk Farm

Lansdowne 一向受很多当地人

就餐 > 卡姆登、汉普斯特德和 PRIMROSE HILL

的喜爱，但现在即使这条街上以前喜欢 Engineer（质量下降很快）的顾客也觉得 Lansdowne 的味道更好，而且这里更为时尚，不乏味。过来尝尝石头烤制的比萨饼和黑板菜单上的常换常新的地中海美味。楼下很吵，满是滑滑板进来的时髦漂亮的年轻人，楼上安静些。

于赶时髦，但这实际上对它有利。以深栗色调重新装修后，现在主要把精力放在烹饪美食上。特色菜有咸鱼 (saltfish) 和荔枝果 (ackee，非常传统的牙买加菜肴) 以及香蕉芒果焦奶油 (banana-and-mango，一种法式甜点，以法式的蛋奶油放在一个小碗中加热至表面焦脆)。

芒果屋 (MANGO ROOM)
加勒比风味　　　　　　　　£££
☎ 7482 5065；www.mangoroom.co.uk；10 Kentish Town Rd NW1；⊖ Camden Town

　　这家时髦的加勒比餐馆并不急

MANNA 素食　　　　　　　£££
☎ 7722 8082；www.manna-veg.com；4 Erskine Rd NW1；⊖ Chalk Farm

　　隐蔽在伦敦最迷人的市中心村落的小巷里，外观很亮丽。小店生意兴隆，主要供应令人垂涎的创意

芒果屋餐馆

TROJKA

PRIMROSE HILL

郁郁葱葱的Primrose Hill得天独厚，已经成为时髦明星的代号。但要知道裘德(洛)已经搬走，萨迪(Sadie Frost)住在"村落"的边缘，而Kate(Moss)的家实际上在圣约翰的伍德。但还是要将你看"明星"的雷达启动，因为这里的居民还有格温·斯蒂芬妮(Gwen Stefani)和加文·罗斯代尔(Gavin Rossdale)、丹尼尔·克雷格(Daniel Craig，新的詹姆斯·邦德)、大厨杰米·奥利弗(Jamie Oliver)、《小不列颠》的演员大卫·威廉姆斯(David Walliams)、鲍勃·霍斯金斯(Bob Hoskins)，和一群时尚圈人士、作家、媒体人和政客们。

素菜。价钱可不便宜，这里毕竟是Primrose Hill，但食物通常是一流的。

🍴 TROJKA
东欧风味 ££

☎ 7483 3765；www.trojka.co.uk；101 Regent's Park Rd NW1；⊖ Chalk Farm

这家Primrose村落供应东欧/俄罗斯菜，像茴果调味的鲱鱼(herrings with dill sauce)、俄罗斯沙拉、波兰Bigosz(混合各种肉类的炖卷心菜)和咸牛肉(salt beef)。有明亮的天窗，店面很吸引人，当地的艺术人士经常光顾。

酒吧 > 卡姆登、汉普斯特德和 PRIMROSE HILL

🍴 WELLS 餐吧 ££-£££

☎ 7794 3785；30 Well Walk NW3；午餐和晚餐；⊖ Hampstead

奢华但又极为舒适，Wells 是个色彩斑斓、装饰很有品位的地方，离汉普斯特德希斯仅几分钟的距离。阳光灿烂的日子，它的一层和门外的台阶上满是老老少少的顾客，去楼上餐厅品尝现代欧洲菜会更容易找到座位。

🍸 酒吧

🍸 AT PROUD

☎ 7482 3867；The Gin House, Stables Market, Chalk Farm Rd NW1；周一至周六 10am～1am，周日中午～11pm；⊖ Camden Town

这里的帆布椅子用了音乐明星的大头照作装饰，所以你可以坐在皮特·多尔蒂 (Pete Doherty) 的脸上。水泥露台里的 Proud 摄影走廊高居卡姆登市场的纷扰之上，看似随意搭建，极具柏林建筑风格。里面有可以躺卧的坐垫，坐在上面可以看到上方雕塑马警惕的眼睛和火车轨道。这里也举办一些 DJ 之夜。

🍸 BOOGALOO

☎ 8340 2928；www.theboogaloo.co.uk；312 Archway Rd N6；⊖ Highgate

最好在这家原创性的音乐人酒馆里看看皮特·多尔蒂 (Peter Doherty) 本人，他的出现给酒馆带来了额外的名气，而这似乎也正是它所需要的。如今这个地方更加时髦前卫，周二晚上有很受欢迎的音乐问答游戏，还配有一个定期由音乐明星重新编辑的自动唱片点唱机。

🍸 HOLLYBUSH

☎ 7435 2892；22 Holly Mount NW3；⊖ Hampstead

这家隐蔽在山顶的漂亮酒馆会让你嫉妒汉普斯特德居民享有的特殊待遇，这里有古典维多利亚内饰、冬天的篝火和在一年任何时候都可

其他顶级汉堡

汉堡爱好者在伦敦肯定可以大快朵颐。可以上网查一下以下连锁店的最近一家分店。

Gourmet Burger Kitchen (www.gbkinfo.co.uk) 这是一批汉堡店中的精华，用料新鲜得让人忍不住要吧唧嘴。

Hamburger Union (www.hamburgerunion.com) 非常棒的汉堡，用的是健康肉，仅在索霍区和伊斯灵顿有分店。

Ultimate Burger (www.ultimateburger.co.uk)尽管知道有人不这么认为，但我们感觉很棒。就餐环境不错。

洛娜·克拉克 (Lorna Clarke)
节日导演，BBC 电子音乐舞会

电子音乐舞会是……把截然不同的音乐家聚在一起的新式节日，已确立和未署名的古典音乐、爵士乐、摇滚、吉他到 Asian 乐一应俱全。2006 年在卡姆登的 Roundhouse(见 175 页)和 Barfly(见 175 页)，我们请来了 Who to Nitin Sawhney 里的每位成员，包括 Damon Albarn 的"好的，坏的和女王"(The Good, The Bad and The Queen)。**今年的节目单**：请查阅 www.bbc.co.uk/electricproms。**伦敦音乐的最大优点**：不管你的喜好如何，这里有从民乐到舞蹈音乐的众多选择。**顶级小贴士**：别忽略小酒馆的乐队。你只需要拿张报纸就可以轻易找到大的音乐会。但只有手持一品脱酒，在一家脏兮兮的酒馆观看乐队表演才能体味伦敦的精髓。**最佳新音乐欣赏地点**：Barfly(见 175 页)是最棒的。如果你是个全新音乐、尤其是吉他乐乐迷，在这里你会见到未来的明星。**其他有趣的东西**：夏天摄政公园(见 73 页)的户外音乐会和 **Halfmoon Putney** (www.halfmoon.co.uk)。**Bush 大厅** (www.bushhallmusic.co.uk) 是个非常漂亮的音乐厅，很大气的维多利亚风格。

娱乐 > 卡姆登、汉普斯特德和 PRIMROSE HILL

以让你多呆一会的诀窍。在希斯街上方,可以通过 Holly Bush Steps 到达。

LOCK TAVERN
☎ 7482 7163;www.lock-tavern.co.uk; 35 Chalk Farm Rd NW1; 自中午; ⊖ Camden Town 或 Chalk Farm

酷酷的诺丁山风格充分展现在卡姆登这家黑色墙壁的酒馆里,这里的音乐很棒,气氛舒服放松,顾客都很时尚,楼上还有屋顶花园。

娱乐

BARFLY@THE MONARCH
☎ 7691 4244;www.barflyclub.com; Monarch, 49 Chalk Farm Rd NW1; 自 7:30pm ⊖ Chalk Farm 或 Camden Town

这家典型的卡姆登酒馆邋遢、闷热,但却没有让人不愉快。里面满是寻找人生大突破的三流艺术家,其中一些像 Kaiser Chiefs 已经成功了。吉他领奏的打击乐和摇滚是这家原创性伦敦酒馆的流行乐。

JAZZ CAFÉ
☎ 站票预订 0870 060 3777, 餐馆 7534 6955;www.jazzcafe.co.uk; 5 Parkway NW1; 自 7pm; ⊖ Camden Town

这家夜总会充分利用了爵士乐与主流音乐的交叉。工厂风格的前卫餐馆广义地阐释了这一音乐风格,将爵士乐与 Afro、funk、hip、R&B 和 soul 音乐相融合。不知名音乐人和大牌明星在这里表演。需要提前订位。

KOKO
☎ 0870 432 5527;www.koko.uk.com; 1a Camden High St NW1; 周五和周六 自 10pm,加特别活动; ⊖ Mornington Cres

以前是卡姆登宫,再之前是家剧院,现在的 Koko 是伦敦最好的地方之一,这里举办定期的 NME(New musical Express,《新音乐快递》,英国最知名的音乐杂志)音乐晚会和"越坏越可爱"(so-bad-it's-good)系列音乐会。一些大牌的明星在这里演出过,甚至包括麦当娜,如今这里正顺应歌舞表演热潮,举办一系列的滑稽演出之夜,这里多层的樱红色内饰还是很适合这一表演的。

ROUNDHOUSE
☎ 0870 389 1846;www.roundhouse.org.uk; Chalk Farm Rd NW1; ⊖ Chalk Farm 或 Camden Town

就像名字所暗示的一样,礼堂是圆形的,很适合像 Fuerzabruta 这样的马戏/舞蹈表演,而重新安排后,也适合举办前卫的音乐会。

诺丁山 (NOTTING HILL)

很少有伦敦街区像诺丁山那样富于城市传奇色彩。它最近的历史可以追溯到20世纪50年代,当时的加勒比海移民乘坐Windrush号漂洋过海来到英国,填补了战后的就业缺口,紧随其后的是一些艺术家和摇滚明星。这个地方开始以其多元的文化和普遍吸食麻醉药品的自由主义而闻名。

但过去几十年间,中产阶级或富人的迁入使这个区域经历了缓步的"绅士化"过程。拉斯特法里亚崇拜者(Rastafarian;指崇拜前埃塞俄比亚皇帝海尔·塞拉西为神并相信黑人终将得到救赎重返非洲的黑人教派。——编注)与trustafarians(有秘密信托基金的小资情调的人)相融合,《绝对初学者》这本书中所讨论的种族冲突也让步给了电影《单身日记》(Bridget Jones' Diary)中的唯我论和女性题材的《诺丁地狱》(Notting Hell)。

虽然时代专栏专家们认为诺丁山正"为自己的盛名所麻醉",其他人也痛斥著名的诺丁山狂欢节太商业化,但这个老太婆还有活力。Portobello街和它的市场仍很受顾客欢迎,这个区域也在继续展示它潜在的文化多元主义,无论哪天晚上,街上的酒吧和满是胡椒味的饭馆都能让你度过一段美好的时光。

NOTTING HILL

🛍 购物
Lisboa Patisserie	1	A2
Portobello街市场(Portobello Road Market)	2	B4
Rellick	3	B1
Rough Trade	4	B3
旅游书店	5	B4

🍴 就餐
Bumpkin	6	C3
Cow	7	C3
Crazy Homies	8	C3
E&O	9	B4
Electric Brasserie	(见 14)	
Ledbury	10	C3
Ottolenghi	11	C4

🍸 酒吧
Earl of Lonsdale	12	B4
Lonsdale	13	B4

⭐ 娱乐
电子电影院	14	B4
诺丁山艺术俱乐部	15	D5

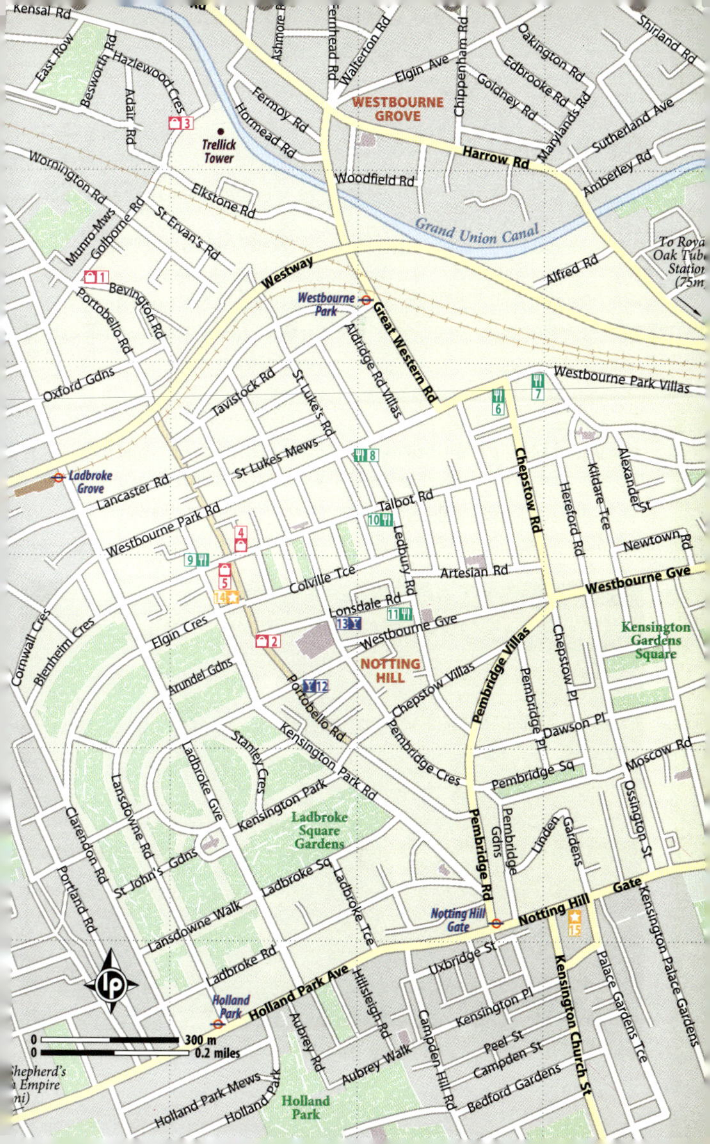

WESTBOURNE GROVE
NOTTING HILL
Trellick Tower
Grand Union Canal
Westway
Westbourne Park
Ladbroke Grove
Notting Hill Gate
Holland Park
Ladbroke Square Gardens
Kensington Gardens Square
Holland Park
To Royal Oak Tube Station (75m)
Kensal Rd
East Row
Besworth Rd
Hazlewood Cres
Adair Rd
Ashmore Rd
Fernhead Rd
Walterton Rd
Elgin Ave
Chippenham Rd
Oakington Rd
Edbrooke Rd
Goldney Rd
Shirland Rd
Marylands Rd
Sutherland Ave
Amberley Rd
Harrow Rd
Fermoy Rd
Hormead Rd
Woodfield Rd
Wornington Rd
Elkstone Rd
Munro Mws
Golborne Rd
St Ervan's Rd
Alfred Rd
Bevington Rd
Portobello Rd
Great Western Rd
Aldridge Rd Villas
Oxford Gdns
Tavistock Rd
St Luke's Rd
Westbourne Park Villas
St Lukes Mews
Lancaster Rd
Chepstow Rd
Kildare Tce
Alexander St
Hereford Rd
Talbot Rd
Westbourne Park Rd
Ledbury Rd
Newtown Rd
Artesian Rd
Colville Tce
Westbourne Gve
Lonsdale Rd
Westbourne Gve
Elgin Cres
Pembridge Villas
Chepstow Pl
Cornwall Cres
Blenheim Cres
Arundel Gdns
Chepstow Villas
Pembridge Pl
Dawson Pl
Stanley Cres
Kensington Park Rd
Pembridge Cres
Moscow Rd
Pembridge Sq
Ladbroke Gve
Lansdowne Rd
Clarendon Rd
Kensington Park
Ossington St
Pembridge Gdns
Linden Gardens
Pembridge Rd
St John's Gdns
Ladbroke Sq
Ladbroke Tce
Portland Rd
Lansdowne Walk
Notting Hill Gate
Kensington Palace Gardens
Kensington Church St
Palace Gardens Tce
Uxbridge St
Ladbroke Rd
Holland Park Ave
Hillsleigh Rd
Kensington Pl
Aubrey Rd
Campden Hill Rd
Peel St
Aubrey Walk
Campden St
Bedford Gardens
Holland Park Mews
Holland Park
0 300 m
0 0.2 miles
Shepherd's
Empire
1
2
3
4
5
6
7
8
9
10
11
12
13
14
15

购物

诺丁山有几条购物街。如果你在 Notting Hill Gate 地铁站下车,还没到 Portobello 街的市场,你就能看到几个新潮的时尚商店。要买更高档昂贵的东西的话,避开 Portobello 街,到当地 Westbourned Grove 的"Rodeo Drive"去。

LISBOA PATISSERIE

☎ 8968 5242;57 Golborne Rd W10;⏰ 8am ~ 8pm,周日至 7pm;⊖ Westbourne Park 或 Ladbroke Grove

我们把这个地方列为购物点之一,是因为这里的葡式蛋挞(pasteis de nata)实在是人间美味。但地方实在太小,很不方便。所以叫外卖吧。

PORTOBELLO 街市场

Portobello Rd W10;⏰ 周一至周三 8am ~ 6pm,周四 9am ~ 1pm,周五周六 7am ~ 7pm;⊖ Notting Hill Gate 或 Ladbroke Grove

就像卡姆登市场一样,Portobello 市场也是几个市场的融合,从 Notting Hill Gate 地铁站一直延伸到 Ladbroke Grove 中心,最好的方式就是从一头逛到另一头。从 Notting Hill Gate 地铁站开始,你会

Portobello 街市场

购物 > 诺丁山

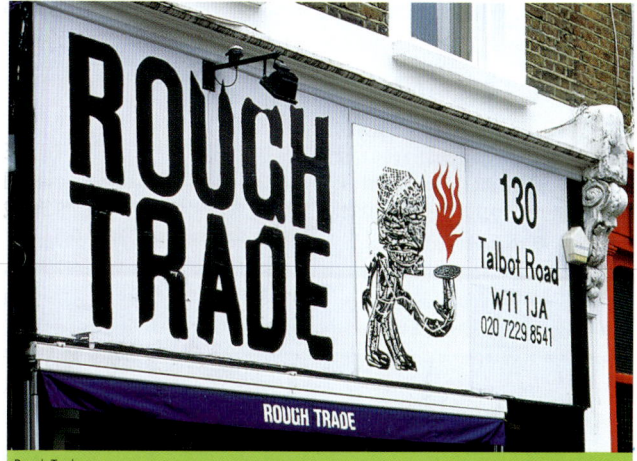

Rough Trade

经过古董店、家用品店和兜售小玩意的店铺和小摊，再往下走就是食品店和衣店，既有年轻设计师的作品也有二手的衣物。但这个地方的盛名意味着你不会买到很便宜的东西。星期六是市场最热闹的一天。

像维维恩·韦斯特伍德(Vivienne Westwood)、赞德拉·罗兹(Zandra Rhodes)，甚至是20世纪60年代偶像人物Ossie Clark。在这儿的时候可以看看对面的Trellick塔楼，又一座让人不爱则厌的伦敦建筑。

RELLICK
☎ 8962 0089；www.relliklondon.co.uk；8 Golborne St W10；周二至周六 10am~6pm；⊖ Westbourne Park

伦敦最有名的复古时尚衣店之一，不便宜，但在这里你有机会找到大牌设计师的二手货，

ROUGH TRADE
☎ 7229 8541；www.roughtrade.com；130 Talbot Rd W11；⊖ Ladbroke Grove 或 Notting Hill Gate

这家原创性的朋克音乐之家对那些上了年纪的唱片爱好者来说是个避风港，这些人一提起CD(也有售)

诺丁山 < 就餐

和 MP3 出现之前的岁月就泪眼朦胧的。这里有非常珍贵的地下、另类和古典的稀罕物。

旅游书店 (TRAVEL BOOKSHOP)
☎ 7229 5260；www.thetravelbookshop.co.uk；13-15 Blenheim Cres W11；周一至周六 10am~6pm，周日中午~5pm；⊖ Ladbroke Grove

这里已成为老生常谈，就是电影《诺丁山》(Notting Hill) 里休·格兰特 (Hugh Grant) 经营的书店 (复制品)。游览这个地方可以去看看 Blenheim Cres，这里还有其他几个店铺可逛。

就餐

BUMPKIN
餐吧　　　　　　　　　　££~£££

☎ 7243 9818；209 Westbourne Park Rd W11；周一至周六 午餐和晚餐，周日 中午~5pm；⊖ Westbourne Park 或 Ladbroke Grove

设计师设计的鲜花墙纸，和印有"你不来自这里"的员工T恤营造出一种质朴的乡村氛围，这里适合大大方方的来份老式的怀旧食物。就着 Guinness、Adnam's 或味道独特的威士忌鸡尾酒，品尝从多塞特蟾蟹烤面包片 (dorset crab bruschetta) 到牛肉派和大块牛排的各式菜肴。这里的菜品不是特别精美，烹饪水平也不高，但除了楼下偶尔噪音比较大以外，在这里吃饭还是种朴实快乐的经历。

COW
餐吧　　　　　　　　　　££-£££

☎ 7221 5400；www.thecowlondon.co.uk；89 Westbourne Park Rd W2；⊖ Westbourne Park 或 Royal Oak

这家餐吧归著名餐馆老板特伦斯爵士的儿子汤姆·康兰特 (Tom Conran) 所有，古色古香的顶层餐厅长期以来保持着西伦敦最棒的餐馆之一的声望。就着 Guinness 黑啤酒吃新鲜龙虾是这里的特色。尽管保留了相当的诺丁混混习气，这里还是个非常棒的地方。

CRAZY HOMIES
墨西哥风味　　　　　　　　££

☎ 7727 6771；www.crazyhomies-london.co.uk；127 Westbourne Park Rd W2；周一至周五 6~11pm，周六和周日 中午~11pm；⊖ Westbourne Park

地方很小，只有几张桌子，也不接受预订，所以要来这家有放荡不羁的艺术气息的墨西哥时髦餐厅的话你一定要早到。但还是物有所值的，这里的食物热、辣得地道，味美价廉。食客们极为推崇这里的猪肉菜、牛油果墨西哥酱 (guacamole)、甜点、玉米面豆卷 (tacos)、玛格丽塔酒 (Margaritas)，嗯，甚至是薯条。

酒吧 > 诺丁山

🍴 E&O
亚洲风味　　　　　　　　　£££

☎ 7229 5454；www.rickerrestaurants.com；14 Blenheim Cres W11；⊖ Notting Hill Gate 或 Ladbroke Grove

　　这家热点餐馆几乎是这个著名区域里最棒、也是最新潮的一家。刻板、极简主义风格的店里融合了多种菜式的风格，但你最好中午时过来品尝，晚上这里很乱。如果找不到桌子的话，可以在吧台要些点心。

🍴 ELECTRIC 啤酒店
(ELECTRIC BRASSERIE)
啤酒店　　　　　　　　　　££

☎ 7908 9696；www.electricbrasserie.com；191 Portobello Rd W11；⏰ 8am～午夜，周四至周日 至 1am；⊖ Ladbroke Grove

　　店的名字来自隔壁的电影院，但也可能是对这里环境的评价，因为这里从来都很喧闹。不管是周末的早午餐、丰盛的午餐还是晚餐，Electric 都以它的英国一欧洲菜单吸引了一大批时髦、话多的顾客，有时还有诺丁山的名人。

🍴 LEDBURY
法国风味　　　　　　　　££££

☎ 7792 9090；www.theledbury.com；127 Ledbury Rd W11；⏰ 午餐和晚餐；⊖ Westbourne Park

　　开业一年左右，这家极简主义风格的雅致餐馆将米其林星带到了诺丁山。Ledbury 不仅因为澳大利亚大厨布雷特·格雷厄姆 (Brett Graham) 干净、酥脆的美味而获奖无数，它谨慎高效的服务和酒单也赢得广泛好评。穿着考究的时尚一族喜欢到这里看看热闹也展示一下自己。

🍴 OTTOLENGHI
地中海风味　　　　　　　　££

☎ 7727 1121；www.ottolenghi.co.uk；63 Ledbury Rd W11；⏰ 周一至周五 8am～8pm，周六 8am～7pm，周日 8:30am～6pm；⊖ Westbourne Park 或 Notting Hill Gate

　　尽管新的伊斯灵顿分店 (见 162 页) 如今名气更大一些，但大厨 Ottam Ottolenghi 开办最早的这家餐馆里的地中海菜肴美味依旧。

🍸 酒吧

🍸 EARL OF LONSDALE

☎ 7727 6335；277-81 Portobello Rd W11；⊖ Notting Hill Gate 或 Westbourne Park

　　在到处是前卫鸡尾酒吧和熙攘酒馆的诺丁山，这个改造过的传统豪华餐馆是个非常愉快的口味转换。大大的酒吧被分为很多包间，可以享受私密的谈话，提供 Sam Smiths 啤酒。后面还有一个非常棒的无烟

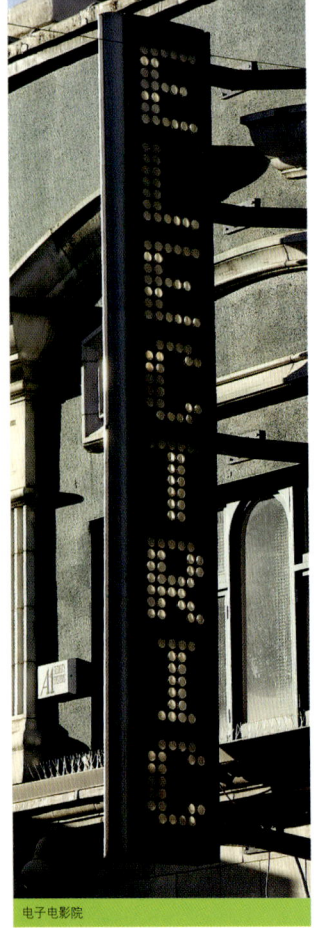

大厅，配有真皮扶手椅可以休息。

LONSDALE
☎ 7727 4080；www.thelonsdale.co.uk；48 Lonsdale Rd W11；周一至周六至午夜，周日至11:30pm；⊖ Notting Hill Gate 或 Westbourne Park

这家超平滑的 Lonsdale 看上去像巴克·罗杰斯(Buck Rogers)的家，紫光灯散照在仿佛来自太空时代的粗糙墙壁，而令人晕眩的椭圆天窗下的红色小蜡烛又增加了传统的色彩。尽管这里还有啤酒和葡萄酒，但人们来这里主要还是因为这里的鸡尾酒。

娱乐

ELECTRIC CINEMA 电子电影院
☎ 7908 9696，7229 8688；www.electric cinema.co.uk；191 Portobello Rd W1；⊖ Ladbroke Grove 或 Notting Hill Gate

在这家"劳斯莱斯"级电影院看电影跟一般的影院可不一样。这个爱德华七世时期的电影院配备有奢华的真皮扶手椅和脚凳。观众席里有食物和饮料桌，还有一个高价位的啤酒店。当然这种享受的费用也稍高一点，全价座票是£12.50，双人沙发票是£30。

电子电影院

娱乐 > 诺丁山

顶级伦敦电影

> 《老妇杀手》(*The Ladykillers*) (1955) – 看最后一部伟大的伊林(英格兰东南部城市)喜剧的原版,不要看Coen兄弟的重拍。
> 《伊普克雷档案》(*The Ipcress File*) (1965) – 迈克尔·凯恩(Michael Caine)主演的一部以伦敦为中心的精彩古剧。
> 《年少轻狂》(*My Beautiful Laundrette*) (1985) – 一个撒切尔时代的诙谐小插曲,丹尼尔·戴·刘易斯(Daniel Day-Lewis)的事业由此起步。
> 《维拉·德雷克》(*Vera Drake*) (2005) – 凄冷、感人而悲伤。麦克·利这部获奥斯卡提名的电影完美重现了战后的东伦敦。
> 《人类之子》(*Children of Men*) (2006) – 人们对它反乌托邦和科幻相融合的故事情节看法不一,用了伦敦的氛围作背景。

✪ 诺丁山艺术夜总会

NHAC;☎ 7460 4459;www.nottinghillartsclub.com;21 Notting Hill Gate W11;🕒 周二至周四 6pm~1am,周五和周六 6pm~2am,周日 4pm~11pm;🚇 Notting Hill Gate

"中庸"似乎是这个地下诺丁山艺术夜总会的醒目特点,这里有各种各样的funk、hip-hop和Indie的晚间表演,嗯,有时甚至举办编织之夜!观众同样也很复杂,有留着吓人长发的学生,偶尔也会来些名人。最有名的晚间节目包括Indie/朋克死亡迪斯科和摇摆舞/soul YoYo。来的话要早点。

✪ SHEPHERD'S BUSH EMPIRE

☎ 7771 2000;www.shepherds-bush-empire.co.uk;Shepherd's Bush Green W12;🚇 Shepherd's Bush

这个能容纳2000人的夜总会是伦敦最干净、最文明的音乐场所之一,大小中等,听众年龄稍大、冷静但也热衷喝彩。这里以前是BBC的录音影院,地面水平,这点让人恼火(后面的观众很难看到台子),但音响系统还是很棒的。

> 速览

伦敦是个多面的城市。不论你对建筑还是音乐感兴趣,不论你喜欢逛街购物还是热衷艺术画廊,或者你来这里只是寻找夜总会或同性恋地,这座城市都以几乎无与伦比的深度和广度提供各种选择,让你全身心地激情投入。

> 住宿	186
> 建筑	188
> 食物	190
> 美术馆	192
> 卡巴莱	194
> 夜总会	195
> 同性恋	196
> 音乐	197
> 酒吧	198
> 河畔伦敦	199
> 购物	200
> 剧院	201
> 景色	202

市议会会厅内(见137页)

住 宿

位置,位置,位置? 这在伦敦几乎不算什么,订宾馆更多要考虑的是价格,价格,价格。

坏消息是,在伦敦,平均每个房间每晚高达110镑,能掏光你钱包,所以只有住当地朋友那里的游客才有资格挑剔他们呆的地方。好消息是,就像伦敦的餐馆一样,伦敦的宾馆大大改善了策略。而且,短暂的繁荣使宾馆在整个城市的分布更加均匀,包括那些新兴的区域如Hoxton, Marylebone和南岸。

10年前,瑞典家居连锁店宜家(Ikea)倡导英国家庭"扔掉印花棉布用品",伦敦的旧式宾馆似乎终于接受了这个建议。不但像Browns这样的大宾馆采用了更加现代的装饰,很多中档的宾馆和B&B旅馆也摒弃了装饰桌巾,花朵窗帘和图案地毯。

高价位的精品宾馆为伦敦住宿带来了真正的风尚,连锁宾馆立足于提供枯燥、实用但价格合理的房间。但最让人兴奋的是最近的"经济精品"宾馆潮(中等以下的档次),价格合理而且优雅别致。

这股宾馆革命的潮流已经渗透到传统的住宿领域。伯爵宅第(Earl's Court)如今拥有像Mayflower和Base2Stay这样时髦的宾馆,也有像easyHotel这样单调但价廉的旅店。B+B Belgravia在维多利亚附近大行其道。布卢姆斯伯里附近的宾馆也大有改善。

需要找个地方住? 可以在www.lonelyplanet.com上预订,上面有60多家伦敦的宾馆,每家都由一位Lonely Planet的作者亲临体验,全面评价并积极推荐,从青年旅舍到豪华酒店,我们搜罗了那些能够为您带来独特经历的地方。读一下作者和其他旅行者独立写的评价,看一下设施,地图和照片等有用信息,你就可以简单安全地通过我们的网上预订服务Hotels & Hostels预订房间了,详见www.lonelyplanet.com/hotels。

住宿 > 速览

以前从未有宾馆的地方也开始出现宾馆，萨瑟克玫瑰宾馆 (Southwark Rose Hotel) 在南岸与 Holiday Inn Express 和 Premier Travel Inn 的连锁店毗邻。克拉肯韦尔的 Zetter 和 Hoxton 宾馆也已向东拓展。

当然，你也别期望这里的宾馆跟世界其他城市的一样物有所值，但如果仔细挑选的话，你会发现实际状况比城市宾馆的名声要好一些。

除了一般的网上预订网站以外，你可以看一下 Lonely Planet 自己的住宿评价：www.lonelyplanet.com/accommodation。当地预订引擎像 www.hotelconnect.co.uk 也很有用，而官方的旅游网站 www.visitlondon.com 上常常能找到一些很好的最后一刻打折宾馆。

最佳豪华大酒店
- Brown's (www.brownshotel.com)
- Claridge's (www.claridges.co.uk)
- Dorchester (www.dorchesterhotel.com)

最佳设计师酒店
- Charlotte Street Hotel (www.firmdale.com)
- Sanderson (www.morganhotels.com)
- Mandeville (www.mandeville.co.uk)
- Soho Hotel (www.firmdale.com)
- Zetter (www.thezetter.com)

最佳经济型连锁旅馆
- Express by Holiday Inn (www.holidayinn.co.uk)
- Ibis (www.ibishotel.com)
- Premier Travel Inn (www.premiertravelinn.com)
- Travelodge (www.travelodge.co.uk)

最佳家庭旅馆
- Hampstead Village Guesthouse (www.hampsteadguesthouse.com)
- Vancouver Studios (www.vancouverstudios.co.uk)

最节省费用的风尚旅馆
- Base2Stay (www.base2stay.com)
- B+B Belgravia (www.bb-belgravia.com)
- Hoxton Hotel (www.hoxtonhotels.com)
- Mayflower (www.mayflowerhotel.com)
- 萨瑟克玫瑰宾馆 (www.southwarkrosehotel.co.uk)

最佳青年旅舍
- Generator (www.the-generator.co.uk)

最荒唐的橘黄色（但很便宜）房间
- easyHotel (www.easyhotel.com)

速览 < 建筑

建 筑

伦敦从来都不是一个有规划的城市,各种建筑风格在这里欢快地融合在一起,既有诺曼中心伦敦塔(London Tower),也有诺曼·福斯特(Norman Foster)设计建造的太空时代的"小黄瓜"(Gherkin)。

一些早期的建筑保存了下来,像伦敦塔和威斯敏斯特大教堂,但只有很少一部分早于1666年,那年的一场大火烧掉了80%的建筑。伟大的设计师克里斯托弗·雷恩爵士受命负责城市的重建,但他建设宽阔对称街道的宏伟规划从未实现。取而代之的是他设计的像圣保罗大教堂,纪念碑(纪念火灾),一系列让人印象深刻的教堂,和位于格林尼治的皇家海军学院,也是最后一座与伊尼戈·琼斯保存完好的新古典主义或者叫帕拉第奥杰作毗邻的建筑。

雷恩的崇拜者尼古拉斯·霍克斯莫尔(Nicholas Hawksmoor)与当代的詹姆斯·吉布(James Gibb)一道,共同追求一种名为英式巴洛克的风格,代表性建筑有斯皮特菲兹基督教堂和作战中的圣马丁教堂(St Martin's in the Fields)。但伊尼戈·琼斯的古典主义遗迹保存了下来,逐渐演变为乔治王时代的新帕拉第奥(neo-Palladianism)风格。

就像之前的雷恩一样,乔治王时代的建筑师约翰·纳什也希望能够为无序的伦敦增加一点对称,并取得些许成功,建起了商业街、特拉法加广场和Strand的西端,尽管原计划是直的摄政大街现在是半圆形的,明显是妥协的结果。

建筑 > 速览

接下来维多利亚时代的建筑师们一反父辈们对简洁线条的喜好,而代之以"新哥特"(neo-Gothic 或 Gothick)式建筑,有着垂直的塔楼、装饰性小塔和尖角的拱门,像冷冰冰的结婚蛋糕。

紧随其后的是郊区的联排别墅和狄更斯式的贫民窟,但直到 20 世纪早期海军拱门 (Admiralty Arch) 市议会厅 (County Hall) 建起之前,伦敦很少有经典的独立建筑出现。

二战前与装饰派艺术风格短暂的暧昧被随之而来的功能现代主义所取代,因为伦敦大块的地方又需要重建。20 世纪 90 年代,后现代主义所包围的港口区 (Docklands) 被冷落了近十年才开始成功。当时伦敦也着手进行一场意外成功的千年翻修,建起了几个像伦敦眼和泰特现代艺术馆 (Tate Modern) 这样新的标志性建筑。

或许是受了"小黄瓜"成功的鼓舞,肯·利文斯通市长很热衷在伦敦地平线上建更多的摩天大楼。而如伦敦塔这样的世界遗址的保卫者 Unesco 对这种规划则持怀疑态度。

最佳中世纪杰作
> 伦敦塔(见114页)
> 威斯敏斯特大教堂(见86页)

最佳装饰派艺术风格作品
> 伦敦动物园以前的企鹅池(见72页)

最佳维多利亚式建筑
> 艾伯特纪念碑(见95页)
> Leadenhall 市场(见109页)
> 议会大厦(见82页)
> 自然历史博物馆(见99页)
> St Pancras Chambers(见160页)

最佳现代雕塑
> Barbican(见119页)
> 南岸中心(见149页)

最佳新古典主义设计
> 王后行宫(Queen's House)(见154页)

最佳华丽乔治王时代艺术风格
> 英格兰银行正面(见109页)
> 当代艺术学院(见83页)
> Kenwood宫(见169页)
> 萨默塞特中心(见50页)

最佳21世纪标志性建筑
> 市政厅(见137页)
> 小黄瓜(见114页)
> 伦敦眼(见140页)
> 泰特现代艺术馆(见141页)

最佳英式古怪体验地
约翰·斯隆爵士博物馆(见112页)

左上 泰特现代艺术馆(见141页)

食物

正如前面 26 页所讨论的，伦敦的餐饮在过去十年当中已经有了很大的改善，但还有另外两点优势。第一，素食者在这里就餐没有任何问题；第二，伦敦提供了真正国际化的菜肴。

我们已经罗列了附近几个专门的素食餐馆，包括中心附近的 Eat & Two Veg(见 76 页),Manna(见 171 页)和 Mildred's。但实际上，对很多短期的游客来说，伦敦最好的素菜馆不在地图上，感兴趣的话，是远在 Hammersmith 的 Gate(www.gateveg.co.uk)。

无论如何，素食者会发现大多数餐吧和餐馆的菜单上都有几样素菜可选择。例外的是那些主要经营新英式菜肴的餐馆，像戈登·拉姆齐的招牌餐馆和 St John，就是所谓的摩肩接踵的餐馆。

说到菜肴的种类，伦敦能够提供的远比法国、意大利、印度、西班牙和泰国菜肴多。阿富汗、巴西、古巴、厄立特里亚、犹太、韩国、马来西亚和土耳其风味，在伦敦几乎可以找到任何一种你能想到的民族风味。

有时餐馆也扎堆。马布尔拱门北边的 Edgeware 街两边黎巴嫩餐馆林立。葡萄牙餐馆聚在 Stockwell 街和地铁站附近。在 Hackney 的百老汇市场附近有两家阿根廷 parillas 或烧烤 (见 131 页框内文字)。

然而,其他风味的餐馆正在伦敦扩散。随着波兰和其他东欧移民餐馆的大量涌入,一些像 Daquise(见 105 页) 和 Trojka(见 172 页) 这样久负盛名的餐馆注定会面临更多的竞争。

尽管很多伦敦当地评论家可能不以为然,但我们一直觉得伦敦对越南餐的喜好很令人失望。或许它跟中餐表亲的关系有点太近,可能会让任何在英国以外吃过越南餐的人失望。但如果要自己试试的话,可以去 Hoxtond 的 Kingsland 街 (见 122 ~ 123 页地图 ,F3) 南头。

最佳餐吧
> Anchor & Hope (见144页)
> Gun (见153页)
> Princess (见130页)
> Wells (见173页)

最佳印度餐馆
> Amaya (见104页)
> Kastoori (见128页框内文字)
> New Tayyab (见130页)
> Painted Heron (见106页)

最佳连锁店
> Busaba Eathai (见56页和66页)
> Giraffe (见130页)
> Gourmet Burger Kitchen (见173页框内文字)
> Tas (见145页)

最佳意大利餐馆
> Locanda Locatelli (见77页)

最佳法国餐馆
> Almeida (见162页)
> Club Gascon (见115页)

最佳海鲜餐馆
> J Sheekey (见56页)

最佳中国餐馆
> Hakkasan (见66页)
> Yauatcha (见57页)

最佳装饰格调
> Les Trois Garçons (见130 页)
> Wolseley (见92 页)

左上 Boxwood 咖啡厅 (见 104 页)

美术馆

伦敦风行轰动一时的流行艺术展览,而且最近把这种艺术形式推到一个新的高度。尽管这种显示度很高的大型艺术活动并没有什么新意,也有人对此颇有微词,但在过去几年间它们已在英国首都里风靡一时。

通过举办闻所未闻的联合画展,像泰特英国美术馆的透纳、惠斯勒和莫奈(都是以泰晤士河为主题),伦敦推陈出新并打破票房纪录。国家美术馆的卡拉瓦乔和贝拉斯克斯展览揭示了早期绘画大师的新意境,而皇家艺术学院的Turks也展现了令人惊讶的美。伦敦引发了对现代主义的大讨论,并在维多利亚和艾伯特博物馆展出了达·芬奇的写生簿。

美术馆 > 速览

　　凭借必要的声望和郑重态度，伦敦的美术馆说服国外博物馆借出他们的无价之宝，又很好地把这些宝贝与自己引人注目的馆藏结合起来。他们也经常把很少展出的宝石收藏在储藏室。所以甚至值得将看展览定为整个旅行的主题，可以上 www.visitlondon.com, www.thisislondon.co.uk, www.guardian.co.uk 和 www.timeout.com 查一下展览的信息。

　　当然，吸引人的地方总是人很多，如果挤过人群看一眼喜欢的画这种事不能打动你，你总能找到极端的对立面。伦敦众多公立和私人美术馆展示了异常广泛的风格与流派，总是不惊于创新，不吝于试验或发яр，而且乐于下注有前途或边缘的艺术。

　　这点不仅体现在一些像蛇形湖和 Whitechapel 这样的小画廊，而且在 20 世纪 90 年代的英国艺术运动中也有所表现。一些曾经被认为无法容忍的艺术，像赫斯特 (Damien Hirst)、特雷西·埃民 (Tracey Emin) 和查普曼兄弟 (Chapman Brothers) 的作品如今已经进入了主流，在泰特英国美术馆你就可以看到。

　　同时，广告人 Charles Saatchi，一位艺术收藏家也是那场运动的主要策划人，注定要在 2007 年永久复出。仓库大火和一些纷争导致以前的收藏离开议会大楼后，Saatchi 的新美术馆位于斯隆广场附近。但别期望在那里能看到更多英国艺术主题的作品，他已经向前进了，正在集中精力做"9·11"事件后的美国绘画。

最佳轰动一时短期展览
> 国家美术馆(见47页)
> 皇家艺术学院(见83页)
> 泰特英国美术馆(见84页)
> 维多利亚和艾伯特博物馆(见101页)

最佳英国艺术
> 泰特英国美术馆(见84页)
> 白立方画廊(见86页)

最佳先锋艺术
> 当代艺术学院(见83页)
> 摄影师画廊(见47页)
> 蛇形湖画廊(见100页)
> Whitechapel艺术画廊(见125页)
> 白立方画廊(见86页)

凤凰涅槃式重生
> Saatchi 画廊(见100页)

左上 泰特现代艺术馆 (见141页)

速览 < 卡巴莱

卡巴莱 (CABARET)

  毫无疑问,某个地方的认真学生已经在撰写论文,研究伦敦歌舞表演热的社会学基础与含义——而当地人和游客只是沉溺于这种怀旧的奇怪活动。由于是将不同程度的商业和后现代主义嘲讽融入当代伦敦的滑稽表演和歌舞杂耍,这与20世纪30年代的柏林不太一样。吸引了相当多的"全女班之夜"(hen nights)派对。但奇怪的是,伦敦标题新闻中的最新夜生活趋势却不尽相同。

  就像在伦敦被大致定义的一样,卡巴莱 (Cabaret,有歌舞或滑稽短剧助兴的餐馆和夜总会)夜生活既有剧院经理文斯·鲍尔 (Vince Power) 的成人 Pigalle 晚餐夜总会,让客人们边吃边观看各种演出,也有 Bethnal Green 的工人夜总会,上演繁荣时期好玩的"意外事件"。

  Bistrotheque 有很强的同性恋文化,有时 Madam Jo Jo 晚上也有,而 Volupté Lounge 则更有些冒险意味,这里有羽毛舞者和脱衣舞娘。

  Marilyn Manson 的夫人,也是英国报纸的常客 Dita von Teese 是这场娱乐革命的代言人。她在英国音乐场所 Koko 的首次亮相,所引起的轰动显然超过了麦当娜最近那场群星灿烂的演出。

……最佳地点

很棒的老式游戏 Bethnal Green 工人俱乐部 (见135页)
当歌舞表演遭遇indie摇滚 Koko (见175页)
人妖表演 Madame Jo Jo's (见61页)
鸡尾酒 Bistrotheque (见129页框内文字)
滑滚轮的侍者上的下午茶 Viva蛋糕,St Aloysius 社会夜总会 (见162 页框内文字);Bethnal Green 工人俱乐部 (见135页)

夜总会

很少有城市能够在夜总会数量上与伦敦相提并论,没有一个城市能够与伦敦的夜总会种类相匹敌。这里有迪斯科、boogie(摇摆舞)、funk(美式索尔音乐)、punk、R&B、鼓与贝斯(drum and bass)、hip-hop、electro、electroclash、techno、deep house、rave——该死的,甚至还有波兰流行音乐和其他的,而且几乎一周每个晚上都有。实际上,伦敦最好的夜总会是 End 的"周一垃圾"(Monday's Trash),一家把 punk-electronic-punk-Indie 融合在一起的夜总会,这里有像 Bloc Party、Scissor Sisters 和 Yeah、Yeah、Yeahs 这些最棒的乐队。

或许原因之一是伦敦西区周末时因为酒后狂欢总有点喧嚣混乱。但如果你到 Hoxton 的夜生活中心的话,一定能度过一段愉快时光。卡姆登、克拉肯韦尔和诺丁山都有很好的独立夜总会。如果找那种粗糙、城市的感觉的话,可以去国王十字北边工业废墟里的夜总会。

因为要经过那些很情绪化的彪形大汉门卫,所以要穿得时髦点,但也别太高档。伦敦现在每天有免费赠送的*londonpaper*(www.thelondonpaper.com),如果能持续下去的话,这份报纸全面的夜总会清单能与 *Time Out*(www.timeout.com; £2.50)的相媲美。也可以上 www.dontstayin.com 看看。

最佳……

超级夜总会 Fabric (见119页)
音响系统 Ministry of Sound (见147页)
大牌DJ End (见60页); Fabric (见119页)
多元化音乐 Cargo (见135页)
友好、令人放松的门卫(通常情况下) 333 (见135页); Cargo (见135页)
室外露台 Cross (见165页); 93 Feet East (见135页)
后派对 Egg (见165页)
Indie音响 Club NME, Koko (见175页)
凌晨喝一杯的地方 Bar Italia (见58页); Brick Lane Beigel Bake (见121页)
周日放松地 Big Chill Bar (见131页)

同性恋

同性恋消费肯定在伦敦占一席之地。一些当地的男女同性恋者甚至抱怨这里太商业化。伦敦的同性恋活动已是名声在外,人们对此视为平常。

索霍区的老考姆登街(见48页地图,D3)无论白天黑夜,都是个奇怪团体的聚会场所,同性恋酒吧和商店林立,里面满是精心打扮的顾客。这里有像 *Boyz* 和 *QX* 这样的同性恋免费报纸,也有 *Attitude*、*Gay Times* 或 *Diva* 等书。

伦敦最有名,也是最主要的同性恋夜总会是天堂(Heaven;见61页)。但在泰晤士河南号称"Vauxhall 村"的地方也有一些较小的夜总会。有 Muscle-Mary nirvana Crash(见147页),还有 Horse Meat Disco(www.horsemeatdisco.co.uk)和传说中的粗劣歌舞表演夜 Duckie。

最后,不管那些关于商业化的抱怨如何,伦敦的文化还是很宽泛的。不仅仅只迎合主流 tecnno 舞曲狂热爱好者的需求。一些地方,像 Scala(见165页)、Ghetto(见60页)和闷燥的 Astoria,还可以满足 Indie、alternative 甚至 grunge 鉴赏者的需求。

同性恋场所

热身饮料 Trash Palace (www.trashpalace.co.uk)
女孩酒吧 Candy Bar (www.candybar.co.uk)
腹肌表演 Crash (见147页);周六晚,天堂(Heaven)(见61页)
双性夜总会 DPTM, Fabric(见119页)、Fiction, Cross(见165页)
同性恋游乐场所 G-A-Y Camp Attack, Astoria (见59页)
Electroclash舞蹈之夜 Nag, Nag, Nag, Ghetto(见60页)
Indie kicks Popstarz, Scala(见165页)、Miss-shapes, Ghetto(见60页)
高档餐厅 Les Trois Garçons(见130页)
鸡尾酒时间 Bistrotheque(见129页框内文字)、Loungelover(见134页)

音乐

从 Proms 音乐会（见 35 页）最后一夜的 Elgar 爱国主义曲子，到赶超崇拜者的吉他乐队的尖锐乱弹，再到 Russell 乐队的黑眼线、短钉发式和瘦牛仔，不同的节奏在伦敦各领风骚。

由于主要的古典音乐场所皇家音乐厅要到 2007 年整修后才能再开放，伦敦的古典音乐演出最近有些"居无定所"，同时公众也对 2006 年 Proms 的上座率表示质疑。

与此相反，摇滚乐的状况却出奇地好。受五年前吉他摇滚重现的影响，如今摇滚乐已发展得极具 DIY 风潮，乐于融合其他流派，变得更加多样化。可以上 www.xfm.co.uk 或 www.irlondon.co.uk 快速了解一下这一风潮。

同时，爵士乐愉快地紧随其后，虽然举世闻名的 Rennie Scott's 的整修和重新开放为它注入了新的活力。

爵士乐
> Jazz Café (见175页)
> Ronnie Scott's (见61页)

低俗表演
> Barfly@the Monarch (见175页)
> Boogaloo (见173页)

可信度高的排行榜头筹场所
> 布里克斯顿学院 (见147页框内文字)
> Koko (见175页)

> Shepherd's Bush Empire (见183页)

融合流派
> Barbican (见119页)
> Jazz Café (见175页)
> Roundhouse (见175页)

最佳古典音乐演出地
> Barbican (见119页)
> 皇家艾伯特会堂 (上图，见107页)

酒 吧

虽然不能与都柏林媲美，但伦敦的酒馆也是非常受欢迎的社交场所。其中一两个较古老的始于16、17世纪，但很多还是源自维多利亚时期——伦敦最伟大的酒馆建造期。（更多的是仿维多利亚式的，但这里一并忽略。）

尽管不看好，2005年底酒类专卖法的变动并未增加伦敦街上醉汉和无政府主义者的数量——嗯，至少没比以前多。一些地方还维持传统的11点关门的惯例，但很多市中心的酒馆工作日倾向于晚关门至少半小时，周五周六晚营业直到午夜。

在这本指南中，我们评价了那些短期游客很容易找到，又有些历史的酒馆。但实际上，很多伦敦最好的酒馆都在传统的旅游路线之外。如果你是个酒馆鉴赏家的话，可以上 www.fancyapint.co.uk 或 www.beerintheevening.com 看看。我们并不完全同意上面的每个评价，但里面的信息肯定是全面的。

最适合戏剧开演前发呆的地方
> Salisbury (见58页)

最适合久坐小酌的地方
> George Inn (上图；见146页)
> Lamb (见67页)

最佳喧闹狂欢地
> Lamb & Flag (见58页)

最佳历史布景
> George Inn (见146页)
> Lamb & Flag (见58页)
> Princess Louise (见68页), Salisbury (见58页)
> Ye Olde Mitre (见118页)

河畔伦敦

历史上泰晤士河一直是伦敦存在的原因和活力的源泉。没有这条河,罗马人决不会在这里建立 Londinium,也不会有这座城市后来作为贸易中心的成功(见 205 页框内文字)。

然而 21 世纪的泰晤士河的使用率相对较低。现代的集装箱运货船太大,到不了河上游,大部分就把货物卸在河口外。同时,每年河上的 200 万人中,大多数都是观光的游客(虽然市长已宣布河运相对来说不够经济,但已有呼声希望在 2012 年前增加河运服务)。

几十年来,河岸也被忽略了。20 世纪 60、70 年代不用的码头废弃了,直到 90 年代 Oxo 大厦和设计博物馆附近的 Butler's 码头等地区的改造才标志着这一区域的再发展。紧随其后的是像伦敦眼、千年桥和泰特现代艺术馆这样的千年项目,以及后来市政厅周围的建设。

今天,伦敦显然再次爱上了泰晤士河,滑铁卢桥到 Butler 码头之间的区域也成了伦敦最受欢迎的地区。

……最佳地点

瞬间观看城市全景 滑铁卢桥 (见上图,见11页)
巴黎左岸印象 河边漫步,南岸中心附近 (见149页)
最地道的伦敦景色 自泰特现代艺术馆的窗户远眺(见141页)
观赏河两头 塔桥顶层 (见114页)
观赏港口区尾部风光 自皇家天文台附近 (见155页)
风尚之旅 泰特游船 (见142页)
极限冲刺冒险 RIB航行 (见141页框内文字)
看风景的桌子 BluePrint Café (见144页)

速览 < 购物

购 物

没人愿意错过伦敦的购物疗法，也就是世界上无可比拟的购物经历。

顶级百货大楼哈罗德和 Portobello 街市场的古董是伦敦特征的一部分。但是，这座城市零售业的主要优势在于它的时尚产业。这里街头服饰的种类无与伦比，而且总能够快速廉价地把 T 台时尚带给普通消费者。虽然连锁店越来越快地抢占了大街，但这座城市的乐趣之一仍然是它独立的精品店。每个经典的 Savile Row 裁缝都有一打位于 Hoxton 的前卫的设计师衣店。古老的衣店点缀着从诺丁山到斯皮特菲兹的风景，传统的英国品牌像 Burberry 和 Mulbery 进行了彻底的改革，而像斯特拉·麦卡特尼 (Stella McCartney) 和马修·威廉森 (Matthew Williamson) 这样年轻的英国设计师还经营着只值得一看的奢侈品店铺。

一些中心的购物区很脏、很挤又垃圾遍地。但这座城市总能以每几年出现的新的有趣购物中心来弥补这一缺陷。

即使你没有钱，到伦敦的集市看看也是了解这座城市的一个最佳选择。卡姆登几乎就是特意为游客预留的。见 25 页最佳开始地点。

最佳百货商场
> 哈罗德 (见102页)
> Selfridges (见75页)

最佳的时尚店铺
> Top shop (见66页)

最佳速览Hoxton街时尚的店铺
> Laden Showrooms (见127页)
> 斯皮特菲兹市场 (见128页)
> Sunday Up市场 (见125页)

最佳价格合理CD与DVD购买地
> Fopp (见51页和65页)

最佳古典衣服购买地
> Absolute Vintage (见126页)
> Beyond Retro (见127页)
> Rellick (见179页)

最佳怀旧店面
> A Gold (见126页)

最诡异的装饰品
> Oxo 大厦 (见143页)

时尚杂志最热衷地点
> Alfie古董市场 (见74页)
> Dover街市场 (见88页)
> Shop at Bluebird (见102页)

剧 院

自莎士比亚时代开始,伦敦的剧院就享有盛名,现在的状况也绝对配得上这位吟游诗人的遗产。英语最受尊敬的剧作家本质上是个群众迎合者,这一点在重建后的环球剧院观看经过通俗演绎的作品时你一定会有所感受。同样,现代的伦敦舞台也通过模糊严肃与通俗之间的界限而取得巨大成功。

上流剧院已经开始上演更富活力的当代作品来吸引新的观众。同样,伦敦西区也更加愿意冒险。例如,久负盛名的国家剧院也开始起到跳板的作用,将备受争议的 *Jerry Springer*:*The Opera* 从边缘带到了伦敦西区。

改革带来的兴奋吸引了电影里的大腕,让批评家们哑口无言。一家当地的排名杂志最近宣称剧院已成为新的摇滚,连值得一看的独立报也开始褒奖伦敦西区从《舞动人生》(*Billy Elliot*)、*Dirty Dancing* 到 *Spamalot* 这些音乐剧的质量。(尽管他们也为音乐剧主宰伦敦西区的状况担忧。)全面的戏剧清单请见 www.officiallondontheatre.co.uk。

最佳……

新闻青睐的演出 国家剧院 (见148页)
亲密与实验剧 Almeida剧院 (见165页);Donmar Warehouse (见59页);Young Vic剧院 (见149页)
愤(怒)青(年)剧作家的新作品 皇家宫廷剧院 (见107页)
可信的莎士比亚布景 莎士比亚环球剧院 (见149页)
观看凯文·史派西的作品 Old Vic剧院 (见149页)

景 色

从空中,你才能真正了解伦敦的庞大和庄严,而即使从伦敦眼你也看不到这座城市的外围。

奇怪的是,伦敦的摩天大楼很少,却至少有一打向公众开放的观景点。其中像圣保罗大教堂和纪念碑始于 17 世纪,但很多仅仅只有十年左右的历史,像伦敦眼、Oxo 大厦和泰特现代艺术馆。

国家肖像馆里的肖像餐厅和 Galvin@Windows 这些几年前开业的酒馆,使伦敦看上去似乎乐于继续内省,而对于游客来说,就只是欣赏伦敦的历史景观并搞清楚这些建筑物的身份了。

最佳看全景地点
> 圣保罗大教堂的圆顶(见114页)
> 伦敦眼(见上图,见140页)
> 议会山,汉普斯特德希斯(见24页)

不同的视角
> 肖像餐馆,国家肖像馆(见47页)
> 顶层咖啡厅,Waterstone's(见88页框内文字)

河景
> Oxo大厦(见143页)
> 泰特现代艺术馆(见141页)
> 塔桥(见114页)

深夜鸡尾酒
> Vertigo 42(见118页)
> 7层餐馆,泰特现代艺术馆(见141页)

长途攀登
> 圣保罗大教堂圆顶(见114页)
> 纪念碑(见112页)

轻松的旅程
> 伦敦眼(见140页)
> 塔桥(见114页)
> 威斯敏斯特教堂(见86页)

窥探女王
> Galvin@Windows(见90页)

> 背景知识

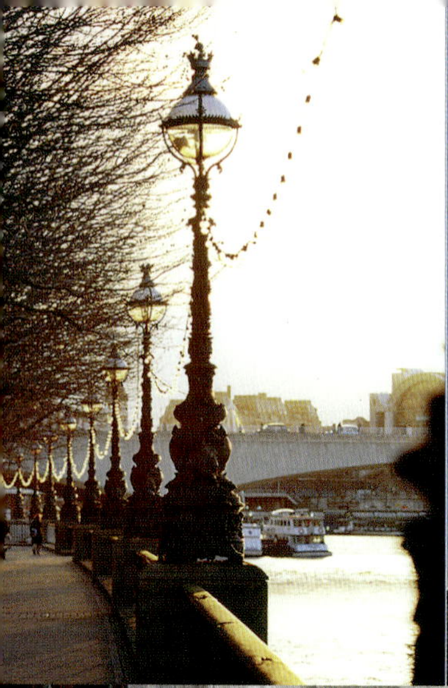

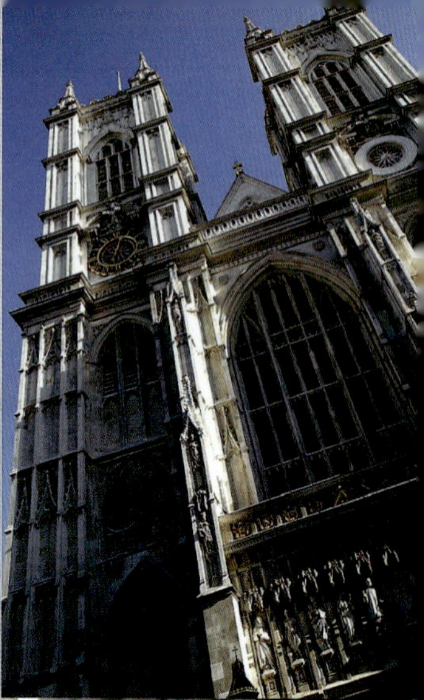

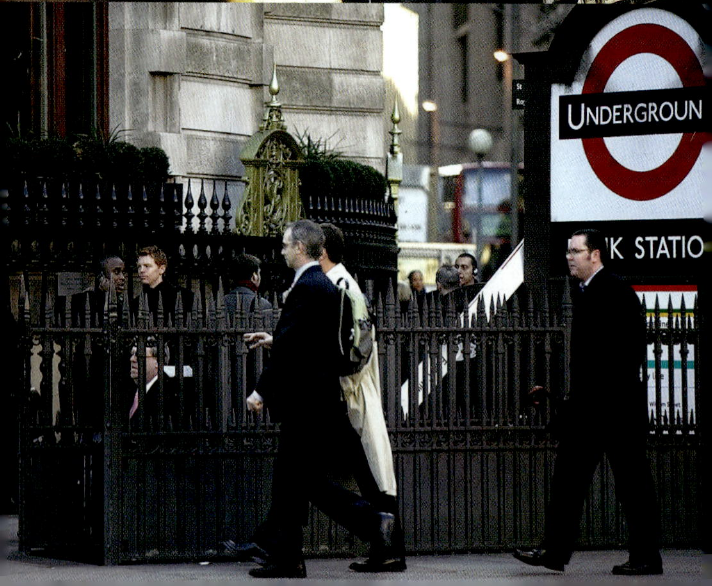
UNDERGROUN
K STATIO

背景知识
历史

凯尔特和罗马人 (THE CELTS & ROMANS)

今天这个庞大、充满活力的大都市源于围墙里的罗马城市 Londinium，也就是现在伦敦的金融区。Londinium 于公元 43 年建于泰晤士河北岸。罗马人在河上建了一座桥，并把这里建成了重要的港口和贸易中心。后来随着罗马帝国的土崩瓦解，Londinium 在公元 410 年被废弃。

撒克逊和丹麦人 (THE SAXONS & DANES)

之后，撒克逊人（北方的日耳曼部落）陆续进入这座城墙包围的城市西部，也就是今天的 Aldwych 和 Charing Cross 附近。丹麦海盗 (Danish Vikings) 对撒克逊人统治的伦敦很感兴趣，842 年到 11 世纪初一直零星地对这座城市发起进攻，期间丹麦国王克努特 (Canute) 也短暂地统治过英格兰。但教徒爱德华在伦敦留下了不可磨灭的印记。1042 年登上王位后，他将王宫搬到了威斯敏斯特，并建了威斯敏斯特大教堂（见 86 页），这样就把伦敦分为两个截然不同的中心——位于威斯敏斯特的政治中心和位于金融区的商业中心。

伦敦的生命之河

泰晤士河在伦敦的发展中起到了枢纽作用。
- 罗马人公元43年因河而建Londinium
- 它将这里变成了一个富庶的贸易中心，船只运来了全球的财富
- 中世纪时河水冬天结冰，被用来举办"结霜节"和滑冰
- 伦敦塔桥在1750年威斯敏斯特桥开通前是河上唯一的桥
- 1945年大英帝国开始衰落时工业运输显著减少。船坞变为办公室，如今海运集装箱在栅栏外卸货
- 1957年河内生物绝迹，现在河里有122种鱼类，2006年一头可怜的鲸鱼甚至在河中迷路
- 每年200万人游河，主要是娱乐

左上 从泰晤士河北岸远眺金融城　**右上** 西敏寺（见86页）　**下** 地铁站

背景知识 < 历史

诺曼底人 (THE NORMANS)

爱德华之后，诺曼底人自法国北部入侵，征服者威廉于 1066 年统治了这座城市。威廉对"暴民"的不信任促使他建了几处防御工事，包括伦敦塔（见 114 页）中心的白塔。

都铎时期的伦敦 (TUDOR LONDON)

中世纪时伦敦逐渐繁荣起来，但直到 16 世纪都铎王朝时期才拥有真正的影响力。都铎王朝统治时期发现了美洲大陆，世界贸易日益繁荣，而亨利八世与第一任妻子离婚也促使他与天主教堂决裂，并在 1543 年建立了英格兰教会。亨利的做法显然影响了整个世界，但同时由于他四处兼并教堂财产，并把其中一部分用于皇家狩猎场的建设，伦敦景观也发生了变化。狩猎场后来成为海德公园（见 98 页）和摄政公园（见 73 页）。同时通过囚禁反对者（和妻子们），亨利也让伦敦塔有了血腥的名声。

亨利的女儿伊丽莎白一世 (1558 ～ 1603 年在位) 很有权威，但死后没有继承人，她的亲戚詹姆斯一世和查理一世（她天主教表姐苏格兰皇后玛丽的后裔）统治无力，削弱了君主对国家的控制。

英格兰内战期间 (1642 ～ 1649 年)，奥利弗·克伦威尔领导的圆颅党（清教徒，国会议员和商人的联盟）于 1646 年从国王手中夺取了国家的完全统治权。1660 年国会恢复了君主制，但英国君主已不再是绝对的统治者了。

1666 年的大火使伦敦遭受重挫，80% 的建筑物被烧毁。但这场浩劫也蕴藏着一线生机：几乎没有人员伤亡，烧掉了 1665 年大瘟疫 (100 000 人死于这场灾难) 最后的痕迹，同时也给了克里斯托弗·雷恩一个干净的空间建设新的城市。雷恩的圣保罗大教堂（见 114 页）仍是伦敦的主要标志性建筑，他为格林尼治地区（见 150 页）的建设做出了重大贡献，还在整个伦敦建了许多教堂和其他建筑物。为纪念这场大火建的纪念碑（见 112 页）也出自雷恩的设计，1677 年建成时是伦敦最高的建筑物。

实际上，大火后的伦敦建设持续了几个世纪。大火后不久，查理二世就搬出了威斯敏斯特到了圣詹姆斯 (St James's)，贵族们收购了这里的周边地区，建起了大广场和住宅区，也就是现在的梅费尔 (Mayfair) 和圣詹姆斯。1685 年，为逃离法国天主教的迫害，大约 1500 名胡格诺 (Huguenot) 教徒流亡到伦敦，从事奢侈品（如丝绸和银器）经营，并给早已拥有多元文化的社区增添了新的元素。

乔治国王时代 (GEORGIAN PERIOD)

截至 1700 年,伦敦人口为 60 万,作为一个正在扩张的帝国的中心,伦敦拥有前所未有的财富和地位。乔治国王时代的建筑师,像特拉法加广场(见 51 页)的设计者约翰·纳什(John Nash)和约翰·索恩(John Soane)爵士(参见约翰·索恩爵士博物馆,112 页),建起了壮丽的对称建筑和酒店式公寓。

维多利亚时期 (VICTORIAN AGE)

19 世纪人口剧增,从 1800 年的 100 万增长到一个世纪后的 650 万,在维多利亚女王 64 年统治和工业革命时期郊区大为扩展。

除了建郊区的排屋、东伦敦的码头和关键的铁路以外,维多利亚时期对有着垂直塔、尖拱门和塔楼的"新哥特式"建筑特别偏爱。其中最好的例子就是现在的威斯敏斯特宫/议会大厦(见82页)。在前一座议会大厦被烧毁后,

特拉法加广场(见 51 页)

背景知识 < 历史

这座大厦于 1840 ~ 1860 年由建筑师查尔斯 · 巴里 (Charles Barry) 和内部设计师奥古斯特 · 皮金 (August Pugin) 重新建造。但其他维多利亚时期的哥特式建筑保存了下来，像建筑师艾尔弗雷德 · 沃特豪斯 (Alfred Waterhouse) 设计的自然历史博物馆 (1880；见 99 页)，和乔治 · 吉尔伯特 · 斯科特 (George Gilbert Scott) 的 St Pancras Chambers (1874；见 160 页)。

1901 年维多利亚女王死后，她的儿子爱德华统治时期出现了动力公共汽车，新建的地铁系统得到扩展并在伦敦第一次举办奥林匹克运动会。

自然历史博物馆（见 99 页）

世界大战期间

第一次世界大战始于 1914 年 8 月。战争期间英国在欧洲大陆战场上损失惨重，650 人死于伦敦空袭。但尽管伤亡可谓惨重，第二次世界大战时期德军空袭造成的损失仍有过之而无不及。藏身地下内阁战时办公室（见 79 页）的丘吉尔和他的政府无力阻止东伦敦在 1940～1941 年德军狂轰滥炸下被夷为平地。1945 年"二战"结束时，伦敦死亡人数为 32 000 人，还有 50 000 名重伤员。

战后，丑陋的房屋和廉价的建筑物被草草搭建起来。实际上，今天在一些高档社区仍可以看到曾盛行一时的"野蛮现代主义"建筑，像南岸中心（见 149 页）和 Barbican（见 119 页）。曾经的重要经济支柱泰晤士河码头却从未恢复，河运中心向东转移到 Tilbury，港口 (Dockland) 地区也逐渐衰退，直到 20 世纪 80、90 年代才重新发展成为金融区。

战后工党建立了福利国家，但大部分被始于 1979 年的保守党划时代的 18 年执政瓦解。私有化和废除法规是撒切尔时代的主题，这带来了金融服务领域的繁荣。但是，政治落败和投票人的觉醒最终让托尼·布莱尔领导的工党于 1997 年上台。

你知道吗？

- 伦敦市中心人口：750 万
- 大伦敦人口：1280 万
- 出生于英国以外的伦敦居民比例：33%
- 伦敦占英国GDP比例：19%
- 年均家庭收入：£37 073
- 伦敦平均房价：£285 434
- 肯辛顿和切尔西平均房价：£768 000
- 伦敦人买一个巨无霸需要工作：16 分钟
- 失业率：7.6%
- 每年垃圾量：340 万吨
- 每年希思罗机场乘客流量：6700 万
- 2005 年游客住宿：2540 万晚
- 每年旅游业收入：150 亿英镑

背景知识 < 伦敦人的生活

今日伦敦

上任伊始，布莱尔的个人魅力和强劲的经济增长使工党在 2001 年 7 月 5 日轻松赢得了第二次选举。但随后首相一些不受欢迎的决策，包括 2003 年英国卷入伊拉克战争，让工党在 2005 年选举中支持率大大下降，而伦敦人则更支持他们的市长肯·利文斯通 (Ken Livingstone)。

赢得 2012 年奥林匹克运动会主办权的第二天，也就是 2005 年 7 月 7 日 (在当地被称为 "7/7")，伦敦地铁交通系统成为自杀式爆炸袭击的受害者。随之而起的悲痛和愤怒难以置信的勇敢和镇定所缓和。之后，虽然人们的警惕性提高，并重新讨论起多元文化主义，但伦敦生活在很大程度上恢复到往日的节拍。

伦敦人的生活

伦敦是地球上最多元化的城市之一，有 50 个不同的民族 (33% 的人口出生在英国以外) 和 300 种口头语言，是名副其实的"城市里的世界"。

但是，就像任何一个世界性大都市一样，这是个快节奏并经常让人不知所措的地方。伦敦人经常对他们的 "家乡" 爱恨交加。一方面，这里有无与伦比的文化生活和太多事情可做，伦敦的美术馆、夜总会和剧院吸引了全世界顶尖的人才。另一方面，伦敦脏、生活昂贵和压抑，集聚了工作狂。很多居民抱怨没有钱或时间来享受这座城市提供的文化盛宴。但值得注意的是，很多伦敦人实际上选择从别处移民到这里，并通常能够在这里最终找到合适的位置。

当地人以冷淡和不友好闻名，如果你想在公共汽车或地铁上和陌生人搭讪，那你可能被回绝。或许作为一种对付永远拥挤的人流的方式，乘客们在地铁、公共汽车和火车上通常采取一种拒人于千里之外的漠视与缄默，如果有人试图要打破这种缄默的话甚至会被看作有点发疯。但别担心，如果你是个明显需要指路的游客的话，应该没有问题。

但实际上，伦敦人崇尚自由，很能容忍，很难被激怒，对讨厌的穿着和举止泰然自若 (实际上他们很善于忽视别人的自我表现)。

有用的网站

> 大伦敦政府官方信息：www.london.gov.uk
> 读取伦敦市和市长大人的最新消息：www.corpoflondon.gov.uk
> 伦敦政治经济学院对伦敦政府和经济的独立研究：www.lse.ac.uk/collections/LSELondon

但是，一个相对很小的事情确实会引起有点好笑的激烈反应，即使在最短的城市游览中也要注意。为避免被乘客们咒骂，在地铁站的电梯上请站右侧，以让那些已经忍无可忍的乘客们可以从左边冲过去！

政府和政治

自21世纪重新自治以来，伦敦有了显著的进步。很奇怪的是，这个拥有£1.5亿GDP的大都市和英国经济的发动机曾经没有市长或自治政府。1986年以后，当时的首相玛格丽特·撒切尔废除了大伦敦委员会 (Greater London Council，简称GLC)，随后的14年间这座城市无人治理，直到托尼·布莱尔的工党政府建立新的大伦敦政府 (Greater London Authority，简称GLA)，并于2000年5月份通过公众选举任命前任大伦敦委员会领袖肯·利文斯通为市长。大伦敦政府对交通、经济发展、环境政策、治安、消防队、国防和文化有着战略性的影响。

利文斯通政府开局良好。他在世界上第一次引入"交通拥堵费"的勇气为他赢得了喝彩，驾车人穿过城区时必须要缴费，这一政策在改善公共交通方面起到了很好的作用。2004年连任前，曾经抛弃了他的工党欢迎他的重新加入。

但市长在第二任期间碰到一些困难。比如他因为与犹太记者的放纵谈话而被暂停公职。伦敦人也为他废除传统双层公共汽车——马路天使的决定感到沮丧（见88页框内文字），之前他曾说这样做的人肯定是个笨蛋。但市长的带领伦敦成功申请到2012年奥林匹克运动会的主办权，激励了"7/7"爆炸事件后的伦敦城，并最终成功地推翻了最高法院对他暂停公职的指控，开始重新树立他的良好声望。

伦敦市长与伦敦的市长大人 (Lord Mayor of the City of London) 不同，市长大人更是个行政管理官员。

深度阅读

像查尔斯·狄更斯这样的小说家留下了写伦敦小说的纯正传统，但却从未影响像马丁·埃米斯 (Martin Amis) 或史密斯 (Zadie Smith) 这样的现代作家。关于这座城市的作品从下里巴人到阳春白雪，可选的范围很大，包括《绝对初学者》(*Absolute Beginners*)(1959; Colin MacInnes) 惟妙惟肖地刻画了伦敦20世纪50年代的青年文化。

《砖巷》(*Brick Lane*)(2003；Monica Ali) 一个孟加拉的伊斯兰妇女通过包办婚姻来到伦敦，开始时她接受了命运的安排，直到后来的自我发现之旅。

《郊区居民的菩萨》(*The Buddha of Suburbia*)(1991；Hanif Kureishi) 深刻揭示了 20 世纪 70 年代伦敦郊区的一群亚裔移民的希望和恐惧，感人至深。

《事件的结局》(*The End of the Affairs*)(1951；Graham Greene) 发生在饱经战争创伤的伦敦的经典情感剧，刻画了一个妇女在丈夫，情人和宗教之间的挣扎。

《吉夫斯(Jeeves)的公共马车》(*The Jeeves Omnibus*)(1931；PG Wodehouse) 有钱的 Mayfair 居民伯蒂·伍斯特(Bertie Wooster) 与管家吉夫斯之间的故事，嘲讽了上流社会。

《遗言》(*Last Orders*)(1997；Graham Swift) 四个上了年纪的朋友回忆战时的伦敦东区。

《伦敦传记》(*London: The Biography*)(2000；Peter Ackroyd) 被广泛誉为权威的导游书，这本博大精深的大部头书编织了一幅醉人的伦敦画卷。

《伦敦：消失的城市》(*London: City of Disappearance*)(2006；Peter Ackroyd) 这本伦敦喜爱者的最新精彩著作主要描述了这座城市的变化，尤其是那些已被时间抹去的印记或已消失的东西。

《伦敦土地》(*London Fields*)(1989；Martin Amis) 关于伦敦下层人生活的非常吸引人的集中研究。一个评论家这样写道，"比狄更斯小说多了脏话与性，少了同情"。

《伦敦的轨道》(*London Orbital*)(2002；Iain Sinclair) 辛克莱沿 M25 高速公路步行环游这座首都。

《雾都孤儿》(*Oliver Twist*)(1837；查尔斯·狄更斯) 狄更斯这个逃跑孤儿落入贼帮的故事并非他最好的小说，但却是维多利亚时期伦敦的最好写照。

《狭隘视野：地下哲学家的旅程》(*Tunnel Visions: Journey of an Underground Philosopher*)(2002；Christopher Ross) 一个资历过高的地铁服务员的精彩，有趣，轻柔，又往往被忽视的思考。

《白牙》(*White Teeth*)(2000；Zadie Smith) 一本关于北伦敦三个截然不同的家庭间友谊和文化差异的书，幽默，尖锐，大气。

电影

从未有电影导演像伍迪·艾伦(Woody Allen) 拍摄纽约那样记录过伦敦，虽然艾伦本人已经爱上这座城市，正在这里拍摄 *Match Point* 和 *Scoop*。自 20 世纪 50 年代以来，这里有一系列的电影代表作，从伊林(Ealing) 喜剧到最近的浪漫轻喜剧 (romantic comedies，简称 rom-coms)、黑帮电影和坚定的工人阶级电影，包括：

《强行入侵》(*Breaking and Entering*)(2006) 导演 Anthony Minghella 多年来第一部以伦敦为背景的电

影,敢于展示伦敦坚韧的一面,由裘德·洛和朱丽叶·比诺什 (Juliette Binoche) 出演。

《单身日记》(*Bridget Jones's Diary*)(2001) 伦敦是布里奇特·琼斯个人关系窘境的背景,由一向非常苗条的得克萨斯人勒妮·泽尔韦格 (Renee Zellweger) 出演。

《人类之子》(*Children of Men*)(2006) 这部发生在 2027 年的反乌托邦科幻恐怖片并不很成功,但它确实拍出了一些伦敦标志性建筑的全新形象,剧中的 Battersea 发电站、泰特现代艺术馆和千年桥充满冷酷的色彩。

《近一点》(*Closer*)(2004) 改编自帕特里克·马伯 (Patrick Marber) 关于被叛的剧本,剧中有裘德·洛,朱莉娅·罗伯茨,克莱夫·欧文和很多的伦敦场景,像海洋馆、Smithfield、南岸和 NPG 餐馆。

《Ipcress 档案》(*The Ipcress File*)(1965) 这部阴郁的麦克尔·凯恩 (Michael Caine) 间谍恐怖电影中展示了 Blackfriars 桥、皇家艾伯特会堂、特拉法加广场和维多利亚和艾伯特博物馆。

《双生杀手》(*The Krays*)(1990) 加里 (Gary) 和马丁·肯 (Martin Kemp)(出自 20 世纪 80 年代新罗曼蒂克乐队 Spandau 芭蕾) 出演了臭名昭著的克雷 (Kray) 兄弟 Ronnie 和 Reggie,20 世纪 50、60 年代东伦敦黑社会的头头。

《老妇杀手》(*The Ladykiller*)(1955) 在最后一部伟大的伊林喜剧中,犯罪策划人亚历克·吉尼斯 (Alec Guinness) 在不知情的情况下被国王十字的小老太太击败了。

《锁,股票和两杆老烟枪》(*Lock, Stock and Two Smoking Barrels*)(1998) 盖伊·里奇 (Guy Ritchie)(现在的麦当娜先生) 导演,尼克·莫兰 (Nick Moran),贾森·斯泰瑟姆 (Jason Statham) 和其他人出演,这些人欠了一个可怕的东伦敦人 £500 000 的债务。

《诺丁山》(*Notting Hill*)(1999) 休·格兰特 / 朱莉娅·罗伯茨的这部作品引发了人们对这个地名不厌其烦的讨论。

《年少轻狂》(*My beautiful Laundrette*)(1985) 丹尼尔·戴·刘易斯 (Daniel Day-Lewis) 扮演了一位同性恋朋克,帮助他的男朋友开了一家霓虹灯照耀,音乐环绕的洗衣房,剧本由 Hanif Kureishi 写成,探讨了种族主义、性和其他更多问题。

《秘密与谎言》(*Secrets & Lies*) (1996) 麦克·利 (Mike Leigh) 的一部凄凉而幽默的作品,讲述了一位成功的黑人眼科医生霍滕丝 (Hortense) 寻找她的白人生母的故事,展示了英国工人阶层的生活。

《维拉·德雷克》(*Vera Drake*)(2005) 麦克·利的古剧完美重现了战后的伦敦东区,讲述了一位苦命的堕胎医生帮助年轻女孩的故事。

《28 天后》(*28 Days Later*) (2002) 展现了病毒横行地球,荒无人烟的伦敦的绝美画面。

伦敦指南
交通
到达与离开

飞机

伦敦的机场都分散在伦敦市周边,主要的空运枢纽是分别位于伦敦西、南、北的希思罗、Gatwick 和 Stansted。

希思罗

希思罗(LHR;☎ 0870 000 0123;www.heathrowairport.com)是世界上最繁忙的国际机场,共有四个航站楼,2008 至 2011 年将陆续开通第五个航站楼。共有两个交通站点:第一个通往 1、2、3 航站楼,第二个通往 4 号航站楼。离开伦敦时记得要查一下飞机在几号航站楼。

Gatwick

Gatwick(LGW;☎ 0870 000 2468;www.gatwickairport.com)共有北边和南边两个航站楼,中间由两分钟的单轨列车服务连接。火车站在南边航站楼。

Stansted

廉价航空(STN;☎ 0870 000 0303;www.stanstedairport.com)已经把 Stansted 变成伦敦发展最快的机场。

伦敦金融城

伦敦金融城机场(LCY;☎ 7646 0000;www.londoncityairport.com)是个服务于商业的小机场,位于城市东边。

港口轻轨(☎ 7222 1234;www.tfl.gov.uk/dlr)在地铁/DLR Bank 站与伦敦金融城机场之间有服务,单程大约 30 分钟。火车周一至周六 5:30 am 至 12:30am,

---

气候变化与旅行

旅行,尤其是空中旅行,是全球气候变化的罪魁祸首。在 Lonely Planet,我们认为每个旅客都有责任减少自己的个人影响。因此,我们与 Rough Guides 以及其他相关工业界的同行一道,共同支持"关爱气候"项目,即每个人都要为节能和其他发展中国家的气候保护项目做出贡献,以弥补自己所带来的温室效应。Lonely Planet 为所有员工和作者的旅行提供这种补偿。

更多信息,见 www.lonelyplanet.com 中"负责任的旅行"部分。更多关于补偿二氧化碳排放和计算的信息,见 www.climatecare.org

希思罗 (Heathrow) 机场往返

	Piccadilly 线地铁	希思罗快车	公共汽车	出租车
去往	国王十字/St Pancras	帕丁顿	维多利亚长途汽车站	伦敦中心
时间	1小时至莱斯特广场	15分钟	45-70分钟	1小时(高峰1½小时)
费用	单程 £4(Oyster卡£3.50)	单程/往返 £13.50/26	单程/往返 £4/8起	黑色出租车£55-60, 出租车服务 £35-45
其他	周一至周六 5am~11:45pm 每5-10分钟, 周日 5:50am-10:50pm	5:05am~11:45pm 自希思罗机场, 每15分钟, 周日 5am~9:30pm, 自帕丁顿	032, 035, 050, 403, 412路公共汽车 每30-60分钟, 5am~9:30pm 自希思罗机场; 7:15am~11:30pm 自维多利亚长途汽车站	
联系方式	☎ 7222 1234; www.tfl.gov.uk	☎ 0845 600 1515; www.heathrowexpress.co.uk	☎ 0870 580 8080; www.nationalexpress.com	☎ 黑色出租车 7253 5000, 7908 0207, 出租车服务 7272 2222, 8888 4444

Gatwick 机场往返

	Gatwick 快车	Southern 火车	Thameslink 火车	公共汽车	出租车
去往	维多利亚火车站	维多利亚火车站	伦敦桥, Farringdon, 国王十字	维多利亚长途汽车站	伦敦中心
时间	30分钟	45分钟	1小时到国王十字站	65-95分钟	1½小时
费用	单程/往返 £14/25	单程/往返 £8/16	单程/往返 £10/20	单程/往返 £6.60/12.20起	黑色出租车 £90-95, 出租车服务 £55
其他	每15分钟, 自Gatwick 5:50am~12:35am, 自维多利亚 5am~11:45pm, 有些通宵服务	每15-30分钟, 午夜~4am每小时一班	每 30分钟, 24小时	025路公车每小时一趟, 自Gatwick 5:15am~10:15pm, 自维多利亚 7am~11:30pm	
联系方式	☎ 0845 850 1530; www.gatwickexpress.co.uk	☎ 0845 748 4950; www.southernrailway.com	☎ 0845 748 4950; www.thameslink.co.uk	☎ 0870 580 8080; www.nationalexpress.com	☎ 黑色出租车 7253 5000, 7908 0207, 出租车服务 7272 2222, 8888 4444

Stansted 机场往返

	Stansted 特快列车和晚间公共汽车	国家特快公共汽车	Terravision 公共汽车	出租车
去往	利物浦街站	维多利亚长途汽车站	维多利亚长途汽车站	伦敦中心
时间	45~50分钟	65~95分钟	1¼小时	80分钟
费用	单程/往返 £15/25 £10/16	单程/往返 £8/14 出租车服务 £50	单程/往返	黑色出租车 £105,
其他	每15分钟,自机场 6am~午夜,周六和周日至12:30am,自利物浦街 4:55am~10:55pm,周六和周日至11:25pm,通宵公共汽车 每30分钟,自机场 午夜~4am,自利物浦街 2:30~4:30am	每20分钟 10am~1pm,通宵公共汽车 A6 和 A424hr	每30分钟,自机场(coach bay 26) 7:15am~1am;自维多利亚 2:40am~11:10pm	
联系方式	☎ 0845 748 4950; www.stanstedexpress.com	☎ 0870 580 8080; www.nationalexpress.com	☎ 01279 680 028; www.lowcostcoach.com	☎ 黑色出租车 7253 5000, 7908 0207, 出租车服务 7272 2222, 8888 4444

周日 7:30am 至 晚上 11pm,整个行程 £4(有 Oyster 卡的话 £2.50)。

Luton

另一个小机场是 **Luton**(LTN; ☎ 01582 405100; www.london-luton.co.uk),在伦敦以北约 35 英里(56 公里)处。

Thameslink(☎ 国家铁路查询 0845 748 4950; www.thameslink.co.uk;非高峰时间单程/往返 £11.70/11.90)火车自国王十字/St Pancras 站和其他伦敦中心站开往 Luton 机场的 Parkway 站(30 至 40 分钟,7am 至 10pm 每 6 到 15 分钟一列),从那儿乘机场大巴 8 分钟就可以到达 Luton 机场。

Green Link(☎ 0870 608 7261; www.greenline.co.uk;单程/往返 £9.50/11)运营的 757 路公共汽车在 Luton 与维多利亚的白金汉宫路(1 小时)之间 24 小时服务。3:30am 至 11:30pm 之间每半小时一趟。

从伦敦市中心到 Luton 机场打黑色出租车的话需要 £95 至 £100。

公共汽车

英国国内和前往欧洲

维多利亚长途汽车站是公共汽车的起点和终点站(☎ 信息 7730 3466;订票

7730 3499；164 Buckingham Palace Rd SW1；订票办公室周一至周五 8:30am~7pm，周六 8:30am~3:30pm）。**国家快车**（☎ 0870 580 8080；www.nationalexpress.com）是最大的公共汽车运营商，隶属 **Eurolines**(www.eurolines.com)。**Eurolines** 运营所有的国际公共汽车，也是以维多利亚长途汽车站为始发和终点站。

火车
英国国内

北向的火车一般自国王十字/St Pancras 或尤斯顿站发车，西南向的火车自滑铁卢、南向自伦敦桥、西向自帕丁顿站发车。但请先联系**国家铁路查询**（National Rail Inquiries，☎ 0845 748 4950；www.rail.co.uk）了解细节。

欧洲大陆

查询欧洲火车信息，请联系 **Rail Europe**（☎ 0870 584 8848；www.raileurope.com）。

欧洲之星（☎ 0870 518 6186；www.eurostar.com）连接伦敦与巴黎北方车站（2¾ 小时，每天最多 25 列）和布鲁塞尔国际终点站（2½ 小时，每天最多 12 列）。直到 2007 年年底，所有列车服务将继续以伦敦滑铁卢车站（见 138-139 页地图，B3）为终点站。自 2007 年 11 月开始，他们将到达新的国王十字终点站（见 159 页地图，A4），这会缩短将近 25 到 35 分钟的旅程。

Le Shuttle（☎ 0870 535 3535；www.eurotunnel.com）是将机动车和自行车运往欧洲大陆的火车，详情见网页。

四处走走

尽管有些破落，地铁仍是穿越这个庞大城市的最佳方式。因为它可以避免道路交通（拥堵），通常比其他任何交通方式都要快。**Transport for London**（☎ 7222 1234；www.tfl.gov.uk）有地铁、公共汽车、DLR 或当地火车的信息。查询当刻服务信息，可以拨打 **Travelcheck**（☎ 7222 1200）。本书中最近的地铁站标在每个列表的

让火车做主角

从伦敦的主要机场(金融城机场除外)到达伦敦市内所花的时间往往与从欧洲大陆飞到英国一样长。但如果乘坐欧洲之星从欧洲大陆过来的话，你不仅选择了一种更为环保的交通方式，也省了一大堆麻烦。乘火车自巴黎、布鲁塞尔或里尔过来，可以省去往返机场和登机的麻烦，而且可以直达市中心的滑铁卢车站或国王十字车站。而且从巴黎或布鲁塞尔过来你还有很好的机会来游历欧洲。

交通 < 四处走走

⊖ 之后。

交通卡

价格作了精心设置，以使 Oyster 智能卡成为公共交通最便宜、也是最方便的支付方式。起始价 £3，电子 Oyster 卡可以充入"预先支付"的单程票价，每次在地铁口或公共汽车上将卡放在读卡器上可扣除当次票价。另外，可以在卡里存所有交通方式通用的交通周票，例如 1 区、2 区 £23.20。可以在火车、地铁站和网上购买 Oyster 卡，网址是 www.tfl.gov.uk 或 www.oystercard.com。

也有老式的纸质交通卡。例如，1、2 区的交通日卡是 £6.60，非高峰期的交通日卡是 £5.10，用于周末全天和工作日每天 9:30am 以后。

地铁

地铁服务自 5:30am（周日 7am）约至午夜。但 2007 年 5 月时刻表修订后，火车将在周五、周六晚半小时收车，周六、周日早晚半小时开始发车。

地铁和伦敦铁路运输分为六个同心的区。如果用现金的话，一至六区内的单程票是 £4。用 Oyster 卡的话便宜很多，1/2/3/4/5/6 区分别

推荐的交通方式

	科文特加登	Piccadilly Circus	南肯辛顿	威斯敏斯特
科文特加登	无	步行 10 分钟	地铁 10 分钟	地铁 15 分钟 步行 25 分钟
Piccadilly Circus	步行 10 分钟	无	地铁 8 分钟	地铁 8 分钟 步行 20 分钟
南肯辛顿	地铁 10 分钟	地铁 8 分钟	无	地铁 8 分钟
威斯敏斯特	地铁 15 分钟 步行 25 分钟	地铁 8 分钟 步行 20 分钟	地铁 8 分钟	无
滑铁卢	地铁 11 分钟 步行 20 分钟	地铁 5 分钟	地铁 15 分钟	地铁 2 分钟 步行 15 分钟
伦敦桥	地铁 20 分钟	地铁 12 分钟	地铁 20 分钟	地铁 5 分钟
Tower Hill	地铁 20 分钟	地铁 15 分钟	地铁 20 分钟	地铁 10 分钟
利物浦街	地铁 15 分钟 步行 25 分钟	地铁 20 分钟	地铁 20 分钟	地铁 20 分钟 公共汽车 25 分钟
诺丁山	地铁 20 ~ 25 分钟	地铁 15 分钟	地铁 8 分钟	地铁 15 分钟

是 £1.50/2/2.50/2.50/3.50/3.50。无论一天内乘坐多少次,使用 Oyster 卡在一区和二区最多花费 £6.10(非高峰期 £4.60),比交通卡省钱。更多详情见 www.tfl.gov.uk/oyster。

公共汽车

公共汽车上午 7 点到午夜定时运营,晚间公共汽车(前面标着"N")少些,午夜至早上 7 点运营。

单程公共汽车票(有效时间 2 小时)使用现金 /Oyster 卡分别是 £2/1,公共汽车日票现金 /Oyster 卡分别为 £3.50/3。伦敦市中心有些车站有黄色标志,你必须上车前在自动售票机买票(或者用 Oyster 卡)。其他地方你可以上车买票。16 岁以下(需出示 ID,14-15 岁还要包括有效的 Oyster 照片卡)可以免费乘车。

特拉法加广场,Tottenham Court 路和 Oxford Circus 是晚间公共汽车的主要终点站。

汽车

如果你要把自己的车带到伦敦的话,请注意伦敦有一项非常有创意的"交通拥挤费",如果你开车到市中心或西部市郊的话每天需要交纳 £8。详情见 www.cclondon.com。

滑铁卢	伦敦桥	Tower Hill	利物浦街	诺丁山
地铁11分钟 步行20分钟	地铁20分钟	地铁20分钟	地铁20分钟	地铁20~25分钟
地铁5分钟	地铁12分钟	地铁15分钟	地铁20分钟	地铁15分钟
地铁15分钟	地铁20分钟	地铁20分钟	地铁25分钟	地铁8分钟
地铁15分钟	地铁5分钟	地铁10分钟	地铁20分钟 公共汽车25分钟	地铁15分钟
无	地铁4分钟	地铁15分钟	地铁10分钟	地铁20分钟
地铁4分钟	无	公共汽车25分钟 步行20分钟	地铁10分钟 公共汽车15分钟	地铁25分钟
地铁15分钟	地铁10分钟 步行20分钟	无	地铁10分钟	地铁30分钟
地铁10分钟	地铁10分钟 公共汽车15分钟	地铁10分钟	无	地铁20分钟
地铁 20 分钟	地铁 25 分钟	地铁 30 分钟	地铁 20 分钟	无

实用信息 < 营业时间

DLR 和火车

港口轻轨火车（DLR；www.tfl.gov.uk/dlr）在Bank连接City，在Tower Hill连接Tower Gateway，服务东至Stratford与伦敦金融城机场，南至港口与格林尼治。DLR运营时间为周一至周六5:30am至12:30pm，周日7:30am至11pm。

Silverlink是运营郊区乘客的列车（北伦敦线）， ☎ 0845 601 4867；www.silverlink-trains.com），连接西南的Richmond和东南的North Woolwic；**Thameslink**（☎ 0845 748 4950；www.thameslink.co.uk)自伦敦塔桥穿过金融城到达国王十字和Luton。

DLR 和郊区火车的价格与地铁相同（见219页）。

出租车

合法的黑色出租车可靠但也很贵。微型出租汽车便宜，但司机没有经过像黑色出租车司机那样全面的培训，不能熟悉伦敦中心的每条街道（尽管车载 GPS 的存在使这一点变得越来越不重要了）。

风挡玻璃上的黄灯亮说明黑色出租车可以乘坐。车费打表，里程表落下时为 £2.20，每行一公里 £1.20。电话预订黑色出租车请拨打 **Dial-a-Cab**（☎ 7253 5000）或 **Computer Cabs**（☎ 7908 0207）。但预订车更贵些，里程表落下时最多可达 £6.20 再加预订费。

微型出租车只能电话或从微型出租车办公室预订，每个小区和大街都有一家这样的办公室。微型出租车一般不打表，所以事先应谈好价钱。

小公司在特定的地区，或者可以试试 24 小时接线员：☎ 7387 8888，7272 2222/3322 或 8888 4444。

实用信息
营业时间

伦敦并非不夜城，但商店营业时间的确很长，酒馆和酒吧现在可以申请 24 小时执照，不过很少能申请到。无论如何，可以使用以下经验法则：

银行 周一至周五 9:30am 至 5:30pm

办公室 周一至周五 9am 至 5pm，9:30am 至 5:30pm 或 10am 至 6pm

酒馆 周日至周四 11am 至 11pm，周五、周六 11am 至午夜，像 Shoreditch 等夜生活区会到 3am 或 4am

餐馆 中午至11pm，点餐至10pm，很多周日或周一休息

商店 周一至周六 9am 或 10am 到 6pm，周日很多商店从中午到 6pm；周四晚间购物自 9am 或 10am 至 8pm，伦敦西区有时有些商店周三也有晚场

打折 > 实用信息

打折

很多景点对孩子(每个地方会有年龄限制)、25(或 26)岁以下的青年持卡人、有 ISIC 卡(可能有年龄限制)的学生、60(或 65,有时对妇女要求低些)岁以上、残疾人以及家庭有优惠。

伦敦通行证(☎ 0870 242 9988;www.londonpass.com)提供了伦敦 55 个景点的免费门票,但它倾向于那些喜欢去伦敦塔和动物园,而不是画廊和博物馆(尽管很多也是免费的)的游客。成人卡 £38/49/60/82 分别为 1/2/3/6 天,包括交通(£43/62/79/120 不含交通)。

紧急状况

考虑到伦敦的大小和贫富不均,伦敦算是非常安全的了。一般说来,晚上和拥挤的地方,如地铁,要小心,这些地方有扒手和抢包的人。尽管最近数量有所增加,但伦敦的枪支犯罪还是最少的。

欧洲公民和来自冰岛、列支敦士登、挪威或瑞士的旅客如果有欧洲健康保险卡(European Health Insurance Card,简称 EHIC)的话,就可以享受免费的紧急救治,一些与英国有对等协议国家的公民也可以享有这种待遇。但是,由于 EHIC 的局限等原因,你应该要有旅行保险。

紧急情况,请拨打**救护车、火灾和警察局电话**(☎ 999)

24 小时意外和突发事件部 (accident and emergency;A&E):

切尔西和威斯敏斯特医院(见 96~97 页地图,B5;☎ 8746 8000;369 Fulham Rd SW10; ⊖ Earl's Ct 或 Fulham Broadway)

皇家自由医院(见 167 页地图,B4;☎ 7794 0500;www.royalfree.org.uk;Pond St NW3; ⊖ Belsize Park)

皇家伦敦医院(☎ 7377 7000;Whitechapel Rd E1; ⊖ Whitechapel)

St Thomas' 医院(见 138~139 页地图,B3;☎ 7188 7188;Lambeth Palace Rd SE1; ⊖ Waterloo)

大学学院医院(见 63 页地图,B4;☎ 0845 155 5000;253 Euston Rd NW1; ⊖ Warren St 或 Euston Sq)

营业到很晚的药房

Boots(见 80~81 页地图,C5;☎ 7734 6126;www.boots.com;44-46 Regent St W1; ☾ 9am~8pm; ⊖ Piccadilly Circus)

Pharmacentre(见 71 页地图,B5;☎ 7723 2336;0808 108 7521;www.hhm.com/pharmacentre;149 Edgware Rd; ☾ 9am~午夜; ⊖ Edgware Rd 或 Marble Arch)

假期

新年 1 月 1 日
耶稣受难节 3 月下旬/4 月

实用信息 < 网络

复活节后 3 月下旬 /4 月
五一国际劳动节 5 月第一个星期一
春季银行休假日 5 月最后一个星期一
夏季银行休假日 8 月最后一个星期一
圣诞节 12 月 25 日
节礼日（圣诞节次日）12 月 26 日

网络

伦敦到处都有网吧。最大的连锁网吧是 **easyEverything**（www.easyeverything.com）。同时，还有以下有用的网址：
BBC 伦敦（www.bbc.co.uk/london）
Evening Standard（www.thisislondon.co.uk）
Streetmap（www.streetmap.co.uk）
Time Out（www.timeout.com）
UK Weather（www.met-office.gov.uk）

货币

伦敦是世界上最昂贵的城市之一，一天很容易花掉几百英镑。如果要舒服些，不要精打细算的话，除去旅馆费用外，每天需要 £50 到 £70，打算购物的话还要更多。如果预算有限的话，旅之外每天准备 £30。

最简单的取钱方式是通过 ATM 自动取款机；伦敦几乎所有的 ATM 机都是国际通用的。也有无数的银行、兑换局和旅行社在抢生意。伦敦银行的营业时间通常是周一到周五 9:30am 至 5:30pm。

外汇兑换率参见本书内封面。

团队游

在市内你会发现很多导游公共汽车，如果感兴趣的话，马布尔拱门 (Marble Arch) 或特拉法加广场附近是很好的上车地点。

游船

白天的时候，你只要向最近的码头走，像 Westminster, Embankment, 滑铁卢(伦敦眼), Bankside (泰特现代艺术馆), Tower 和格林尼治等，就可以很轻松地搭上泰晤士河上的游船。单程船票大约 £4 到 £8。（交通/Oyster 卡可以打折）

只有游船晚餐, RIB 伦敦旅程（见 141 页框内文字）或去往泰晤士河拦洪坝，Kew 和汉普顿宫（见 84 页框内文字）的需要提前计划。

运营公司包括：

伦敦轮船（Bateaux London – Catamaran Cruisers, ☎ 7987 1185, 7925 2215; www.bateauxlondon.com）

城市巡航（City Cruise, ☎ 7740 0400; www.citycruises.com）

皇冠河流巡航（Crown River Cruises, ☎ 7936 2033, www.crownriver.com）

泰晤士河轮船公司（Thames River Boats, ☎ 7930 2062; www.wpsa.co.uk）以前的威斯敏斯特乘客服务协会 (Westminster Passenger Services Association)

泰晤士河服务公司（Thames River Services，☎ 7930 4097; www.westminsterpier.co.uk）

独特旅程

London Duck Tours（☎ 7928 3132; www.londonducktours.co.uk; 成人/儿童/折扣/家庭 £17.50/12/14/53）在河上呈现不同的风貌，使用"二战"时登陆用的那种两栖登陆艇，可以先乘艇漫游伦敦中心的街道，然后在 Vauxhall 猛然跳下泰晤士河。由市议会厅（见137页）出发。

运河游

要见识城市完全不同的一面，可以尝试**伦敦交通艇公司**的服务（见167页地图，D6; ☎ 信息 7482 2660，预订 7482 2550; www.londonwaterbus.com; 2 Middle Yard, Camden Lock NW1; 成人/孩子 单程 £4.80/3.10，往返 £6.20/4; ☼ 4月至10月周一至周日 10am~5pm，11月至3月 周六和周日 10am~3pm 及4pm; ⊖ Camden Town）。从卡姆登 Lock 到小威尼斯之间，经过摄政公园和伦敦动物园，有一个90分钟的摄政运河封闭环游。自4月至10月每小时一班（星期天每30分钟一班）。

电话

英国使用的是 GSM900 移动电话网络，这与欧洲大陆、澳大利亚和新西兰的相一致，但与北美的 GSM1900 或日本的系统相抵触（一些北美的电话使用的是 GSM1900/900 网络，可以在伦敦使用）。所以在离家之前先确定一下自己的手机有"漫游"功能。如果不行的话，可以使用投币或插卡的公用电话（在报摊可买到电话卡）。

国家与城市代码

伦敦（☎ 020）
英国（☎ 44）

有用的号码

电话号码查询台（Directory enquiries, ☎ 118 118, 118 500）
拨打国际号码（International dialling code, ☎ 00）
国际电话号码查询（International directory, ☎ 118 661）
当地与国内接线员（Local & national operator, ☎ 100）
对方付费/集体电话（Reverse-charge/collect calls, ☎ 155）
时间查询（Time, ☎ 123）
天气查询（Weathercall, ☎ 0906 850 0401）

小费

行李员 每个包大约 £2
餐馆 约为餐费的 10%～15%
出租车 给到整数镑。

旅游信息

您可以从 **Visit London**（☎ 0870 156 6366, 7932 5800; www.visitlondon.com）上找到相关信息或预订宾馆。

残疾人旅客

伦敦对行动不方便的旅客来说并非最方便的城市。有限的地铁设施、不平整的人行道和熙熙攘攘的人群也让他们的旅程更为困难。但是，新的公共汽车有时设有斜坡，可以放低为残疾人提供服务。6am 至午夜有两辆公共汽车专为残疾人提供服务：帕丁顿到 Whitechapel 的 205 路公共汽车，每 12 分钟一趟；维多利亚开往滑铁卢和 London Bridge 的 705 路公共汽车，每半小时一趟。

详情请联系：Transport for London 的 **Access & Mobility for Disabled Passengers**（☎ 7222 1234，短信电话 7918 3015）或 **Royal Association for Disability and Rehabilitation**（RADAR; ☎ 7250 3222; www.radar.org.uk）。

记事本

记事本

记事本

记事本

记事本

记事本

> 索引

参见分索引"景点"(见237页)、"购物"(见239页)、"就餐"(见240页)、"饮品"(见242页)和"娱乐"(见243页)。

7/7 bombings 7月7日爆炸 210
30 St Mary Axe 114

A
accommodation 住宿 186-187
  internet resources 网络资源 186
Adam, Robert 亚当,罗伯特 169
afternoon teas 下午茶 91
air travel 乘飞机旅行 214-216
Albert Memorial 艾伯特纪念碑 95
Ali, Monica 阿里,莫妮卡 121
ambulance 救护车 221
antiques 古董 74-75, 103
architecture 建筑 65, 188-189
arts, see galleries 艺术,见美术馆
ATMS 自动取款机 222

B
ballet 芭蕾舞 61
Bank of England 英格兰银行 109
Barbican 碉堡 65
Barry, Charles 巴里,查尔斯 208
Battersea Power Station Battersea 发电站 98
BBC Electric Proms BBC电子Proms 音乐会 174
Bermondsey 148
Bethnal Green 131
Bethnal Green Museum of Childhood Bethnal Green 儿童博物馆 131
BFI Southbank 137
Big Ben 大本钟 14, 82
Blair, Tony 布莱尔,托尼 210
Bloomsbury 布卢姆斯伯里 62-69, **63**
Bonfire Night 篝火之夜 36
books 书籍 212-213
Borough Market 伯罗市场 25, 142
bowling 保龄球 69
breweries 125, see also gastropubs 酿酒厂 125, 也见餐吧
Brick Lane 红砖巷 121
British Library 大英图书馆 160
British Museum 大英博物馆 17, 64-65
Brixton 布里克斯顿 147
Brixton Market 布里克斯顿市场 147

000 地图页码

Broadway Market 百老汇市场 131
Brockwell Park Lido Brockwell 公园露天游泳池 147
BT Tower BT 塔 65
Buckingham Palace 白金汉宫 79
bus travel 公共汽车旅行 217, 219
  Routemaster 马路天使 88
business hours 营业时间 220

C
cabaret 134, 194, see also Play subindex 卡巴莱,也见娱乐分索引
  Bethnal Green 129, 135
  Camden 卡姆登 175
  Holborn Holborn 地区 119
  St James's 圣詹姆斯 93
  Soho 索霍区 61
Cabinet War Rooms & Churchill Museum 内阁战时办公室和丘吉尔博物馆 79
Camden 卡姆登 166-175, **167**
Camden Market 卡姆登市场 169-170
Canute, King 克努特,国王 205
car travel 驾车旅行 219

Caribbean Showcase 加勒比海风情展 35

Carols in Trafalgar Sq 特拉法加广场圣诞歌礼拜 36

castles 城堡 19, 114-115

cathedrals, see See subindex 大教堂, 也见景点分索引

celebrities 名人 90, 172

cell phones 移动电话 223

Celts, the 凯尔特人 205

cemeteries 墓地 168

Centre Point 中心点 65

Changing of the Guard 卫兵换岗 79

Chelsea 切尔西 94-107, **96-97**

Chelsea Flower Show 切尔西花展 33

Chelsea Physic Garden 切尔西药用植物园 95

chemists 药房 221

children, attractions for, see See subindex 吸引儿童的, 见景点分索引

Chinese New Year 中国新年 32

Christ Church Spitalfields 斯皮特菲兹基督教堂 125

churches, see See subindex 教堂, 也见景点分索引

Churchill, Winston 丘吉尔, 温斯顿 79, 209

cinema, see film 电影院, 见电影

cinemas, see also Play subindex 电影院, 也见娱乐分索引

Bloomsbury 布卢姆斯伯里 69

City, the 金融城 119

Notting Hill 诺丁山 182-183

St James's 圣詹姆斯 83

Soho 索霍 59

South Bank 南岸 148-149

circuses 马戏 175

City, the 金融城 108-119, **110-111**

City Hall 市政厅 137

Clerkenwell 克拉肯韦尔 108-19, **110-111**

Clubbing 195, see also Play subindex 泡吧 195, 也见娱乐分索引

City, the 金融城 119

Clerkenwell 克拉肯韦尔 119

Convent Garden 科文特加登 60-61

King's Cross 国王十字路 165

Shoreditch 30, 135

Soho 索霍区 60-61

South Bank 南岸 148

cocktail bars 58, 129, 130, 134, 182, see also Drink subindex 鸡尾酒吧, 也见酒吧分索引

comedy 喜剧 59

Conran, Terence 康兰特, 伦斯 102

Corrigan, Richard 科里根, 理查德 56

costs 货币 222

County Hall 市议会厅 137

Courtauld Institute of Art 科特尔德艺术协会 50

Covent Garden 科文特加登 46-61, **48-49**

cricket 板球 72

Cromwell, Oliver 克伦威尔, 奥利弗 206

cruises 巡游 22, 84-85, 141, 223

curry houses 27, 121, 128, see also Eat subindex 咖喱屋, 也见就餐分索引

Cutty Sark 号帆船 152

D

dance 舞蹈 61, 119

festivals 节日 36

Dance Umbrella 36

Danes, the 丹麦人 205

Dennis Severs' House 丹尼斯·思弗故居 121

Design Museum 设计博物馆 140

Diana, Princess of Wales Memorial Fountain 威尔士王妃戴安娜纪念喷泉 95-98

disabilities, travellers with 残疾人旅客 224

Docklands 港口 153

Docklands Light Railway 港口轻轨火车 220

drinking 198, see also Drink subindex 饮品 198, 也见饮品分索引

Bloomsbury 布卢姆斯伯里

67
Camden 卡姆登 173
City, the 金融城 118
Clerkenwell 克拉肯韦尔 118
Covent Garden 科文特加登 58-59
Fitzrovia 67
Greenwich 格林尼治 157
Hampstead 汉普斯特德 173
Holborn Holborn 区 118
Hoxton Hoxton 镇 131
Islington 伊斯灵顿 163-5
Mayfair 梅费尔 93
Notting Hill 诺丁山 181-182
Primrose Hill 173
Shoreditch 131
Soho 索霍区 58-59
South Bank 南岸 146
Spitalfelds 斯皮特菲兹 131
drugstores 药房 221

E

economy 经济 211
Edward the Confessor 忏悔王爱德华 205
emergency 紧急情况 221-222
English Civil War 英格兰内战 206
entertainment 娱乐
Camden 卡姆登 175
City, the 金融城 119
Clerkenwell 克拉肯韦尔 119
Covent Garden 科文特加登 59-61
Euston 尤斯顿 165

Holborn Holborn 区 119
Hoxton 135
Islington 伊斯灵顿 165
King's Cross 国王十字 165
Mayfair 梅费尔 93
Notting Hill 诺丁山 182-183
Shoreditch 135
Soho 索霍区 59-61
South Bank 南岸 147-149
Spitalfields 斯皮特菲兹 135
environmental issues 环境问题 214
Euston 尤斯顿 158-165, **159**
events 活动 31-36
exchange rates see inside front cover 汇率 见封二

F

FA Cup Final 足总杯决赛 33
Fashion & Textile Museum 时尚和纺织品博物馆 148
festivals 节日 31-36
dance 舞蹈 36
film 电影 36
gay & lesbian 同性恋 35
music 音乐 34
film 电影 183, 213
festivals 节日 36
fire services 消防服务 221
Fitzrovia 62-69, **63**
food 26, 27, 190-191, see also Eat subindex 食品 26, 27, 190-191, 也见就餐分索引
Bloomsbury 布卢姆斯伯里 66-67

Camden 卡姆登 170
Chelsea 切尔西 104
City 金融城 115
Clerkenwell 克拉肯韦尔 115
Covent Garden 科文特加登 55-58
Euston 尤斯顿 162
Fitzrovia 66-67
Greenwich 格林尼治 157
Hampstead 汉普斯特德 170
Holborn Holborn 区 115
Hoxton 129
Islington 伊斯灵顿 162
King's Cross 国王十字 162
Knightsbridge 104
Marylebone 76-77
Mayfair 梅费尔 90
Notting Hill 诺丁山 180-181
Pimlico 皮姆利科 90
Primrose Hill 170
Regent's Park 摄政公园 76-77
reservations 预订 57
Shoreditch 129
Soho 索霍区 55-58
South Bank 南岸 144
South Kensington 南肯辛顿 104
Spitalfields 斯皮特菲兹 129
St James 圣詹姆斯 90
Westminster 威斯敏斯特 90
football 足球 33, 107, 165
Freud Museum 弗洛伊德博物馆 168

索引

Fruitstock 34
fussball 118

G

galleries 192-193, *see also* See subindex 画廊，也见景点分索引
gardens, *see* See subindex 花园，见景点分索引
gastropubs, *see* Eat subindex 餐吧，见餐分索引
Gatwick airport Gatwick 机场 214
gay travellers 同性恋旅客 196
Geffrye Museum 博物馆 121-124
Georgian Period 乔治王时代 207
Gherkin 小黄瓜 114
government 政府 211-212
Graham, Brett 格雷厄姆，布雷特 181
Great Fire of London 伦敦大火 206
Greenwich 格林尼治 23, 150-157, **151**
Greenwich Foot Tunnel 格林尼治步行隧道 153
Greenwich Market 格林尼治市场 155-156
Guy Fawkes Night 盖伊·福克斯之夜 36

H

Hackney 131
Hampstead 汉普斯特德 166-175, **167**
Hampstead Heath 汉普斯特希斯 24, 168
 festivals 节日 34
Hampton Court Palace 汉普顿宫 84
Haystack 186
Hayward Gallery 海沃德美术馆 140
Heathrow airport 希思罗机场 214
Henderson, Fergus 亨德森，弗格斯 117
Henry VIII 亨利三世 206
Highgate Cemetery 海格特墓地 168
history 历史 205-210
Holborn Holborn 区 108-119, **110-111**
holidays 假期 222
Horse Guards Parade 皇家骑兵卫队阅兵场 79-82
hospitals 医院 222
Houses of Parliament 议会大厦 14, 82-83
Hoxton 120-135, **122-123**
Huguenot silk weavers Huguenot 丝绸织工 121
Hyde Park 海德公园 15, 98
 festivals 节日 34

I

ice-skating 滑冰 50, 168
Imperial War Museum 帝国战争博物馆 140
Institute of Contemporary Arts 当代艺术学院 83
Internet access 网络服务 222
Internet resources 网络资源 210, 222
 accomodation 住宿 186
 car travel 汽车旅行 219
 clubbing 泡吧 195
 music 音乐 197
 pubs 酒馆 198
 theatre 剧院 201
Islington 伊斯灵顿 158-165, **159**
itineraries 路线 37-41

J

jazz 爵士乐 61, 175, 197
Jones, Inigo 琼斯，伊尼哥 154

K

Keats House 济慈故居 168-169
Keats, John 济慈，约翰 168-169
Kensington Gardens 肯辛顿花园 15, 98
Kensington Museums 肯辛顿博物馆 20-21
Kensington Palace 肯辛顿宫 99
Kenwood House Kenwood 故居 169
Kenwood Picnic Concerts Kenwood 野餐音乐会 34
Kew Gardens Kew 植物园 84

Kinetica 124
King's Cross 国王十字 158-165, **159**
Knightsbridge 94-107, **96-97**

L

Leadenhall Market Leadenhall 市场 109
lesbian travellers 女同性恋游客 196
Lincoln's Inn 林肯律师学院 112
Livingstone, Ken 利文斯通, 肯 210
Loaded in the Park 34
London City Airport 伦敦金融城机场 214-216
London Eye 伦敦眼 10-11, 140
London Film Festival 伦敦电影节 36
London Marathon 伦敦马拉松 32
London Open House 伦敦开放参观日 36
London Parade 伦敦游行 32
London Zoo 伦敦动物园 72
Lord Mayor's Show 市长游行 36
Lord's Cricket Ground 罗斯板球场 72
Lovebox Weekender 34
Luton 216

M

Madame Tussauds 杜莎夫人蜡像馆 73

markets 25, see also Shop subindex 市场, 也见购物分索引
Marylebone 70-77, **71**
Mayfair 梅费尔 78-93, **80-81**
memorials 纪念馆 95-98
Millennium Bridge 千年桥 140
mobile phones 移动电话 223
money 货币 222-224
 discounts 打折 221-224
Monument 纪念碑 112
monuments 纪念碑 86, 112
Museum in Docklands 港口区博物馆 153
Museum of London 伦敦博物馆 112
museums, see See subindex 博物馆, 见景点分索引
music 197, see also Play subindex 音乐, 也见娱乐分索引
 festivals 节日 34, 35
 jazz 爵士乐 61, 175, 197
 opera 歌剧 60, 61

N

Nash, John 纳什, 约翰 188, 207-213
National Gallery 国家美术馆 16, 47
National Maritime Museum 国家海事博物馆 153-154
National Portrait Gallery 国家肖像馆 16, 47
Natural History Museum 自然历史博物馆 20-21, 99
Nelson's Column 纳尔逊柱 51
nightlife, see entertainment, Play subindex 夜生活, 也见娱乐分索引
No 10 Downing Street 唐宁街10号 83
Normans, the 诺曼底人 206
Notting Hill 诺丁山 176-183, **177**
Notting Hill Carnival 诺丁山狂欢节 35

O

observatories 天文台 155
Old Operating Theatre Museum & Herb Garret 老手术室博物馆和草药室 141
Oliver, Jamie 奥利弗, 杰米 129, 172
Olympics 奥林匹克运动会 209, 210
opera 歌剧 60, 61
Ottolenghi, Otto 181
Oxford & Cambridge Boat Race 牛津大学和剑桥大学船赛 32
Oyster Card Oyster 卡 72

P

palaces 宫殿 79, 84, 99
parks, see See subindex 公园, 见景点分索引
pharmacies 药房 221
Photographers' Gallery 摄影师

画廊 47-50
Pimlico 皮姆利科 78-93, **80-1**
plague 瘟疫 206
planning 规划 40, 57
  discounts 打折 221
police 警察 222
politics 政治 211-212
Pollock's Toy Museum Pollock 玩具博物馆 65
pool tables 台球案 118
population 人口 209, 210
Portobello Road Market Portobello 街市场 178-179
Pride 骄傲 35
Primrose Hill 166-175, **167**
Proms Proms 音乐会 35
pubs 198, see also Drink subindex 酒馆，也见饮品分索引
Pugin, August 皮金，奥古斯特 208

Q
Queen's House 王后行宫 154

R
Ramsay, Gordon 拉姆齐，戈登 91, 92, 105, 106
Raven 大乌鸦 115
Reckless Records 54
Regent's Park(area) 摄政公园 (地区) 70-77, **71**
Regent's Park 摄政公园 (公园) 73-74
reservations 预订 40

accommodation 住宿 186-187
restaurants 餐馆 57
restaurants 26, 27, 190-191, see also Eat subindex 餐馆，也见就餐分索引
Rise 34
River Thames 泰晤士河 199, 205
  cruises 游河 22, 84-85, 141, 223
  festivals 节日 36
Robuchon, Joël 56-57
Romans, the 罗马人 205
Routemaster 马路天使 88
Royal Academy of Arts 皇家艺术学院 84
Royal Geographical Society 皇家地理学会 98
Royal Naval College 皇家海军学院 154-155
Royal Observatory 皇家天文台 155
Royal Parks 皇家公园 15
  Hyde Park 海德公园 34, 98
  Kensington Gardens 肯辛顿花园 98
  St James's Park 圣詹姆斯公园 84-85

S
Saatchi Gallery Saatchi 画廊 100
St Bartholomew-the-Great 圣巴塞罗缪大教堂 113
St James's 圣詹姆斯 78-93,

80-81
St James's Park 圣詹姆斯公园 15, 84-85
St Martin-in-the-Fields 作战中的圣马丁教堂 51
St Pancras Chambers 160-161
St Paul's Cathedral 圣保罗大教堂 18, 114
Saxons, the 撒克逊人 205
Science Museum 科学博物馆 21, 100
Senate House 65
Serpentine Gallery 蛇形湖画廊 100-101
Serpentine Lake 蛇形湖 101
7/7 bombings 7月7日爆炸 210
Severs, Dennis 思弗，丹尼斯 121
Shakespeare 莎士比亚 141
Shakespear's Globe 莎士比亚环球剧院 141-142
shopping 52, 200, see also Shop subindex 购物，也见购物分索引
  Bloomsbury 布卢姆斯伯里 65
  Camden 卡姆登 169
  Chelsea 切尔西 102
  Clerkenwell 克拉肯韦尔 115
  Covent Garden 科文特加登 51-55
  Fitzrovia 65
  Greenwich 格林尼治 155
  Hampstead 汉普斯特德 169
  Hoxton 126

Islington 伊斯灵顿 161
Knightsbridge 102
Marylebone 74
Mayfair 梅费尔 87
Notting Hill 诺丁山 178-180
Pimlico 皮姆利科 87
Regent's Park 摄政公园 74
St James's 圣詹姆斯 87
Shoreditch 126
Soho 索霍区 51-55
South Bank 南岸 142
South Kensington 南肯辛顿 102
Spitalfields 斯皮特菲兹 126
Westminster 威斯敏斯特 87
Shoreditch 30, 120-135, **122-123**
Sir John Soane's Museum 约翰·斯隆爵士博物馆 112
Soane, Sir John 斯隆, 约翰爵士 112, 207
Soho 索霍区 46-61, **48-49**
Somerset House 萨默塞特中心 50
  festivals 节日 34
Somerset House Museums 萨默塞特中心 50
Somerset House Summer Series 萨默塞特中心夏季系列演出 34
South Bank 南岸 10-11, 136-149, **138-139**
South Kensington 南肯辛顿 94-107, **96-97**
Space NK 54-55

Spitalfields 斯皮特菲兹 120-135, **122-123**
Spitalfields 斯皮特菲兹市场 25
sporting events, see also Play subindex 体育活动, 也见娱乐分索引
  FA Cup Final 足总杯决赛 33
  London Marathon 伦敦马拉松 32
  Oxford & Cambridge Boat Race 牛津大学和剑桥大学船赛 32
  Wimbledon Lawn Tennis Championships 温布尔登网球公开赛 33
Stansted 214
Sunday Up Market Sunday Up市场 125
swimming pools 游泳池 147

T
tailors 裁缝 86
Tate Britain 泰特英国美术馆 85
Tate Modern 泰特现代艺术馆 12-13, 142
Tatty Devine 55
taxis 出租车 220
tea dances 茶舞 135, 162
telephone services 电话服务 223
tennis 网球 33
Thames, see River Thames 泰晤士, 见泰晤士河
Thames Festival 泰晤士节 36

Thames Flood Barrier 泰晤士河拦洪坝 85
theatre 28-29, 61, 201, see also Play subindex 剧院, 也见娱乐分索引
  City, the 金融城 119
  Convent Garden 科文特加登 59-60
  Islington 伊斯灵顿 165
  South Bank 南岸 149
30 St Mary Axe 114
tipping 小费 223
Tooting Tooting 餐馆 128
tourist information 旅游信息 224
tours 团队游 222-223
Tower Bridge 塔桥 114
Tower of London 伦敦塔 19, 114-115
Trafalgar Sq 特拉法加广场 51
train travel 火车旅行 217, 219-220
travel passes 交通卡 72, 218-219
Trooping the Colour 皇家军队阅兵仪式 33
Truman Brewery Truman 酿酒厂 125
tube, the 地铁 218, 219
Tudors, the 都铎王朝 206-207

U
Underground, the 地铁 218, 219-220
unemployment 失业 209

V

vacations 假期 222-224

vegetarian travellers 190, see also Eat subindex 素食旅行者，也见就餐分索引

Victoria & Albert Museum 维多利亚和艾伯特博物馆 20, 101-102

Victorian Age 维多利亚时代 207-209

views 景色 117, 202

W

Wallace Collection 华莱士收藏馆 74

Wareing, Marcus 韦尔林，马库斯 106

Wellington Arch 惠灵顿拱门 86

Westminster 威斯敏斯特 14, 78-93, **80-81**

Westminster Abbey 西敏寺 86

Westminster Cathedral 威斯敏斯特大教堂 86

White Cube Gallery 白立方画廊 87, 125

Whitechapel Art Gallery Whitechapel 艺术画廊 125

William the Conqueror 征服者威廉 206

Wimbledon Lawn Tennis Championships 温布尔登网球公开赛 33

Wireless 34

World Wars 世界大战 209-210

Wren, Christopher 雷恩，克里斯托弗 114, 155, 188, 206

Y

Yau, Alan 姚，艾伦 66

Z

zoos 动物园 72

景点

区域和街道

BFI Southbank BFI 南岸 10-11, 137

Brick Lane 红砖巷 121

桥

Millennium Bridge 千年桥 140

Tower Bridge 塔桥 114

城堡

Tower of London 伦敦塔 19, 114-115

墓地

Highgate Cemetery 海格特墓地 168

教堂和大教堂

Christ Church Spitalfields 斯皮特菲兹基督教堂 125

St Bartholomew-the-Great 圣巴塞洛缪大教堂 113

St Paul's Cathedral 圣保罗大教堂 18, 114

Westminster Abbey 西敏寺 14, 86

Westminster Cathedral 威斯敏斯特大教堂 14, 86

游河

River Thames 泰晤士河 22

画廊

Courtauld Institute of Art 科特尔德艺术协会 50

Hayward Gallery Hayward 画廊 140

Institute of Contemporary Arts 当代艺术学院 83

Kenwood House Kenwood 故居 169

Kinetica 124

Madame Tussauds 杜莎夫人蜡像馆 73

National Gallery 国家美术馆 16, 47

National Portrait Gallery 国家肖像馆 16, 47

Photographers' Gallery 摄影师画廊 47-50

Royal Academy of Arts 皇家艺术学院 83

Saatchi Gallery Saatchi 画廊 100

Serpentine Gallery 蛇形湖画廊 100-110

Tate Britain 泰特英国美术馆 85

Tate Modern 泰特现代美术馆 12-13, 141

Wallace Collection 华莱士收藏

索引

馆 74
White Cube Gallery 白立方画廊 125
Whitechapel Art Gallery Whitechapel 艺术画廊 125

湖
Serpentine Lake 蛇形湖 101

适于孩子的浏游地
Bethnal Green Museum of Childhood Bethnal Green 儿童博物馆 131
Cutty Sark Cutty Sark 号帆船 152
Kinetica 124
London Eye 伦敦眼 10-11, 140
London Zoo 伦敦动物园 72
Madame Tussauds 杜莎夫人蜡像馆 73
Monument 纪念碑 112
Museum in Docklands 港口区博物馆 153
Natural History Museum 自然历史博物馆 20-21, 99
Pollock's Toy Museum Pollock玩具博物馆 65
Science Museum 科学博物馆 21, 100

纪念馆
Albert Memorial 艾伯特纪念碑 95
Diana, Princess of Wales Memorial Fountain 威尔士王妃戴安娜纪念喷泉 95-98

纪念碑
Monument 纪念碑 112
Wellington Arch 惠灵顿拱门 86

博物馆
Bank of England 英格兰银行 109
Bethnal Green Museum of Childhood Bethnal Green 儿童博物馆 131
British Museum 大英博物馆 17, 64
Cabinet War Rooms & Churchill Museum 内阁战时办公室和丘吉尔博物馆 79
Cutty Sark Cutty Sark 号帆船 152
Dennis Sever's House 丹尼斯·思弗故居 121
Design Museum 设计博物馆 140
Fashion & Textile Museum 时尚和纺织品博物馆 148
Freud Museum 弗洛伊德博物馆 168
Geffrye Museum Geffrye 博物馆 121-124
Imperial War Museum 帝国战争博物馆 140
Keats House 济慈故居 168-169
Kensington Museum 肯辛顿博物馆 20-21
Kinetica 124
Museum in Docklands 港口区博物馆 153
Museum of London 伦敦博物馆 112
National Maritime Museum 国家海事博物馆 153-154
Natural History Museum 自然历史博物馆 20-21, 99
Old Operating Theatre Museum & Herb Garret 老手术室博物馆和草药室 141
Pollock's Toy Museum Pollock玩具博物馆 65
Science Museum 科学博物馆 20-21, 100
Sir John Soane's Museum 约翰·斯隆爵士博物馆 112
Somerset House Museum 萨默塞特中心博物馆 50
Victoria & Albert Museum 维多利亚和艾伯特博物馆 20-21, 101-102
Wallace Collection 华莱士收藏馆 74

知名建筑物
30 St Mary Axe 114
Battersea Power Station Battersea 发电站 98
Big Ben 大本钟 14, 82
British Library 大英图书馆 160
Buckingham Palace 白金汉宫 79
City Hall 市政厅 137
County Hall 议会大楼 137
Gherkin 小黄瓜 114

Greenwich Foot Tunnel 格林尼治步行隧道 153
Horse Guards Parade 皇家骑兵队总部 79-82
Houses of Parliament 议会大厦 14, 82-83
Kenwood House Kenwood 故居 169
London Eye 伦敦眼 10-11, 140
Millennium Bridge 千年桥 140
No 10 Downing Street 唐宁街10号 83
Royal Hospital Chelsea 切尔西皇家医院 100
Royal Naval College 皇家海军学院 154-155
St Pancras Chambers 160-161
St Paul's Cathedral 圣保罗大教堂 114
Science Museum 科学博物馆 100
Shakespeare's Globe 莎士比亚环球剧院 141-142
Somerset House 萨默塞特中心 50
South Bank 南岸 10-11
Tower Bridge 塔桥 114
Tower of London 伦敦塔 19, 114-115
Trafalgar Sq 特拉法加广场 51
Truman Brewery Truman 酿酒厂 125
Wellington Arch 惠灵顿拱门 86
Westminster Abbey 西敏寺 14, 86

Westminster Cathedral 威斯敏斯特大教堂 14, 86

天文台
Royal Observatory 皇家天文台 155

宫殿
Buckingham Palace 白金汉宫 79
Hampton Court Palace 84
Kensington Palace 肯辛顿宫 99

公园和花园
Chelsea Physic Garden 切尔西药用植物园 95
Hampstead Heath 汉普斯特德希斯 24, 168
Hyde Park 海德公园 15, 98
Kensington Gardens 肯辛顿花园 15, 98
Lincoln's Inn 林肯律师学院 112
Regent's Park 摄政公园 73-74
Royal Parks 皇家公园 15
St James's Park 圣詹姆斯公园 15, 84-85
Westminster Abbey 西敏寺 84

运动场
Lord's Cricket Ground 罗斯板球场 72

动物园
London Zoo 伦敦动物园 72

购物
ACCESSORIES 小装饰品
Coco de Mer 59
Shop at Bluebird 102-104
Tatty Devine 55, 128-129

古董
After Noah 103
Alfie's Antiques Market Alfie 古董市场 74-75
Joanna Booth 103

拱廊
Burlington Arcade 伯灵顿拱廊 88
Dover Street Market Dover 街市场 88
Oxo Tower Oxo 大厦 143

书
Forbidden Planet 53
Shop at Bluebird 102-104
Travel Bookshop 旅游书店 180

衣服
Absolute Vintage 126-127
Alfie's Antique Market Alfie 古董市场 74-75
Beyond Retro 127
Blackout II 53
Burberry 87-88
Burberry Factory Shop 131
Cockfighter of Bermondsey 148
Diverse 161
Joy 156

索引

Kilgour 86
Laden Showrooms 127-128
Matthew Williamson 89
Mulberry 89-90
Ozwald Boateng 86
Paul Smith 52
Paul Smith Sale Shop 90
Primark 131
Rellick 179
Shop at Bluebird 102
Start 128
Steinberg & Tolkien 103
Stella McCartney 90
Topman 66
TopShop 66

化妆品
Pout 53
Space NK 54-55

百货公司
Fortnum & Mason 88-89
Harrods 哈罗德 102
Harvey Nichols 102
Liberty 52
Selfridges 76

食品
A Gold 126
Camden Market 卡姆登市场 169-170
Cyber Candy 53
Konditor & Cook 143
Lisboa Patisserie 178
Rococo 75, 102

Rosslyn Delicatessen Rosslyn 熟食店 170

家具和家居用品
Alfie's Antiques Market Alfie 古董市场 74-75
Aria 161
Flying Duck Enterprises 飞鸭公司 155
Habitat 52, 65
Heal's 65-66
Joy 156
Shop at Bluebird 102-104

首饰
Crazy Pig 53
Lesley Craze Gallery Lesley Craze 廊 115
Tatty Devine 55, 128-129

市场
Borough Market 伯罗市场 25, 142-143
Brixton Market 布里克斯顿市场 147
Broadway Market 百老汇市场 131
Columbia Road Flower Market 哥伦比亚路花市 127
Dover Street Market Dover 街市场 88
Greenwich Market 格林尼治市场 155-156
Leadenhall Market Leadenhall 市场 109

Portobello Road Market Portobello 街市场 178-179
Spitalfields Market 斯皮特菲兹市场 25, 128
Sunday Up Market Sunday Up 市场 125

音乐
Fopp 51, 65
Haggle Vinyl 161-162
Reckless Records 54
Rough Trade 179-180

鞋
Poste 90
Poste Mistress 52-54
Tracey Neuls 76

玩具
Forbidden Planet 53
Hamleys 52

就餐
美国风味
Gourmet Burger Kitchen 173
Hache 170
Hamburger Union 173
Ultimate Burger 173

亚洲风味
E&O 181
Gilgamesh 170

英国风味
Canteen 129

Electric Brasserie 181
Gordon Ramsay at Claridges 91
Ivy 常春藤 56
Medcalf 116
Roast 145
St John 117
SE10 Restaurant & Bar 157
Smiths of Smithfields 117
Table 145

咖啡馆
Inn the Park 91
Ladurée 104
Maison Bertaux 57
Patisserie Valerie 57

加勒比海风味
Mango Room 芒果屋 171

中餐
Hakkasan 66
Hunan 湖南 91
Yauatcha 57-58

欧洲风味
Andrew Edmunds 55
Arbutus 56
Boxwood Café 105
Coach & Horses 116
Electric Brasserie 181
Gordon Ramsay 105
Inside 157
Petrus 106
Sketch 92
Wolseley 92-93

鱼和薯条
Golden Hind 77

法国风味
Almeida 162
Bibendum 105
Club Gascon 115-116
Galvin@Windows 90-91
La Bouchée 103
La Poule au Pot 106
L'Atelier de Joël Robuchon 56-57
Le Pain Quotidien 77
Ledbury 181
Les Trois Garçons 130
Racine 106
Sketch 92

餐吧
Anchor & Hope 144
Bumpkin 180
Cow 180
Eagle 116
Garrison 148
Lansdowne 170-171
Princess 公主 130
Wells 172-173

印度风味
Amaya 104
Café Spice Namaste 115
Chutney's 162
Cinnamon Club 肉桂俱乐部 90
Kastoori 128
Masaledar 128

New Tayyab 130
Painted Heron 106
Radha Krishna Bhavan 128

国际风味
BluePrint Café 144
Plateau 153
Sketch 92
Village East 148

爱尔兰风味
Lindsay House 56

意大利风味
Café Mode 53
Fifteen 129
Locanda Locatelli 77

日本风味
Jin Kichi 170
Nobu 92

马来西亚风味
Champor-Champor 148

地中海风味
Bermondsey Kitchen 148
Eagle 116
Ottolenghi 162-163, 181

墨西哥风味
Crazy Homies 180
Green & Red 绿和红 129

索引

现代国际风味
Giraffe 长颈鹿 130
Maze 迷宫 92

北美风味
Moro 117

波兰风味
Baltic 144
Daquise 105
Trojka 172

海鲜
Golden Hind 77
J Sheekey 56

西班牙风味
Fino 66
Moro 117
Providores & Tapa Room 77
Salt Yard 66-67
Tapas Brindisa 145

泰国风味
Busaba Eathai 56, 66
Mango Tree 芒果树 91-92

土耳其风味
Gallipoli 162
Ozer 77
Tas Borough 146
Tas Ev 145-146
Tas Pide 145
Tas Waterloo 145

素食
Eat & Two Veg 76-77
Food for Thought 53
Fresh & Wild 53
Manna 171-172
Mildred's 57
Royal Teas 157

饮品

酒吧
All Star Lanes 69
Annexe 3 67
At Proud 173
Bar Italia 58
Big Chill Bar 131
Bistrotheque 129
Blue Bar 107
Bradley's Spanish Bar 67
Bloomsbury Bowling 布卢姆斯伯里保龄球 69
Cafe Kick 118
Dragon Bar 131-133
Dreambagsjaguarshoes 133
Earl of Lonsdale 181-182
Embassy 164-165
Favela Chic 133
Floridita 58
Foundry 133
George & Dragon 133
Hawksmoor 134
Hollybush 173
LAB 58
Londsdale 182
Loungelover 134
Nobu Berkeley 93
Ten Bells 134
Troubadour 103
Vertigo 42, 118
Vibe Bar 134
Wine Wharf 147

咖啡馆
Coffee, Cake & Kink 59
Monmouth Coffee Company Monmouth 咖啡公司 58, 147
Montparnasse Cafe 103

鸡尾酒吧
Annexe 3 67
Bistrotheque 129
Blue Bar 107
Hawksmoor 134
LAB 58
Lonsdale 182
Loungelover 134

酒馆
Boogaloo 173
Elephant & Castle 103
Elk in the Woods 164
French House 132
George Inn 146
Golden Heart 金心 133-134
Grapes 145
Gun 153
Jerusalem Tavern 118
King's Arms 146
Lamb 67-68
Lamb & Flag 58

索引

Laughing Gravy 147
Lock Tavern 175
Mayflower 145
Princess Louise 68
Prospect of Whitby 145
Salisbury 58-59
Scarsdale 103
Trafalgar Tavern 特拉法加酒馆 157
Ye Olde Cheshire Cheese 118
Ye Olde Mitre 118-119

娱乐

芭蕾和舞蹈
Roundhouse 175
Royal Ballet 皇家芭蕾 61
Sadler's Wells 119

保龄球
All Star Lanes 69
Bloomsbury Bowling 布卢姆斯伯里保龄球 69

卡巴莱
Bethnal Green Working Men's Club Bethnal Green 工人俱乐部 134, 135
Bistrotheque 129
Koko 175
Madame Jo Jo's 61
Pigalle 93
Volupté Lounge 119

电影院
Barbican 119
Curzon Soho 59
Electric Cinema 电子电影院 182-183
National Film Theatre 国家电影剧院 148-149

马戏场
Roundhouse 175

夜总会
93 Feet East 135
333 135
Astoria 59
Bethnal Green Working Men's Club Bethnal Green 工人俱乐部 135
Bosuns 103
Cargo 135
Crash 147-148
Cross 165
Egg 165
End 60
Fabric 119
Ghetto 60
Heaven 天堂 61
Madame Jo Jo's 61
Ministry of Sound 148
Notting Hill Arts Club 诺丁山艺术夜总会 183
St Aloysius Social Club St Aloysius 社会俱乐部 162
Scala 165
Turnmills 119

喜剧
Comedy Store 喜剧商店 59

同性恋夜总会
Astoria 59
Crash 147
Ghetto 60
Heaven 天堂 61
Scala 165

现场音乐
Astoria 59
Barbican 119
Barfly@the Monarch 175
Brixton Academy 布里克斯顿学院 147
Jazz Café 175
Koko 175
Pigalle 93
Ronnie Scott's 61
Roundhouse 175
Scala 165
Shepherd's Bush Empire 183
South Bank Centre 南岸中心 149

歌剧
English National Opera 英国国家歌剧院 60
Royal Opera House 皇家歌剧院 61

台球
Elbow Room 118

伦敦 > 243

索引

运动
Arsenal Emirates Stadium 阿森纳酋长体育场 165
Brockwell Park Lido 147

剧院
Almeida Theatre Almeida 剧院 165
Barbican 119
Donmar Warehouse 59-60
National Theatre 国家剧院 148
Old Vic Old Vic 剧院 149
Shakespeare's Globe 莎士比亚环球剧院 149
Young Vic Young Vic 剧院 149